高等院校"十三五"规划教材

市场营销

主　编　孙　勇　刘　博
副主编　范丽丽　朱　江　张瑞娟
参　编　乔晓娜　钟　建

东南大学出版社

内容提要

"市场营销"是所有管理类专业必修主干课程。本书结合我国市场现状、高等教育的实际、学生学习特点,突出基本理论与实训,旨在提高读者的实践能力、应用能力和解决实际问题的能力,并力求给读者留下一些具有深刻印象和明确启示作用的概念。本书分为十章,包括认识市场营销、分析市场营销环境、分析消费者市场与组织市场购买行为、竞争者分析、营销调研、目标市场营销战略、产品策略、价格策略、分销渠道策略、促销策略。

本书主要面向高等院校应用型本科、高等职业院校,也可用于企业营销实践和培训。

图书在版编目(CIP)数据

市场营销/孙勇,刘博主编. —— 南京:东南大学出版社,2017.7
 ISBN 978-7-5641-7330-2

Ⅰ.①市… Ⅱ.①孙…②刘… Ⅲ.①市场营销-高等职业教育-教材 Ⅳ.①F713.50

中国版本图书馆 CIP 数据核字(2017)第 171966 号

市场营销

出版发行	东南大学出版社
出 版 人	江建中
责任编辑	戴坚敏 史建农
网　　址	http://www.seupress.com
电子邮箱	press@seupress.com
社　　址	南京市四牌楼 2 号
邮　　编	210096
经　　销	全国各地新华书店
印　　刷	常州市武进第三印刷有限公司
开　　本	787mm×1092mm　1/16
印　　张	15.75
字　　数	403 千字
版　　次	2017 年 7 月第 1 版
印　　次	2017 年 7 月第 1 次印刷
书　　号	ISBN 978-7-5641-7330-2
定　　价	42.00 元

本社图书若有印装质量问题,请直接与营销部联系。电话(传真):025-83791830

前　言

市场营销学是一门应用性和实践性很强的学科，能够将理论与实践建立充分和密切的联系，通过实践场景让学生从中加深对相关理论的理解，最终让他们用理论解释实践，这是让学生吸收知识、培养能力的有效途径。菲利普·科特勒说过，市场营销学是一门艺术和科学的学科，它既有惯例的模式，又需要创造性的灵感。既要将现有的惯例模式用让学生感兴趣的方式和不经意间接受，同时，引入新的理论，哪怕是正在发展的不成熟的理论，来激发学生的灵感，使他们能迸发创造力的思想火花。这才是教材编写所要达到的最高境界，也是本书编写所追求的目标。

本书在体系结构上保持了市场营销学体系的基本构架，在内容上进行了整合和提炼，既突出市场营销学的广泛实用性，又体现它的持续发展性。

本书由孙勇、刘博主编，范丽丽、朱江、张瑞娟副主编，乔晓娜、钟建参编，全书由孙勇负责拟定大纲并总撰定稿。在本书出版之际，感谢河南应用技术职业学院、河南财政金融学院、郑州工程技术学院、郑州信息科技职业学院等领导与相关专业老师的大力支持与帮助。另外，在本书的编写过程中，借鉴了大量参考文献资料，在此向有关单位及作者一并表示感谢。

本书的编写借鉴了国内外营销学者的研究成果，除注明出处的部分外，限于体例未能一一列出。就此，向众多市场营销学者和师友表示衷心的谢意！在此，谨向关心和支持本书编写和出版的各界同仁表示诚挚的谢意。

2017 年 5 月

目　录

第一章　认识市场营销 …………………………………………………………… 1
　　学习目标 ………………………………………………………………………… 1
　　引导案例 ………………………………………………………………………… 1
　　第一节　市场与市场营销 ……………………………………………………… 2
　　第二节　市场营销观念 ………………………………………………………… 8
　　第三节　市场营销观念的贯彻 ………………………………………………… 13
　　课后案例 ………………………………………………………………………… 16
　　营销实训 ………………………………………………………………………… 17

第二章　分析市场营销环境 ……………………………………………………… 20
　　学习目标 ………………………………………………………………………… 20
　　引导案例 ………………………………………………………………………… 20
　　第一节　营销环境概述 ………………………………………………………… 21
　　第二节　微观市场营销环境 …………………………………………………… 23
　　第三节　宏观市场营销环境 …………………………………………………… 27
　　第四节　营销环境的总体分析 ………………………………………………… 36
　　课后案例 ………………………………………………………………………… 38
　　营销实训 ………………………………………………………………………… 39

第三章　分析消费者市场与组织市场购买行为 ………………………………… 41
　　学习目标 ………………………………………………………………………… 41
　　引导案例 ………………………………………………………………………… 41
　　第一节　消费者市场 …………………………………………………………… 42
　　第二节　组织市场购买行为 …………………………………………………… 53
　　课后案例 ………………………………………………………………………… 61
　　营销实训 ………………………………………………………………………… 62

第四章 竞争者分析 … 64
学习目标 … 64
引导案例 … 64
第一节 竞争者分析的基本框架 … 65
第二节 企业竞争战略类型 … 74
第三节 企业在成熟行业的竞争战略 … 81
课后案例 … 90
营销实训 … 92

第五章 营销调研 … 93
学习目标 … 93
引导案例 … 93
第一节 营销调研概述 … 94
第二节 市场调研的程序和方法 … 98
课后案例 … 106
营销实训 … 107

第六章 目标市场营销战略 … 108
学习目标 … 108
引导案例 … 108
第一节 市场细分 … 109
第二节 目标市场选择 … 120
第三节 市场定位 … 126
课后案例 … 131
营销实训 … 132

第七章 产品策略 … 133
学习目标 … 133
引导案例 … 133
第一节 产品整体概念及产品分类 … 134
第二节 产品组合策略 … 138
第三节 产品生命周期 … 141
第四节 品牌策略 … 145
第五节 包装策略 … 149
课后案例 … 153

营销实训 ························ 154

第八章 价格策略 ························ 156
学习目标 ························ 156
引导案例 ························ 156
第一节 影响营销定价的因素 ························ 157
第二节 定价的基本方法 ························ 166
第三节 定价策略与技巧 ························ 173
课后案例 ························ 182
营销实训 ························ 184

第九章 分销渠道策略 ························ 185
学习目标 ························ 185
引导案例 ························ 185
第一节 分销渠道概述 ························ 186
第二节 中间商 ························ 193
第三节 渠道的选择与管理 ························ 200
课后案例 ························ 211
营销实训 ························ 213

第十章 促销策略 ························ 214
学习目标 ························ 214
引导案例 ························ 214
第一节 促销组合 ························ 215
第二节 人员推销 ························ 218
第三节 广告 ························ 224
第四节 营业推广 ························ 232
第五节 公共关系 ························ 235
课后案例 ························ 238
营销实训 ························ 240

参考文献 ························ 241

第一章
认识市场营销

学习目标

1. 了解市场营销学的相关理论；
2. 掌握市场营销的基本内涵；
3. 掌握当今市场营销的着重点和新发展。

引导案例

1 英镑打败 10 万英镑

在英国，有位孤独的老人，无儿无女，体弱多病，他决定搬到养老院去。老人宣布出售他漂亮的住宅。购买者闻讯之后蜂拥而至。住宅底价 8 万英镑，人们很快就将它炒到 10 万英镑了。价格还在不断攀升。这时，一个衣着朴素的青年来到老人面前，弯下腰，低声说："先生，我也好想买这栋住宅，可我只有 1 英镑。"青年并不沮丧，继续诚恳地说："如果您把住房卖给我，我保证会让您依旧生活在这里，和我一起喝茶、读报、散步，让您天天都快快乐乐的——相信我，我会用整颗心来关爱您！"老人颔首微笑，挥手示意人们安静下来。"朋友们，这栋住宅已经有了新主人。"老人拍着青年的肩膀，"就是这个小伙子！"

19 世纪的工业革命，为人类社会的物质文明创造了巨大的市场需求。人类这种对物质文明需求的觉醒，使人类社会的消费品市场进入了供不应求的新时代。但是，随着工业革命的不断深入，到 20 世纪 60 年代，快速增长的物质文明终于使市场中的供求关系步入供大于求的时代。从此，产生于 20 世纪初的市场营销理论也就随着市场竞争的加剧而成为发展最快的管理学科之一。今天，市场营销作为一门建立于哲学、数学、经济学、管理学和行为科学基础之上的学科，已经成为企业战胜竞争对手、寻求发展壮大的利器，已经成为现代企业经营管理者的一种核心思维方式，并被广泛应用于社会经济生活的各个领域。

第一节 市场与市场营销

一、市场的含义

市场的产生,从人类社会发展的历史来看,并不是从有人类社会开始的。市场是社会分工和商品交换的产物,是随着商品经济的发展而产生的,并且,随着商品经济的不断发展,市场也随着不断变化和发展,人们对市场的认识也在发展。对市场的定义,有各种不同的说法和解释,在理论上表述不一样。归纳起来,主要有以下3种:

(一) 市场是商品交换的场所

这是从地理位置、形式而言的,它是具体的,看得见、找得着的,是指商品买与卖的地方,例如某某市场、某某百货商场、某某商品市场等。这是人们对市场的一般认识,也是市场最早出现的形态。我国有云:"日中为市,致天下之民,聚天下之货,交易而退,各得其所。"此记载就鲜明地描述了具有时空概念的市场。

(二) 市场是商品交换关系或供求关系的总和

这是从经济关系、内容上而言的,是经济学家对市场的进一步抽象概括。市场从表面上看,是商品交换的场所;实质上,它体现了人与人之间的经济关系,反映了人们对商品的供求关系,反映了人们维持再生产而互相交换劳动的关系。人们有各种各样的需求,同时由于社会分工的存在,生产资料归不同所有者所有。各个生产者都是相对独立的商品生产者,而生产者与消费者之间、生产者与生产者之间、部门与部门之间、企业与企业之间,他们不能无偿地占有对方的产品,即自己的东西不能白给别人,别人的东西也不能白拿,他们之间各种各样的需求与供给,必须通过交换的方式、买卖的方式去获得,这就形成了市场。这种买与卖,从本质上是交易者双方为维持再生产而交换其劳动。生产者交换劳动,是为了取得生活所需的生活资料以维持劳动力的再生产。劳动的交换,通过商品交换形式来进行。这种交换,成为整个经济社会各生产者之间以及生产者与消费者之间经常性的、内在的商品交换关系的总和,体现社会再生产过程中各环节之间的内在因果关系。

(三) 市场是现实和潜在的购买者

这是西方最常见的解释,它站在卖方的营销角度去分析,市场只是指需求的一方,不包括供给一方,是指某种商品的现实购买者和潜在购买者的需求量总和,是市场营销学的典型观点。

对于一切既定的商品来说,市场包含三个要素,即有某种需要的人、为满足这种需要的购买力和购买欲望。如果用公式来表示,就是:市场＝人口＋购买力＋购买欲望。

从上面的公式看,市场首先是指人口,因为人是构成市场的主体,但仅有人口还不能形成市场,还必须使人们有钱去买,即要有购买力,同时还必须有购买的动机、愿望和要求,即购买欲望,这是构成市场的基本要素。就是说,市场的三个要素是相互影响和相互制约的统一体,缺一不可,只有三者结合起来才能构成现实的市场,才能决定市场的规模和容量。

以上这三种对市场的表述,从市场学的角度来看并不矛盾只是各自强调的角度不同而已。全面地把握好这些表述,对于正确理解市场,对学好市场营销学、做好市场营销工作都具有重要的意义和帮助。

在市场营销学中我们采用菲利普·科特勒对市场下的定义:所有具有特定的需要与欲望并且愿意和能够以交换来满足彼此需要与欲望的所有顾客的集合。

二、市场营销的含义

"市场营销"是由英文"Marketing"一词英译而来的。它有两层基本含义:一是作为一种经济活动时,译为"市场营销",即指企业如何依据消费者需求,生产适销对路的产品,扩大市场销售所进行的一种经济活动;二是作为一门学科名称时,译为"市场营销学",即指建立在社会学、广告学、经济学、行为科学、现代管理理论基础上的应用性、综合性的管理学科。

市场经济的不断发展给市场营销理论的发展提供了较好的外部环境,市场营销理论的发展又为市场营销实践提供了先进的理念和科学的方法。不同经济发展的历史阶段以及不同学者对市场营销定义不同,下面我们列举出几个具有代表性的定义。

美国市场营销协会定义委员会 1985 年下的定义是:"市场营销是关于构思、货物和劳务的设计、定价、促销和分销的规划与实施过程,目的是创造能实现任何组织目标的交换。"根据这一定义,市场营销活动已超越了流通领域,包括了分析、计划、执行与控制的管理活动。

1990 年,日本市场营销协会根据变化了的市场营销环境和不断发展的市场营销实践,对市场营销的含义进行了进一步解释和发展,指出:"市场营销是包括教育机构、医疗机构、行政管理机构等在内的各种组织,基于与顾客、委托人、业务伙伴、个人、当地居民、雇员及有关各方达成的相互理解,通过对社会、文化、自然环境等领域的细致观察,而对组织内外部的调研、产品、价格、促销、分销、顾客关系、环境适应等进行整合、集成和协调的各种活动。"这一解释得到了国际营销学界的普遍认同。

2004 年 8 月,美国市场营销协会又公布了市场营销的定义:市场营销既是一种组织职能,也是为了组织自身及利益相关者的利益而创造、沟通、传递生产价值、管理生产关系的一系列过程。

新定义相对于旧定义而言,无论是从表述的重点还是从着眼点上都有了创新。具体表现为：着眼于顾客，明确了顾客的地位，承认了顾客价值，强调了与顾客的互动；肯定了市场营销的特质，即市场营销是一个过程，是一项组织职能，其导向是为顾客服务。

国内外学者对市场营销已下过上百种不同的定义。本书采纳美国西北大学教授菲利普·科特勒（Philip Kotler）的观点。世界著名营销学家菲利普·科特勒在他的《营销管理》第十一版中的定义是："营销是个人和集体通过创造、提供出售，并同别人自由交换产品和价值，以获得其所需所欲之物的一种社会过程。"

我们认为，在新的市场竞争环境下，市场营销定义可归纳为以下几个要点：

（1）市场营销的主体具有普遍性，可以是以营利为目标的公司、企业，也可以是不为了营利而是使其营销对象接受一种观点的非营利性组织，如政府、学校等。

（2）市场营销的主体（服务对象）范围也拓展了，服务对象不只是传统顾客意义上的消费者，还包括商业公司、非营利性组织、政府机构甚至是别的国家。

（3）市场营销的起点是市场，即在与市场的作用中从了解顾客的需要和欲望开始。

（4）传统认为市场营销的核心是交换，那是对企业而言的，对一些非营利组织来讲，也许根本不是为了追求交换，所以交换不应体现市场营销的本质。这里认为市场营销的本质是通过作用于市场，追求其服务对象作出符合组织目标的反应。

（5）以前认为市场营销的终点是顾客满意。在今天市场竞争和顾客善变的环境中，低度满意的顾客仍可能会流失，只有忠诚的顾客才构成企业重要的资产。因此市场营销的目的是与顾客建立良好的关系。

（6）市场营销不是简单推销、广告或销售，而是一系列的管理活动过程，包括市场调研、产品、价格、促销、分销、推动顾客关系和环境适应等售前、售中和售后活动过程综合而成。

小资料

关于"菲利普·科特勒"

菲利普·科特勒作为"现代营销学之父"，具有芝加哥大学经济学硕士和麻省理工学院的经济学博士、哈佛大学博士后及苏黎世大学等其他8所大学的荣誉博士学位。同时也是许多美国和外国大公司在营销战略和计划、营销组织、整合营销上的顾问。这些企业包括：IBM、通用电气、AT&T、默克、霍尼韦尔、美洲银行、北欧航空、米其林、环球市场集团等等。

英国权威媒体《金融时报》评价说，菲利普·科特勒对营销与管理的贡献主要体现在3个方面：一、在鼓吹市场营销的重要性上，他比任何一位学者或者商业作者做得都多，从而把市场营销从一种边缘性的企业活动，提升成为生产经营过程中的重要工作。二、他沿着"现代管理之父"彼得·德鲁克提出的一种趋势继续前进，把企业关注的重点从价格和分销转移到满足顾客需求上来。三、他拓宽了市场营销的概念，从过去仅仅限于销售工作,扩大到更加全面的沟通和交换流程。全球大部分产业产品过剩,实际上,问题不是出在供给层面,而是需求层面,过多的产品在追求过少客户的青睐。与此同时,全球化、资讯科技以及网络也带来了巨大的市场变化,对企业生存环境产生了革命性的冲击,这些都要求企业进行转型。只有逃脱传统的营销局限,转而由营销来打造企业战略,才能对市场容量及企业自身定位做出更明确的界定,才能在转型中蜕变成功。

三、市场营销的核心概念

市场营销的核心概念是交换,并且有一组相关的概念:需要、欲望、需求、产品、效用、费用和满足、交换、交易和关系、市场营销和市场营销者。只有深刻把握市场营销的核心概念及其相互之间的关系,才能深刻认识市场营销的本质。

图 1-1 市场营销的核心概念

(一) 需要、欲望和需求

需要和欲望是市场营销的起点。

需要是人类与生俱来的本性。当人们有了某种需要后,内心会产生紧张,并试图通过某种方式消除这种紧张感。比如,饥饿时会产生对食物的需要。营销者的任务并非创造人类的需要,而是发现需要,并通过提供产品或服务满足人们的需要。

欲望是指为满足基本需要而希望得到某种具体物品的愿望,它往往受到个人社会、文化背景的影响。比如,同样为了充饥,南方人可能会要一碗米饭,但北方人也许会要馒头或者面条。这说明欲望可以用满足需要的具体实物来描述的。营销者的任务是开发并提供适当的产品,不但要能满足人们的需要,更要能与他们的欲望相一致。

需求则是有购买力的欲望。人类的欲望无穷无尽,但可支配的资源却有限。因此,人们会在购买力水平的约束下,选择能够最大限度满足他们欲望的产品或服务。比如,20多年前的中国人与现在的中国人,都对代步的交通工具有购买欲望。但是,现在的中国人可能有能力选择购买一辆汽车,而不再仅仅局限于自行车。因为时代不同,购买力水平发生变化,导致需求也发生改变。这告诉营销者:一方面要使所提供的产品或服务与消费者的购买力水平相适应;另一方面要提高产品或者服务,满足消费者需求的整体利益和价值。

(二) 产品

人们靠产品来满足自己的各种需要和欲望。因此,可将产品定义为能够满足人类某种需要或欲望的任何东西。它分为有形产品与无形产品、物质产品与精神产品。对于产品来说，重要的并不是它们的形态、性能和对它们的占有，而是它们所能解决人们因欲望和需要而产生的问题的能力。

人们通常用产品和服务这两个词来区分有形物品和无形物品。有形物品是有形的，是为顾客提供利益的载体，人们可以拥有它，如购买化妆品就可以带回家。服务是无形的，它是一种劳务或一个过程，人们不可能拥有它，如医生给病人看病。但人们购买有形物品不仅在于拥有它们，更在于用它们来满足自我的欲望。人们购买化妆品不仅是看中了精美的化妆品盒，更是为了满足获得美丽的欲望。所以实体产品实际上是向我们传递无形利益的工具。人们不是为了产品实体而购买产品，而是因为只有通过购买这种实体才能够获得自己所需要的服务。消费者购买的是对某种需要、欲望和需求的"满足"，消费者需要的是实现某种职能和利益，而不仅仅是产品本身。市场营销者的任务是向市场展示产品实体中所包含的利益和服务，而不能仅限于描述产品的形貌。否则，企业将导致"市场营销近视"，即在市场营销管理中缺乏远见，只注重提高自己的产品质量，不注意市场需求变化，最终将使企业经营陷入困境。

小案例

富士山的空气罐头

美国有一个富翁叫诺克，有一次，他到日本的富士山观光旅游，发现当地的空气特别好，让人心旷神怡。忽然之间，有一个念头出现在他的脑子里，为什么不把这个空气拿到市场上去卖呢？于是，他就找了一些研究人员研究了一番，然后大肆宣传富士山空气的各项指标，并投资了一个制造厂，把富士山的空气装进了一个一个的罐头里。这罐头被广泛地推销到日本各地，受到了日本民众和各地观光客的青睐。

（三）效用、费用和满足

当一组可能满足消费者某一特定需要的产品被制造出来后，是不是就会被消费者所接受呢？消费者如何选择？选择时消费者要考虑哪些因素呢？

某企业员工，如果想寻求上下班的代步工具，他可以通过下列措施来解决这个难题：自行车、助动车、出租车和公共汽车。自行车最经济，但不安全也太累；公共汽车经济又安全，但时间得不到保证；出租车安全、舒服，时间上有保证，但花费太贵；助动车快捷，可是成本过于昂贵。

显然，效用、费用、满足是消费者进行选择时必须考虑的因素，即消费者会综合这三方面因素，选择"最低成本之下的最大限度的满意"。

在诸多产品的购买选择中，消费者总是根据多项标准去选择提供最大效用的产品作为购买目标。效用最大化是消费者选择产品的首要原则。效用的评价，既取决于厂商所提供的产品使用的实际效用,也取决于消费者进行的效用对比评价。消费者的购买决策是建立在效用与费用双项满足的基础之上的,其购买决策的基本原则是选择用最少的货币支出换取最大效用的产品或服务。

(四) 交换、交易和关系

人们有了需要且对产品做出满意的评价,但这些还不足以定义营销。只有当人们决定通过交换来取得产品,满足自己的需要时,营销才会发生。交换是以某些东西从其他人手中换取所需要产品的行为,交换是定义营销的基础。市场交换一般包5个要素:

(1) 有两个或两个以上的买卖者。
(2) 交换双方都拥有对方认为有价值的东西。
(3) 交换双方都拥有沟通信息和向另一方传送货物或服务的能力。
(4) 交换双方都可以自由接受或拒绝对方的产品。
(5) 交换双方都认为值得与对方进行交换。

这5个条件满足以后,交换才可能发生。但是,交换是否真正发生,最终还取决于交换双方是否找到了交换的条件,或者说,交换双方是否能认同交换的价值。如果双方确认通过交换能得到更大的利益和满意,交换就会实际发生。

交易是交换的基本单位,是指买卖双方价值的交换过程。比如,支付3 000元从国美电器购买一台电视机就是一次交易过程。理解交换与交易能够帮助人们认识市场营销。

另一更具营销价值的概念是关系,主要指的是企业与顾客之间的关系。如果通过交换与交易过程,能够与顾客建立起以价值、情感和社会利益为纽带的长期关系,则利于达成企业长期发展的目标。例如,众多企业都希望构建强势品牌,目的就在于通过著名品牌可以增加与消费者之间的情感联系,提高顾客忠诚度,建立长期互利的关系。交换不仅仅是一种交易,而且是建立关系的过程。精明的市场推销人员总是试图与顾客、批发商、零售商以及供应商建立起长期互利、相互信任的关系。

关系营销的结果,是企业建立了一个营销网络,这种网络由公司及其他利益相关者所构成,包括顾客、员工、供应商、分销商、零售商、广告代理人等等。拥有完善的营销关系网络的企业,在市场竞争中才能取胜。

(五) 市场营销与市场营销者

在交换双方中,如果一方比另一方更主动、更积极地寻求交换,我们就将前者称为市场营销者,另一方称为潜在顾客。换句话说,所谓市场营销者是指希望从别人那里取得资源并愿意以某种有价值的东西作为交换的人。市场营销者可以是卖方,也可以是买方。当买卖双方都表现积极时,我们就把双方称为市场营销者,并将这种情况称为相互市场营销。

第二节 市场营销观念

市场营销观念，是指企业在开展市场营销活动过程中，处理企业、顾客和社会三者利益方面所持的态度、思想和意识，即企业进行营销管理时的指导思想和行为准则。

市场营销观念在发展过程中经历了传统营销观念和现代营销观念两大类，前者主要包括生产观念、产品观念和推销观念，后者包括市场营销观念和社会市场营销观念。现代营销观念要求企业把满足顾客需求放在经营的首位，是企业一切活动的出发点。

一、传统营销观念

（一）生产观念

这种观念产生于19世纪末20世纪初，当时资本主义经济已经进入了卖方市场，市场需求旺盛，而供应能力则相对不足。因此经营者以生产观念来指导企业的营销活动，他们认为消费者总是喜爱可以随处买到和价格低廉的产品，企业应当集中精力提高生产效率和扩大分销范围，增加产量，降低成本。

以生产观念指导营销管理活动的企业，称为生产导向企业。它们的典型口号是："我们生产什么，就卖什么。"生产观念的特点是企业的主要精力放在重视产量与生产效率上，在营销上是重企业生产而忽视市场营销。

20世纪初，美国福特汽车公司制造的产品供不应求，亨利·福特曾傲慢地宣称："不管顾客需要什么颜色的汽车，我只有一种黑色的。"公司倾全力于汽车的大规模生产，降低成本，扩大市场。其所持的就是典型的生产观念。

（二）产品观念

这种观念产生于20世纪初，当时资本主义经济快速发展，社会生产力和生产效率得到了极大的提高，供不应求的局面得到了缓解。消费者对于同类产品开始有一定的自我选择性，开始喜欢那些高质量、功能全的产品。这就迫使企业不得不致力于产品品质的提高，将生产和营销的重心放在了产品的质量上。

但这种观念仍然忽视市场需求，重视产品生产，容易导致营销近视症。持这种观念的企业认为质量比需求更重要，消费者最喜欢高质量、多功能和具有某些特色的产品。因此，企业管理的中心是致力于生产优质产品，并不断精益求精。

产品观念和生产观念，也是典型的"以产定销"观念。由于过分重视产品而忽视顾客需求，这两种观念最终将导致"营销近视症"。

（三）推销观念

这种观念产生于20世纪30～40年代，当时正处于卖方市场向买方市场过渡阶段，致使部分产品供过于求,企业的营销观念也随之发生了变化,由最初的重视产品生产逐渐转变为运用推销与促销来刺激需求的产生,重视产品的推销工作。

持这种观念的企业认为,消费者通常有一种购买惰性或抗衡心理,不会大量购买本企业的产品,因而企业管理的中心是积极推销和大力促销。它们的典型口号是"我们卖什么,就让人们买什么。"

在推销观念的指导下,企业相信产品是"卖出去的",他们致力于产品的推广和广告活动,以求说服甚至强制消费者购买。推销观念还是以企业为中心,同样是"以产定销"。

二、现代营销观念

(一)市场营销观念

市场营销观念是作为对上述诸观念的挑战而出现的一种新型的企业经营哲学。市场营销观念的口号是:"顾客需要什么,我们就生产什么。""哪里有消费者需要,哪里就有我们的机会。"

从推销观念到市场营销观念是一次质的飞跃。它具有以下较为突出的特征:

1. 明确服务的目标市场

市场营销观念的核心是满足消费者的需要和欲望以实现企业目标,然而市场上消费者的需要是多种多样的,企业首先要明确是为哪一部分顾客服务,只有明确了目标市场,营销方案才会有针对性,才能为顾客服务得更好,市场营销观念才会体现出来。

2. 以顾客需求为企业经营的出发点

生产观念在产品生产之前,从不考虑市场的需求,而是按照企业自身的生产技术条件来安排生产,当产品生产出来以后,采取一系列的手段进行促销或推销,其生产经营过程是"生产→销售→消费"。而营销观念则以顾客需求为企业生产经营活动的出发点,认为只有按照消费者的需求组织生产,生产出来的产品才能适销对路。因此,成立专门的市场调研部门,培养专门市场调研人才,花费大量的人力和物力来了解消费者的需求特点和动向变得十分重要。企业这时的产销过程已发生了很大的变化,变成了"需求→生产→销售→消费",这一变化使得顾客需求由过去处于被动地位转为主动地位,成为企业整个生产经营过程的起点。

3. 整合营销是主要的经营手段

整合营销包含两方面的含义:①企业的各种营销职能(推销人员、广告、产品管理、营销调研等等)必须彼此协调;②整个企业必须以顾客为中心来驱动。

4. 开始重视追求企业的长远利润

在奉行生产观念、产品观念及推销观念的情况下,企业一直比较注重单位商品的利润和眼前的利润,忽视长远利益,有时甚至为了眼前的蝇头小利而不惜牺牲真正的长远利益,使企业缺乏后劲。随着营销观念的建立,尽管企业追求利润的目标没有改变,但开始注重企业的长期利润。人们已经认识到企业追求利润的手段应是建立在满足消费者需求的基础上。消费需求被满足的程度越大,企业盈利的可能性越大;反之,需求被满足的程度越低,企业盈利的可能性越小。因此,企业在经营某种产品时,应首先注重产品对消费者需求的满足程度,然后再考虑盈利的大小。

小案例

日本本田汽车公司要在美国推出一种雅阁牌新车。在设计新车前,他们派出工程技术人员专程到洛杉矶地区考察高速公路的情况,实地丈量路长、路宽,采集高速公路的柏油,拍摄进出口道路的设计。回到日本后,他们专门修了一条9英里长的高速公路,就连路标和告示牌都与美国公路上的一模一样。在设计行李箱时,设计人员意见有分歧,他们就到停车场看了一个下午,看人们如何放取行李。这样一来,意见马上统一起来。结果本田公司的雅阁牌汽车一到美国就备受欢迎,被称为是全世界都能接受的好车。

5. 市场营销概念的超越——创造需求的观念

虽然顾客导向提升了原有的营销观念,对企业参与市场竞争无疑是必要的。但是企业要取得未来产业主导地位,仅仅局限于顾客导向是不够的。"顾客导向"会随着竞争条件的变化大失其效。

表1-1 推销观念与市场营销观念的区别

	起点	焦点	手段	目标
推销观念	工厂	产品	推销和促销	通过增加销量实现利润增长
市场营销观念	目标市场	客户需要	整合营销	通过提高客户满意度实现利润增长

(二)社会市场营销观念

社会市场营销观念存在于20世纪70年代以后,是对市场营销观念的补充、完善和发展。20世纪70年代以来,西方国家市场环境发生了很大变化,如能源短缺、通货膨胀、失业增加、消费者保护运动盛行等等。在这种背景下,人们纷纷对单纯的市场营销观念提出了怀疑和指责,认为市场营销观念没有真正被付诸实施,即使某些企业真正实行了市场营销,但他们却忽视了满足消费者个人需要同社会长远利益之间的矛盾,从而造成了资源大量浪费和环境污染等社会弊端。菲利普·科特勒则认为,可代之以"社会市场营销观念",这一提法现在已经为多数人所接受。所谓社会市场营销观念,就是不仅要满足消费者的需要和欲望并由此获得企业的利润,而且要符合消费者自身和整个社会的长远利益,要正确处理消费者欲望、企业利润和社会整体利益之间的矛盾,统筹兼顾,求得三者之间的平衡与协调。这显然有别于单纯的市场营销:一是不仅要迎合消费者已有的需要和欲望,而且还要发掘潜在需要,兼顾长远利益;二是要考虑社会的整体利益。因此,不能只顾满足消费者眼前的生理上或心理上的某种需要,还必须考虑个人和社会的长远利益,兼顾社会公众利益,奉行"绿色营销"和"可持续发展"。

90年代以来,"绿色营销"即重视生态环境,减少或无污染、维护人类长远利益的营销,在许多国家方兴未艾,这也可看作是社会营销观念的一种新的更高的体现。

三、市场营销观念的发展

(一)大市场营销观念

20世纪80年代,由于各资本主义国家都供大于求,纷纷采取关税和非关税壁垒的贸易保护主义政策。在这种情况下,即使一个企业在市场营销观念的指导下,4PS运用很成功,但要想把产品打入国外市场也是很困难的。于是,1984年,菲利普·科特勒提出了大市场营销观念。大市场营销观念是指企业为了成功地进入特定市场,并在那里从事业务经营,在策略上要协调地使用经济、心理、政治和公共关系等手段,以争取外国或当地各有关方面的合作和支持。

这里所谓的特定市场是指进入屏障极高的封闭型或保护型市场。这种进入屏障主要来自顾客、资本、规模经济、专利、原料、场地、经销商、信誉等因素,还包括歧视性法律规定、垄断协定、社会偏见与文化偏见、不友好的分销渠道、拒绝合作的态度等不利因素。

与一般的市场营销相比,大市场营销具有如下特点:①大市场营销的目的是打开市场之门,进入市场,不是针对已开放的市场;②大市场营销的涉及面比较广泛;③大市场营销的手段比较复杂,不仅包括4PS,还增加权力(Power)和公共关系(Public Relations)两个P,营销组合是6PS;④大市场营销既采用积极的诱导方式,也采用消极的推动方式,往往是软硬兼施,促成交易;⑤大市场营销投入的人力、资本和时间较多。

(二)从4P到4C理论

传统的市场营销理论强调产品(Product)、价格(Price)、渠道(Place)和促销(Promotion)四要素。随着经济的发展,市场营销环境发生了很大变化,消费个性化、人文化、多样化特征日益突出。为此,美国市场营销专家罗伯特·劳特朋(Robert Lauterborn)于20世纪90年代提出应该用新的4C理论取代4P理论。其主要内容包括:

1. Consumer(顾客)

4C理论认为,消费者是企业一切经营活动的核心,企业重视顾客要甚于重视产品。这体现在两个方面:①创造顾客比开展产品更重要;②消费者需求和欲望的满足比产品功能更重要。

2. Cost(成本)

4C理论将传统营销理论中的价格因素延伸并转换为生产经营全过程的成本来加以考察,包括两方面:一方面是指企业的生产成本即企业生产适合消费者需要的产品成本。价格是企业营销中值得重视的,但价格归根结底由生产成本决定,再低的价格也不可能低于成本。另一方面是指消费者购物成本。它不单是指购物的货币支出,还包括购物的时间耗费、体力和精神耗费以及风险承担(指消费者可能承担的因购买质价不符或假冒伪劣产品而带来的损失)。

3. Convenience(便利)

4C 理论强调企业提供给消费者的便利比营销渠道更重要。便利就是方便顾客,维护顾客利益,为顾客提供全方位的服务。便利原则应贯穿营销的全过程。在产品销售前,企业应及时向消费者提供充分的关于产品性能、质量、使用方法及使用效果的准确信息,顾客前来购买商品,企业应给顾客以最大的购物方便,如自由挑选、方便停车、免费送货等;产品售出以后,企业更应重视信息反馈,及时答复,及时处理顾客意见,对有问题的商品要主动包退包换,对产品使用故障要积极提供维修方便,对大件商品甚至提供终身保修。

与传统的渠道战略相比,新的 4C 理论更重视服务环节,强调企业既出售产品,也出售服务,消费者既购买商品,也购买到便利。

4. Communication(沟通)

4C 理论用沟通取代促销,强调企业应重视与顾客的双向沟通,以积极的方式适应顾客的情感,建立基于共同利益之上的新型的企业—顾客关系。强调双向沟通,有利于协调矛盾,融合感情,培养忠诚的顾客。而忠诚的顾客既是企业稳固的消费者,也是企业最理想的推销者。

4C 理论站在消费者的立场上,重新反思营销活动的诸要素,是对传统 4P 理论的发展和深化,显然,4C 理论有助于营销者更加有效地沟通。

(三) 4R 营销理论

近年来,美国学者整合营销传播理论的提出者唐·舒尔茨(Don Shults)提出的 4R 营销新理论受到广泛关注。4R 阐述了一个全新的营销四要素,即关联(Relevance)、反应(Response)、关系(Relationships)和回报(Return)。

1. 与顾客建立关联

在竞争性市场中,顾客具有动态性。顾客的忠诚度是变化的,他们会转向其他企业。要提高顾客的忠诚度,赢得长期而稳定的市场,重要的营销策略是通过某些有效的方式在业务、需求等方面与顾客建立关联,形成一种互助、互求、互需的关系。

2. 提高市场反应速度

在今天相互影响的市场中,对经营者来说最现实的问题不在于如何控制、判定和实施计划,而在于如何站在顾客的角度及时地倾听顾客的希望、渴望和需求,并及时答复和迅速做出反应,满足顾客的需求。

3. 关系营销越来越重要

在企业与客户的关系发生了根本性变化的市场营销环境中,抢占市场的关键已转变为与顾客建立长期而稳固的关系,从交易变成责任,从顾客变成朋友,从管理营销组合变成管理和顾客的互动关系。沟通是建立关系的重要手段。从经典的 AIDA 模型"注意—兴趣—渴望—行动"来看,营销沟通基本上可完成前三步骤,而且平均每次和顾客接触的花费很低。

4. 回报是营销的源泉

对企业来说,市场营销的真正价值在于其为企业带来短期或长期的收入和利润的能力。

总之,4R 理论以竞争为导向,在新的层次上概括了营销的新框架,体现并落实了关系营销的思想,即通过关联、关系和反应,提出了如何建立关系,长期拥有客户保证长期利益的具体操作方式,这是一个具有里程碑意义的进步。反应机制为互动与双赢,建立关联提供了基础和保证,同时也延伸和升华了便利性。而"回报"则落实了成本和双赢两方面的内容。这样,企业为顾客提供价值和追求回报相辅相成,相互促进,客观上达成了一种双赢的效果。

(四) 4VS 营销理论

有人在 4C 基础上为了更加精细地满足顾客的需要而提出了 4VS 营销理论:①Variation(差异),即不仅要满足顾客的需求,更要照顾顾客需求的差异;②Versatity(弹性),即不仅要方便顾客,更要使产品功能弹性化;③Value(价值),即不仅关心顾客的购买成本,更要提高产品附加值;④Vibration(共鸣),即不仅要与顾客进行沟通,更要达到双方的共鸣。

值得注意的是,从 4P、4C 到 4R,反映了营销观念在不断深入、不断整合的趋势。因此,这三者不是单纯的取代关系,而是发展和完善的关系。由于企业情况千差万别,企业环境和营销还处于发展之中,所以至少在一个时期内,4P 还是营销的一个基础要素框架,4C 也是很有价值的理论和思路。4R 不是取代 4P 和 4C,而是在 4P 基础上的创新和发展,所以不可把三者割裂开来甚至对立起来。根据企业实际,把三者结合起来指导营销实践,有助于取得更好的效果。

第三节 市场营销观念的贯彻

一、顾客满意

现代市场营销的宗旨是通过满足顾客需求达到顾客满意并最终实现包括企业利润在内的企业目标。这一观念在企业的运用曾带来了西方国家 20 世纪 50—60 年代的商业繁荣和一批跨国公司的成长。然而,实践证明,现代市场营销管理哲学观念的真正贯彻和全面实施并不容易,这一理念与企业资源、生产条件和员工素养有很大的关系。企业已有的文化之间往往不能完全相符。许多企业虽然认识到"利润是对创造出满意顾客的回报"似乎只是一种信念而非基于真实的市场调查数据。

个人层面的顾客满意是实际感知的绩效与期望的差异。顾客满意是一种情感体验，这种感觉不仅体现在对一件产品、一项服务、一种思想、一次机会上，还体现在一个系统、一个体系的满意上，不仅追求经济方面的满意，还体现在社会和精神性的满意。

从企业层面来讲，顾客满意度是企业用以评价和增强企业业绩，以客户为导向的一整套指标，是企业经营"质量"的衡量方式。

小资料

美国管理学家简·卡尔森提出如下格言：在资产负债表上，你可以看到有多少架飞机值多少亿的钱。然而，你错了。我们应该填上的是，去年我们的班机共有多少愉悦的乘客，这才是我们的资产——对于我们的服务感到高兴并会再来买票的乘客。

顾客满意度分为行为上的顾客满意度和经济上的满意度。

行为上的顾客满意度是顾客在历次购买活动中逐渐积累起来和连续的状态，是一种经过长期沉淀而形成的情感诉求，是一种不仅仅限于满不满意的总体感觉。

经济意义上的满意度可以用口碑相关曲线来解释，该曲线表明：企业的顾客服务处于一般水平时顾客的反应不大，一旦其服务质量提高或降低到一定限度，顾客的赞誉或抱怨将呈指数增加。一个顾客对企业的态度不算什么，但所有顾客对企业的总体感觉就决定了企业的生存与发展。

顾客满意战略为企业带来了众多的好处：

(1) 顾客满意既是顾客本人再购买的基础，也是影响其他顾客购买的要素，即对企业而言，关系到保持老顾客和吸引新顾客。调查表明，44%宣称满意的消费者经常变换其新购买的品牌，而那些十分满意的顾客却很少改变购买。可见，高度满意能培养一种对品牌感情上的吸引力，而不仅仅是一种理性偏好。

小资料

在丰田公司产品的购买者中，有75%的顾客表示十分满意，而且这75%的顾客均声称愿意再次购买丰田的产品。每位非常满意的顾客会将其满意的意愿告诉至少12个人，其中大约有10人在产生相同需求时会光顾该企业。相反，一位非常不满的顾客会把不满告诉至少20个人，这些人在产生相同需求时几乎不会光顾被批评的企业。

(2) 顾客满意使企业获得长期的营利能力。高明的企业都在寻找通过顾客满意所创造的市场机会，即满意的顾客将购买企业更多的产品和提高购买产品的等级。

(3) 顾客满意使企业在竞争中得到更好的保护，满意的顾客将对企业更加忠诚，并对价格不会太敏感。

(4) 满意的顾客使企业足以应付顾客需求的变化。

（5）由于交易的惯例化而比用于新顾客的服务成本低。

二、顾客价值

市场营销的任务就是"创造顾客"。或者说,市场营销观念就是满足顾客的需要并最终让顾客满意,建立顾客忠诚。然而,今天的企业如何吸引顾客,或者顾客选择供应商的依据是什么呢,这就是追求顾客价值最大化,顾客将选择价值最大者。或者说,顾客将从那些认为提供最高认知价值的企业购买产品。

小 资 料

载瑟摩尔(Eaithaml)在一项顾客的调查中总结出认知价值的4种涵义：①价值就是低廉的价格；②价值就是我想从产品中所获得的东西；③价值就是我付钱买回的质量；④价值就是我的全部付出所能得到的全部。

顾客认知价值是指预期顾客评估产品所觉察的总收益与所有成本之差。总收益是指顾客从某一特定产品中期望获得的一组利益,这些利益可以是经济上、功能上的,也可以是心理上的,而顾客总成本是顾客评估获得使用和抛弃该产品时所发生的一组顾客预计的费用。

菲利普·科特勒则认为,总收益具体体现在产品价值、服务价值、人员价值和形象价值上,而总成本则包括货币成本、时间成本、体力成本和精力成本。

产品价值是指由产品的功能、特性、品质、品种与式样等所产生的价值,是顾客选购产品的首要因素,由顾客需要来决定。

服务价值是指伴随产品实体出售,企业向顾客提供的各种附加利益和服务。今天服务越来越成为企业竞争的重要手段,特别是在产品功能和质量基本相同时更是如此。

人员价值是指企业员工的经营思想、知识水平、业务能力、工作效益与质量、经营作风、应变能力等所产生的价值。企业员工直接决定着企业为顾客提供的产品与服务的质量和带给顾客满意的程度。人员价值对企业和顾客的作用是巨大的而且是潜移默化的。

形象价值指企业及其产品在社会公众中形成的总体形象所产生的价值,包括有形形象、无形形象和理念形象。良好的企业及产品形象会对企业产生巨大的支持作用,赋予产品较高的价值,从而带给顾客精神上和心理上的满足感、信任感,使顾客获得更高、更大的满足。

三、吸引和维系顾客

顾客满意和顾客忠诚之间的关系并不是成比例的。低度满意的顾客可能会转移购买并会说坏话,中度满意的顾客仍会进行品牌转换,只有高度满意的顾客才能创造顾客和品牌或公司的情感联系而不是一种理性的偏好。

吸引和维系顾客、创造顾客忠诚靠的是客户关系管理。企业为了扩大销售和增加盈利,往往不惜一切代价去吸引顾客,如大量的广告、促销和推销。总之,企业应想方设法争取潜在顾客并将潜在顾客转化为现实顾客。但仅仅运用一些营销方法去吸引顾客是很不够的,还必须留住老顾客,并从老顾客身上获得更多的企业利润。

大多数企业往往会出现较高的顾客流失率,一边在吸引顾客一边在流失顾客,有人统计,大部分企业每年失去25％的顾客。

企业留住老顾客的关键是顾客满意,所以有必要经常测量顾客的满意程度。一个高度满意的顾客会对企业持久忠诚,购买企业更多的新产品和提高购买产品的等级。他们常常为企业说好话,给企业带来良好的口碑并成为企业的义务宣传员、推销员,他们对竞争品牌和广告不甚关注且对价格不够敏感,常常为企业提出产品和服务建议,并因交易的惯例化而比新顾客降低了服务成本。今天,越来越多的企业认识到顾客满意和维系顾客的重要性。因为满意的顾客构成企业的关系资产。如果一个企业被收购,则收购的不仅是厂房、设备和品牌,而且还包括转入的顾客。

课后案例

雀巢这样卖冰棍

2012年春,雀巢公司的泰国冷饮开发团队设计出一款奇特的冰棍,这款产品外形颇似香蕉,剥开用果冻制成的可食用黄色外皮后,里面就出现了带有香草味的雪糕。

雀巢公司根据它的外形和英文发音,起名为"笨NANA",除了本身的味道不错,它的名字更是活泼可爱到极点,使这款剥着吃的冰棍迅速在泰国、马来西亚、菲律宾、中国内地等亚洲国家和香港地区热销。

在销售之初,雀巢公司原本将这款冰棍定位于未成年人,但他们很快发现,无论是东南亚国家,还是中国香港和中国内地等地区,这款雪糕受到了年龄更大的年轻人的追捧。他们在做推广活动的时候,很多年轻消费者直接就从冰柜里抢购"笨NANA",一买就是十几根,用大塑料袋带走。

推广活动的受众群毕竟有限,如何才能吸引到更多的人?从惯例上看,推出新产品一般都需要投入大量资金做电视广告,然而雀巢公司经过调查发现,现在各国的年轻人普遍都是互联网和手机用户,他们对于网络的依赖远大于电视,而且他们喜欢谈论新鲜事物,相信口碑传播,剥开吃的"笨NANA"恰好可以迎合他们追求新鲜、时尚的心理。

雀巢公司决定采用微博营销,相比于电视广告,网络微博是更适合传达此类主题的平台,不仅成本更低,而且还能通过年轻人热衷的转发、分享获得更多的推荐者。他们在多个国家开通了"笨NANA"微博,随着图文并茂的博文更新,粉丝们很快开始发表大量类似于"笨NANA太新奇了""我终于吃到了传说中的笨NANA""上海有好玩好吃的笨NANA了"之类的话题,发布者多是美食或时尚类微博,粉丝数量庞大。

不满半个月,各网站的微博搜索结果就累计达数百万条,其中还有不少剥冰棍的直观图片,通过大量转发,越来越多的消费者知道了有这么一种新鲜好玩的雪糕。"笨NA-NA为你揭开神奇乐趣"——对其可以像香蕉一样剥开吃的特性以及新鲜感进行传播,让"笨NANA"的销量随之迅猛提高。

同时,雀巢公司还注意到,20岁以下的孩子们其实不怎么上微博,也很少搜索或者网购,他们最喜欢的是游戏,于是雀巢公司又与各大网站的在线游戏、魔术、晒照片等娱乐内容和"笨NANA"的视频广告相挂钩,把"笨NANA"作为网络宠物的可选食物,通过游戏赢取各种金币和奖励,很快进入更多人的眼中,一个全面系统的推广网络就此铺开。

自2012年3月进入各国市场后,"笨NANA"简直供不应求。以中国内地市场为例,原本3元的零售价很快被卖到了4元、6元,在上海甚至卖出过8元的价格,一举超越雀巢连续多年销量第一的"八次方冰淇淋",仅在这一个夏季,雀巢公司就靠它收入了数亿美元的利润。

思考:

冰棍是一款普通得不能再普通的小食品,雀巢公司为什么能靠它打造出如此佳绩?

营销实训

一、了解市场营销在我国的现状

(一)演练要求

1. 随机调查你身边的同学及朋友,了解他们对于市场营销的看法,并纠正其中错误的观念和观点。
2. 随机调查学校周围的商店,了解它们在经营中是否运用了市场营销手段。
3. 运用网络和图书馆,了解市场营销在我国企业中的运用情况。

(二)演练指导

1. 将学生分组,每组分别进行一项内容的调查。
2. 实训结束后,各组交流调查信息。

二、经理竞聘与组建公司营销部

营销工作描述。营销既是各公司之间的互动,又是公司内部的运作,所以营销离不开公司。

【实战目标】

1. 训练表达能力。
2. 培养竞聘能力。

【实战内容与方法】

1. 全体参加实训的同学,组建若干模拟公司营销部。
2. 召开竞聘会,通过竞聘产生各营销部经理。

3. 通过自愿组合与经理招聘相结合的方式成立各个公司营销部。

4. 以公司营销部为单位,由经理主持确定公司名称。

【实战要求与要领】

1. 依据班型大小确定公司个数,一般为偶数,便于组织对抗及有利于互判作业。

2. 为了尽可能使每个人都有充分参与的机会,每个公司人数不宜过多,一般以 4~8 人为宜。

3. 每个同学要认真写好演讲提纲,主要内容包括:自我介绍、竞聘原因、竞聘条件与优势、担任经理后的工作展望等。

4. 演讲者必须脱稿,要大声宣讲并富有激情,既可以全部同学都参与竞聘演讲,也可以按经理职位的 150% 限额自由竞聘。

5. 确定经理与组成公司的方式有两种:

(1) 投票产生经理,再由经理按照"自愿组合与经理招聘相结合"的原则确定各公司成员。

(2) 由学生通过"站队"方式选择经理,即拥护谁当经理就站到谁的身后,成员达到组建公司的最低人数该公司即宣告成立,竞聘者即为经理。

【实战成果与考核】

1. 每个人提供一份总经理竞聘讲演稿或提纲,作为一次作业。

2. 由教师与学生对各营销部组建情况(含竞聘提纲)进行评估打分。

三、营销兴趣与职业倾向测试

以下是一份调查问卷,通过对回答问题的结果进行统计,可以测出你对营销的态度和你的营销职业倾向。如果是肯定的回答加 1 分,否定的回答不计分。

1. 在买东西时,会不由自主地算算卖主可能会赚多少钱。

2. 如果有一个能赚钱的生意,而你又没有本钱,你会借钱投资来做。

3. 在购买大件商品时,经常会计算成本。

4. 在与别人讨价还价时,会不顾及自己的面子。

5. 善于应付不测的突发事件。

6. 愿意"下海"经营而放弃拿固定的工资。

7. 喜欢阅读商界人物的经历。

8. 对于自己想做的事,能坚持不懈地追求并达到目的。

9. 除了当前的本职工作,自己还有别的一技之长。

10. 对于新鲜事物的反应灵敏。

11. 曾经为自己制订过赚钱的计划并且实现了这个计划。

12. 在生活或工作中敢于冒险。

13. 在工作中能够很好地与人相处。

14. 经常阅读财经方面的文章或收看财经方面的新闻。

15. 在股票上投资并赚钱。
16. 善于分析形势或问题。
17. 喜欢考虑全局与长远的问题。
18. 在碰到问题时能够很快地决策该怎么做。
19. 经常计划该如何找机会去赚钱。
20. 做事最看重的是结果。

实训测评：如果你的得分在 16 分以上，那么恭喜你，你已经有了营销的天赋！但是，要成为一个成功的营销人士，还要加倍努力哦！如果你的得分在 16 分以下，那也没有关系，通过对市场营销课程的学习，你的测试成绩一定会超过 16 分的！

第二章　分析市场营销环境

学习目标

1. 了解市场营销环境对市场营销活动的重要影响作用；
2. 掌握微观环境和宏观环境的主要构成；
3. 应用分析、评价市场机会与环境威胁的基本方法，分析企业面对市场营销环境变化时所应采取的对策。

引导案例

政治风云导致"米沙"的失败

1977年，洛杉矶的斯坦福·布卢姆以25万美元买下西半球公司一项专利，生产一种名叫"米沙"的小玩具熊，用作1980年莫斯科奥运会的吉祥物。此后的2年里，布卢姆先生和他的伊美治体育用品公司致力于"米沙"的推销工作，并把"米沙"商标的使用权出让给58家公司。成千上万的"米沙"被制造出来，分销到全国的玩具商店和百货商店，十几家杂志上出现了这种带4种色彩的小熊形象。开始，"米沙"的销路很好，布卢姆预计这项业务的营业收入可达到5 000万到1亿美元。不料在奥运会开幕前，由于前苏联拒绝从阿富汗撤军，美国总统宣布不参加在莫斯科举行的奥运会。骤然间，"米沙"变成了被人深恶痛绝的象征，布卢姆的赢利计划成了泡影。

企业的市场营销活动是在一定的外界条件下进行的，其影响主要表现在两个方面：①为企业营销提供机会；②对企业营销造成障碍和威胁。因此，企业应通过对营销环境深入持续的研究，并要善于分析和识别由于环境变化而造成的主要机会和威胁，规避环境威胁，充分发挥自身的优势，克服劣势，制定正确的营销决策，以实现营销目标。

第一节　营销环境概述

一、市场营销环境的含义及特点

企业的市场营销环境是指由营销以外的那些能够影响与目标顾客建立和维持成功关系营销管理能力参与者和各种力量所组成,营销环境同时提供机会和威胁。

营销环境包括内部环境和外部环境或宏观环境(间接环境)和微观环境(直接环境)。企业外部环境是外在于企业的客观存在,它是不以人们的意志为转移的,对企业来说属于不可控因素,企业无力改变。但是,企业可以通过对内部因素的优化组合去适应外部环境的变化,保持企业内部因素与外部环境的动态平衡,使企业不断充满生机和活力。企业主动适应外部环境,与外部环境保持动态平衡,不仅具有可能性,而且非常必要,这是企业生存和发展的客观要求。

环境因素对企业营销活动的影响方式有两种:一种是直接影响;另一种是间接影响。直接影响企业可以立即感受到,而间接影响则要经过一段时间之后才会显现出来。因此,在分析市场营销环境时,不仅要重视环境因素的直接影响,同时也要注意环境因素的间接影响。企业的市场营销环境十分复杂,其变化速度远远超过企业内部因素生成变化的速度。企业的生存和发展,愈来愈决定于适应外部环境变化的速度。企业要在繁杂纷纭的市场上把握机会,就必须认真地分析市场营销环境。

二、市场营销环境的构成要素

市场营销环境内容比较广泛,可以根据不同标志加以分类。在这里,我们借鉴美国著名市场营销学家菲利普·科特勒划分市场营销环境的方法,从宏观环境和微观环境来分析市场营销环境的构成要素。

(一)宏观市场营销环境

宏观市场营销环境又称间接营销环境,是指对企业营销活动造成市场机会和环境威胁的主要社会力量,包括政治、经济、科技、社会文化、自然等方面的因素。这些因素涉及广泛的领域,主要从宏观方面对企业的市场营销活动产生影响。这些因素又可派生出若干次级因素,它们之间既相互制约,又相互影响,形成极为复杂的因果关系。

(二)微观市场营销环境

微观市场营销环境又称直接营销环境,它是指微观营销环境是直接制约和影响企业营销活动的力量和因素,如供应商、营销中介、竞争者、顾客等因素。微观市场营销环境体现了宏观市场营销环境因素在某一领域里的综合作用,对于企业当前和今后的经营活动产生直接的影响。

宏观市场营销环境与微观市场营销环境两者之间并不是并列关系,而是主从关系。微观市场营销环境要受制于宏观市场营销环境,宏观市场营销环境一般以微观市场营销环境为媒介去影响与制约企业的营销活动,在某些场合,也可以直接影响企业的营销活动。

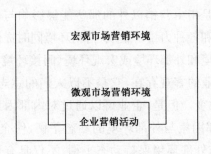

图 2-1　营销环境对企业营销活动的影响

三、市场营销环境的特点

市场营销环境是一个多因素、多层次而且不断变化的综合体。概括地说,市场营销环境具有以下特点:

(一)客观性

环境作为营销部门外在的不以营销者意志为转移的因素,对企业营销活动的影响具有强制性和不可控性的特点。一般来说,营销部门无法摆脱和控制营销环境,特别是宏观环境,企业难以按自身的要求和意愿随意改变它。如企业不能改变人口因素、政治法律因素、社会文化因素等。但企业可以主动适应环境的变化和要求,制定并不断调整市场营销策略。由于事物发展与环境变化的关系,适者生存,不适者淘汰,就企业与环境的关系而言也完全适用。有的企业善于适应环境就能生存和发展,有的企业不能适应环境的变化就难免被淘汰。

(二)差异性

市场营销环境的差异性不仅表现在不同企业受不同环境的影响,而且同样一种环境因素的变化对不同的企业的影响也不相同。例如,中国加入世界贸易组织,意味着大多数中国企业进入国际市场,进行"国际性较量",而这一经济环境的变化,对不同行业所造成的冲击并不相同。企业应根据环境变化的趋势和行业的特点,采取相应的营销策略。

(三)多变性

构成企业营销环境的因素是多方面的,而每一个因素都会随社会经济的发展不断变化,这就要求企业根据环境因素和条件的变化,不断调整其营销策略。

(四) 相关性

市场营销环境不是由某一个单一的因素决定的,它要受到一系列相关因素的影响。例如,价格不但受市场供求关系的影响,而且还受到科技进步及财政税收政策的影响。市场营销环境因素相互影响的程度是不同的,有的可以进行评估,有的则难以估计和预测。

由于市场营销环境对企业营销活动的影响具有以上特点,使之复杂多变,难以捉摸,因此企业才需要采取相应的对策。比如企业可以组织一个智囊机构,或者借助社会头脑公司,监测分析营销环境的变化,随时提出应变策略,以调整企业营销战略,适应环境变化。企业还需要经常加强与政府各部门的联系,了解政府有关部门对宏观经济的调控措施以及各项出台和即将出台的改革方案,以使企业对宏观环境的变化不感到突然,并能做到有所准备。

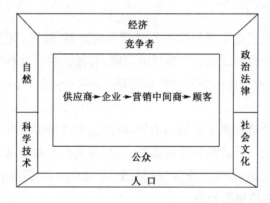

图 2-2 企业市场营销环境

第二节 微观市场营销环境

企业营销管理的任务,就是要不断向目标市场提供对其有吸力的产品或服务。要想成功地做到这一点,企业的营销管理者就不仅要重视目标市场的需求,而且要了解企业营销活动的所有微观环境因素。微观环境因素包括企业内部环境、营销渠道企业、顾客、竞争者和公众等。

一、企业内部环境

企业的经营观念、管理体制与方法、企业的目标宗旨、企业精神与文化等因素都会影响企业的营销活动。但分析市场环境,我们重点考虑的是营销部门与企业其他各个部门间的协调及相互关系问题。

企业开展营销活动,必须设立一定形式的营销部门,而营销部门不是孤立存在的,它还面对着各种不同的职能部门以及高层管理部门。营销部门与其他职能部门间既有相当程度的合作,在争取资源方面又存在着矛盾。因此,与其他职能部门的相互关系是否协调,对营销决策的制定与实施影响极大。

可以说,所有的部门共同构成实现企业营销职能的企业内部微观环境,而这些企业与营销部门在实际工作中产生的或大或小的矛盾与冲突,需要企业内部各部门在决策层的统一领导与指挥下进行必要的协调,才能使各职能部门相互配合,使企业的营销活动高效运行。

二、市场营销渠道企业

任何一家企业都不可能自己承担所有有关产品和服务的全部市场及营销活动,而必须与营销渠道中的其他企业合作,才能完成生产和营销任务。

一个企业的市场营销渠道企业包括:

1. 供应商

供应商指向企业及其竞争者提供生产经营所需原料、能源、资金等生产资源的企业及个人。供应商对企业营销活动有实质性的影响,其提供的原材料数量及质量将直接影响产品的数量和质量,而所提供的资源价格则直接影响企业的产品成本、价格和利润。

2. 中间商

中间商指协助企业进行产品经销或销售,将产品最终销售给购买者的机构。包括商人中间商和代理中间商。前者是转售商品的企业,对其经营的商品有所有权,如批发商、零售商。后者又称经纪商,替生产企业寻找买主,推销产品,对其经营的产品无所有权。

3. 实体分销商(或称物流公司)

指便利交换的或是商品的实体分销者。如运输公司、仓储业企业等。其基本功能是调解生产与消费之间的矛盾,解决产销时空背离矛盾,提供商品时间效用和空间效用,以适时、适地、适量地帮助完成商品由生产者到消费者的流转过程。

4. 营销服务机构

指为厂商提供各种营销服务,协助生产企业开拓产品市场及销售推广的机构或企业。如营销调研公司、广告代理商、市场营销咨询企业等。

5. 金融中介机构

是协助生产企业融资和保障货物购销储运风险的各种机构。如银行、保险公司等。金融中介服务机构不直接从事商业活动,但对工商企业的经营发展至关重要。随着市场经济的发展,企业与金融机构的关系越来越密切,企业的信贷资金来源、企业间的业务往来、企业财产和货物的风险保障等等都会直接影响企业的生产经营活动状况。

三、顾客

顾客是企业服务的对象,是企业市场营销活动的出发点和归宿。因此,顾客是企业最重要的环境因素。企业必须坚持顾客第一的观念,加强对顾客的研究。

顾客从不同角度有不同的分类标准。按购买动机和类别可以将其分为以下几类:

1. 消费者市场

是指所有为满足生活需要而购买商品和服务的个人和家庭的总和。

2. 组织市场

指一切为了自身生产、转售或转租或者用于组织消费而采购的一切组织构成的市场。主要包括生产者市场、中间商市场。

3. 非营利组织市场

为提供公共服务或转赠需要者而购买商品和服务的政府机构和非营利组织。

4. 国际市场

它是由其他国家的购买者组成,涉及国外的消费者、经销商、制造商和外国政府。

上述每一类市场均具有其独有特征,营销部门只有充分考虑到这些独特要求后才有可能为其提供最大顾客价值和满意。

四、竞争者

企业要想在激烈的市场竞争中获得成功,就必须能够比竞争对手更好地满足消费者的需要和欲望,使产品在消费者心目中形成明显差异,从而取得竞争优势。从市场需求的角度划分,竞争者可分为下列几种类型:

1. 愿望竞争者

即提供不同的产品满足消费者不同需要的竞争者。消费者具有多方面的需要,消费者的选择因人、因时、因地而异。企业为争取满足消费者的某种愿望而开展的竞争就是欲望竞争,而这些企业相互间是愿望竞争者。

2. 平行竞争者

即提供不同类别的产品去满足消费者同一欲望的竞争者。如自行车、摩托车和轿车都可用作交通工具,这三种产品的生产经营者之间形成一种竞争关系,他们也就相互成为各自的平行竞争者。

3. 产品形式竞争者

即提供不同形式的产品去满足消费者同一种欲望的竞争者。若消费者想用水果来满足目前吃的欲望,他可选择苹果、梨子或桃子等。不同形式的水果提供者相互之间是产品形式竞争者。

4. 品牌竞争者

市场上有相同的规格、型号的产品,但品牌不同。如电视机有"康佳""创维""长虹"

等品牌,这对于企业而言,相互之间是品牌竞争者。

五、公众

公众是指对某一企业实现其目标有着实际或潜在兴趣或影响的群体。公众可能有助于实现该企业的目标,可能会妨碍该企业目标的实现。鉴于公众会对企业的命运产生巨大的影响,精明的企业就会采取具体措施成功地处理与主要公众的关系,而不是不采取行动和等待。大多数企业都建立了公共关系部门,专门筹划与各类公众的建设性关系。公共关系部门负责收集与企业有关的公众的意见和态度,发布消息,沟通信息,以建立信誉。如果出现不利于公司的反面宣传,公共关系部门就会成为排解纠纷者。对一个企业来说,如果把公共关系事务完全交给公共关系部门处理,那将是一种错误。一个企业的全部雇员,从负责接待一般公众的高级职员到向财界发表讲话的财务副总经理,到走访客户的推销代表,都应该参与公共关系事务。每个企业的周围有7类公众:

1. 金融界

金融界对企业的融资能力有重要的影响。金融界主要包括银行、投资公司、证券经纪行、股东。

2. 媒介公众

媒介公众指那些刊载、播送新闻、特写和社论的机构,特别是报纸、杂志、电台、电视台。

3. 政府机构

企业管理当局在制订营销计划时,必须认真研究与考虑政府政策与措施的发展变化。

4. 公民行动团体

一个企业的营销活动可能会受到消费者组织、环境保护组织、少数民族团体等的质讯。

5. 地方公众

每个企业都同当地的公众团体保持联系,如邻里居民和社区组织。

6. 一般公众

企业需要关注一般公众对企业产品及经营活动的态度。虽然一般公众并不是有组织地对企业采取行动,然而一般公众对企业的印象却影响着消费者对该企业及其产品的看法。

7. 内部公众

企业内部的公众包括蓝领工人、白领工人、经理和董事会。大公司还发行业务通讯和采用其他信息沟通方法,向企业内部公众通报信息并激励他们的积极性。当企业雇员对自己的企业感到满意时,他们的态度也就会感染企业以外的公众。

现代企业是一个开放的系统,这些公众都与企业的营销活动有着直接或间接的关系。企业的营销活动必然与各方面发生联系,必须处理好与各方面公众的关系。

第三节 宏观市场营销环境

一切营销组织都处于某种宏观环境因素之中,不可避免地受其影响和制约。这些宏观环境,包括人口、经济、自然、技术、政法和文化环境六大要素,它们都是不可控制的因素,企业及其所处的微观环境,都在这些宏观力量控制之下。这些宏观力量及其发展趋势给企业提供机会,同时也造成威胁。

一、人口环境

人口是市场的第一要素。人口数量直接决定市场规模和潜在容量,人口的性别、年龄、民族、婚姻状况、职业、居住分布等也对市场格局产生着深刻影响,人口决定市场的存在与否,人口的数量决定市场的容量,人口的结构决定市场产品供应的结构。为此,企业应重视对人口环境的研究,密切关注人口特性及其发展动向,及时地调整营销策略以适应人口环境的变化。

(一)人口数量

人口数量是决定市场规模和潜量的一个基本要素,一般来说,人口的多寡直接影响市场规模的大小。如果收入水平不变,人口越多,对食物、衣着、日用品的需要量也越多,市场也就越大。

企业如果要在某一个国家、某一个地区开展市场营销活动,首先要关注所在国家或地区的人口数量及其变化。一个企业在多大市场范围内开展营销活动,就要研究这个范围内的人口总量。人口数量决定了市场需求的规模,尤其对人们生活必需品的需求内容和数量影响很大。

(二)人口的年龄结构

不同的年龄层次对商品的需求是不同的,营销人员可以通过分析目标市场不同年龄档次人数的多寡,来预测企业产品的潜在市场容量。

(三)性别结构

性别差异会给人们的消费需求带来显著的差别,反映到市场上就会出现男性用品市场和女性用品市场。两个市场的需求不同,购买习惯亦有所不同。一般来说,女性市场需求旺盛,女性服装、化妆品等成了女性市场的重要商品。女性还担负着抚育儿女的重任,儿童商品也可纳入女性市场。企业可以针对不同性别的不同需求,生产适销对路的产品,制定有效的营销策略,开发更大的市场。

(四)民族结构

我国是一个多民族的国家。民族不同,其文化传统、生活习性也不相同。具体表现在饮食、居住、服饰、礼仪等方面的消费需求各有特点,都有自己的风俗习惯。这些不同的消费需求与风俗习惯会影响他们的消费特征和购买行为,形成了独特的民族市场。企业营销要重视民族市场的特点,开发适合民族特性、受其欢迎的商品。

(五)家庭结构

家庭是商品购买和消费的基本单位。一个国家或地区的家庭单位的多少以及家庭平均人员的多少,直接影响到某些消费品的需求数量。同时,不同类型的家庭往往有不同的消费需求。市场营销人员通常将家庭分为两大类型:一是传统家庭,它是由丈夫、妻子和孩子组成的三口之家;二是非传统家庭,它包括单身家庭、单亲家庭、丁克家庭、空巢家庭等。中国的三口之家占家庭总户数的30.4%,一人户和两人户占家庭总户数的33.5%,其他的是由四人及以上组成的家庭。

小资料

美国的传统家庭仅占家庭总户数的20%,单身家庭和单亲家庭占35%,丁克家庭和空巢家庭占32%,其他类型家庭占13%。

自20世纪80年代开始,中国家庭呈"小型化"趋势。企业应关注家庭户数的增长对房地产市场的影响。同时,市场对家用电器的需求大大增加,并更加要求适合小家庭使用的产品。

市场营销人员之所以应该关注消费者的家庭类型,是因为不同家庭类型在购买住房、家具、房屋装修、家用电器、快速消费品等方面的需求和购买行为各异。

(六)人口地理分布

人口在地理上的分布与市场消费需求有着密切关系。居住在不同地区的人群,受地理环境、气候条件、自然资源、风俗习惯的影响,消费需求的种类及数量、购买习惯及行为都会有较大区别。最明显的是,不同地区的居民,在服装、饮食上的爱好不尽相同。

二、经济环境

经济环境包括的因素很多,一般指的是影响企业市场营销方式及规模的经济因素。主要有经济发展状况、消费者收入水平、消费者支出方式、储蓄与信贷状况等。

(一)经济发展状况

企业的市场营销活动受一个国家或地区整体经济发展状况的制约。经济发展阶段的高低将会直接或间接影响企业的市场营销。

对于消费品市场而言,经济发展水平较高的国家,在商品推销方面,重视产品基本功能的同时,更强调产品款式、性能及特色,会进行大量的广告宣传和销售推广活动,非价格竞争比价格竞争更占优势;而在经济发展水平低的国家,则比较侧重产品的基本功能及实用性,价格竞争占一定优势。

在生产资料市场方面,经济发展水平高的国家重视投资大而能节约劳动力的生产设备,对劳动力的教育及技术水平要求也较高;而在经济发展水平低的国家,生产设备多偏重于使用劳动力而节约资金,以符合国家劳动力与资金的合理比例。

(二) 消费者收入

收入因素是构成市场的重要因素,甚至是最为重要的因素。因为市场规模的大小,归根结底取决于消费者的购买力大小,而消费者的购买力取决于他们收入的多少。企业必须从市场营销的角度来研究消费者收入,通常从以下 4 个方面进行分析。

1. 国内生产总值

它是衡量一个国家经济实力与购买力的重要指标。从国内生产总值的增长幅度,可以了解一个国家经济发展的状况和速度。国内生产总值增长越快,对商品的需求和购买力就越大,反之就越小。

2. 人均国内生产总值

将一个国家核算期内(通常是一年)实现的国内生产总值与这个国家的常住人口(或户籍人口)相比进行计算,得到人均国内生产总值。这个指标大体反映了一个国家人民生活水平的高低,也在一定程度上决定商品需求的构成。一般来说,人均收入增长,对商品的需求和购买力就大,反之就小。

3. 个人可支配收入

是指在个人收入中扣除消费者个人缴纳的各种税款和交给政府的非商业性开支后剩余的部分,这是可用于消费或储蓄的那部分个人收入,它构成实际的购买力。个人可支配收入是影响消费者购买生活必需品的决定性因素,如食品、服装、房地产、保险等,企业应该了解消费者的个人可支配收入。

4. 个人可任意支配收入

是指在个人可支配收入中减去消费者用于购买生活必需品的费用支出(如房租、水电、食物、衣着等项开支)后剩余的部分。这部分收入是消费需求变化中最活跃的因素,也是企业开展营销活动时所要考虑的主要对象。这部分收入一般用于购买高档耐用消费品、娱乐、教育、旅游等,它是影响非生活必需品或服务销售的主要因素。

(三) 消费者支出

随着消费者收入的变化,消费者支出会发生相应变化,继而使一个国家或地区的消费结构也相应发生变化。

1. 消费结构

德国统计学家恩斯特·恩格尔于1857年发现了消费者收入变化与支出模式,即消费结构变化之间的规律性。消费结构是指在消费过程中人们所消耗的各种消费品及服务的构成,即各种消费支出占总支出的比例关系。恩格尔定律指出,当人们收入水平很低时,收入主要用于食品等生活必需品的购买;随着收入的增加,食品结构开始改善,质量提高;随着收入的再增加,食品等生活必需品在总消费中的比重开始下降,而用于衣着、娱乐、汽车、教育等高档产品和消费的支出增长。当这些消费已经满足后,储蓄很快增长。

2. 恩格尔系数

恩格尔所揭示的这种消费结构的变化通常用恩格尔系数来表示,即

$$恩格尔系数 = 食品支出金额 / 家庭消费支出总金额$$

恩格尔系数越小,食品支出所占比重越小,表明生活富裕,生活质量高;恩格尔系数越大,食品支出所占比重越高,表明生活贫困,生活质量低。恩格尔系数是衡量一个国家、地区、城市、家庭生活水平高低的重要参数。企业从恩格尔系数可以了解目前市场的消费水平,也可以推知今后消费变化的趋势及对企业营销活动的影响。

(四) 消费者储蓄和信贷

消费者的购买力和支出不仅受其收入的影响,还要受消费者储蓄和信贷的影响。

1. 储蓄

储蓄指人们将一部分可任意支配的收入存储待用。消费者的储蓄形式一般有银行存款、债券、股票、保险、不动产等等。

较高的储蓄率会推迟现实的消费支出。在其他条件不变的情况下,储蓄增加,当期支出减少,未来支出则有可能增加。对于日常用品及服务,购买力会因此下降;但对耐用品及高档昂贵商品来说,却能够形成有现实意义的购买能力。

影响储蓄的原因多种多样,主要有消费者收入水平、储蓄利率、消费者对物价的预期(物价信心指数)及消费心理和观念等。

2. 信贷

这里主要指消费信贷,通常理解为金融或其他商业机构向有一定支付能力的消费者通融资金的行为。消费信贷使消费者可以先凭信用取得商品使用权,然后再按约定期限分期归还贷款。

消费信贷可以增加当期购买力,在西方国家被广泛应用。最常用的是三种形式:短期赊销(日常用品)、分期付款(住宅、汽车及其他昂贵耐用品)、消费贷款(信用卡)等。消费信贷受借贷利率、预期收入、信贷方便性、对物价上涨的估计以及生活消费观念、社会文化风俗习惯等的影响。

三、自然环境

自然环境主要指营销者所需要或受营销活动所影响的自然资源因素。在生态环境不断遭到破坏、自然资源日益枯竭、环境污染问题日趋严重的今天,自然环境已成为涉及各个国家、各个领域的重大问题,环保呼声越来越高。

从市场营销角度分析,自然环境的发展变化给企业带来了一定的威胁,同时也给企业创造了机会。目前看,自然环境有以下4个方面的发展趋势:

1. 原料的短缺或即将短缺

各种资源,特别是不可再生类资源已经出现供不应求的状况(如石油、矿藏等),对许多企业形成了较大威胁,但对致力于开发和勘探新资源、研究新材料及如何节约资源的企业又带来了巨大的市场机会,如电动汽车的推广。

2. 能源短缺导致的成本增加

能源的短缺给汽车及其他许多行业的发展造成了巨大困难,但无疑为开发研究如何利用风能、太阳能、原子能等新能源及研究如何节能的企业提供了有利的营销机会。

3. 污染日益严重

空气、海河水源、土壤及植物中有害物质的增加,随处可见的塑料等包装废物以及污染层面日益升级的趋势,使那些制造了污染的行业、企业成为众矢之的,面临着环境威胁,而那些致力于控制污染、研究开发不会造成污染的产品及其包装物的企业、能够最大限度降低环境污染程度的行业及企业则有着大好的市场机会。

4. 政府对自然资源加大管理及干预力度

各国政府从长远利益及整体利益出发,对自然资源的管理逐步加强。许多限制性的法律法规的出台,对企业造成了巨大的威胁及压力,同时也给许多企业创造了发展良机。作为营销者的营销活动,既受自然环境的制约与影响,也要对自然环境的变化负起责任。既要保证企业可获利发展,又要保护环境与资源,企业只有实施可持续发展战略,才能达成与社会、自然的协调。当前社会上流行的绿色产业、绿色消费乃至绿色营销以及生态营销的蓬勃发展,应当说就是顺应了时代要求而产生的。

四、政治法律环境

政治与法律是影响企业营销重要的宏观环境因素。政治因素像一只有形之手,调节着企业营销活动的方向,法律则为企业规定商贸活动行为准则。政治与法律相互联系,共同对企业的市场营销活动发挥影响和作用。政治法律环境是指对企业经营活动具有实际与潜在影响的政治力量和有关的法律法规等因素。

具体来说,政治环境主要包括国家的政治制度与体制、政局的稳定性以及政府对外来企业的态度等因素;法律环境主要包括政府制定的对企业经营具有约束力的法律、法规,如反不正当竞争法、税法、环境保护法以及外贸法规等因素。

政治法律环境对企业行为的影响是比较复杂的,有些是直接的,有些是间接的,有些是积极的,有些是消极的。比如,博彩业在我国大陆地区是非法的,而在香港或澳门地区却是合法的,甚至是主导产业之一,这种差异的主要原因之一就在于两地政治制度与体制的不同;再如,我国的"西部大开发"战略,就直接为很多企业拓展市场空间提供了一个难得的历史机遇;而对各种环境保护条例和法规的出台,则对很多企业形成了一种无形的限制条件。

(一) 政治环境

政治环境指企业市场营销活动的外部政治形势和状况以及国家方针政策的变化对市场营销活动带来的或可能带来的影响。营销人员要善于分析当前国内外的政治形势和经济政策,估计可能遇到的阻力和风险,及时制定和调整营销战略。对政治环境的分析可以从政治的稳定性和政府实行的经济政策着手。

1. 政治的稳定性

政治的稳定性和政府的经济政策是企业营销活动必须考虑的关键因素。政治的稳定性主要体现在两个方面:一个是政治冲突;另一个是政策的稳定性。政治冲突包括社会不稳定(骚乱、示威游行、罢工)、政局动荡(政变、政府更迭频繁)、战争、暴力阴谋(政治暗杀、绑架、恐怖活动)等国内外重大事件和突发性事件。政治冲突不仅有可能直接影响企业的经营活动,而且会影响该国政府政策的稳定性。政策的稳定性是指政府政策的相对长期性、连续性和可预见性。政体的变更或政府的更迭会改变前政府许下的承诺,直接影响政府政策的稳定性。

2. 政府的经济政策

随着全球经济的相互渗透和国际经济一体化,各国在不断调整本国的经济政策,其目的就是保护、扶持本国经济,有限度地干预外国经济的渗透。在国内,开展营销活动需要分析、掌握诸如产业政策、人口政策、能源政策、价格政策、财政金融政策等各项方针政策带给企业的机遇和威胁。另外,国际营销人员还须研究目标市场国政府对国际营销活动的干预程度,包括进口限制、外汇控制、市场控制、国有化、劳工限制等等。

国家之间的关系直接影响着一国政府经济政策实行限制或开放的程度,因为经济交流的双方受双方国家的政治、文化、法律等双边关系的影响。

小资料

随着中日两国因钓鱼岛之争外交关系急剧恶化,日本汽车制造商正面临收益减少的危险,丰田、日产和本田在中国这个全球最大的汽车市场上的销售面临威胁。

非官方销售数据显示,上月丰田在华汽车销售可能同比下跌至少40%,因为中国消费者纷纷避开日系车,转而购买争议较少的韩系车,譬如说现代汽车。

随着两国外交关系持续紧张,丰田在华工厂决定减产。这将意味着它很可能无法实现今年在华销售达到 100 万辆汽车的目标。

分析人士认为,若中日领土争端迟迟得不到解决,所有日本汽车制造商损失惨重,那么德国可能会一举超越日本,重新夺回中国汽车市场的最大份额。近期来自德国宝马汽车公司的数据显示,9月份汽车销售大幅增加,增幅达 55%。

(二) 法律环境

一个国家的法律体现了该国政府的政策倾向,政府的政策往往是通过法律来实施的。因此,每一项新的法令法规的颁布或调整都会影响企业的营销活动。一国政府对营销活动实行法律干预,主要是考虑到以下三方面:第一,对企业的限制,其目的在于指导监督企业行为,保护企业间的公平竞争;第二,对消费者的保护,维护消费者利益,制止企业非法牟利;第三,对社会利益的维护,避免"外部不经济"。

小案例

从 1890 年起,美国国会通过了一系列反垄断法,这些法律体现了鼓励竞争、限制垄断和保护弱势群体的利益(见表 2-1)。

表 2-1 美国联邦反垄断法对 4P 的作用(主要是禁止)

法律	产品	渠道	价格	促销
Sherman 法案(1890)禁止贸易垄断和共谋	控制一种产品的垄断或共谋	控制分销渠道的垄断和共谋	固定或控制价格的垄断或共谋	
Clayton 法案(1914)充分减轻竞争	强制随一些产品销售其他产品——捆绑销售	独占交易契约(限制买者的供应来源)	制造商的价格歧视	
联邦贸易代理法案(1914)不正当竞争		不公平政策	欺骗性定价	欺骗性广告或销售
Robinson-Patman 法案(1936)伤害竞争的趋势		禁止给"直接"买主的支付回扣代替中间人成本(佣金)	禁止对"相似等级和质量"的产品不加成本评估的价格歧视,限制数量折扣	禁止"虚假"广告回扣或提供差别服务
Wheeker-Lea 修订案(1936)不公正或欺骗性行为	欺骗性包装或品牌		欺骗性定价	欺骗性广告或销售
反合并法(1950)减少竞争	购买竞争者	购买生产者或分销商		
Magmyson-Moss 法案(1975)不合理行为	产品保证			

五、科学技术环境

科学技术是影响人类前途和命运的最大的力量,是"第一生产力"。科学技术是一种"创造性的毁灭力量",它有利于企业改善经营管理,同时也影响零售商业结构和消费者购物习惯。技术的进步对市场营销的影响更为直接而显著。

技术环境是指创造新技术、新工艺、新产品和市场机会的力量的总和。技术创新是推动人类社会进步的主要力量之一。对企业营销而言,新技术是既拥有创造性又具有毁灭性的一种力量,因为技术上的任何重大突破,都会创造出一个崭新的行业并同时淘汰一个传统的行业。

小资料

晶体管技术的创新产生了电子产品行业,也淘汰了原有的真空管行业;U盘的出现使得所有传统的3.5软盘制造商被迫改产其他产品;计算机技术的诞生创造了计算机硬件和软件行业,同时也使得有数百年历史的打字机行业走向了衰亡。

重大技术发明和突破的深层次影响是更为长久和广泛的,互联网技术和手机技术的发明,不仅创造了互联网和手机行业,同时也削弱了传统媒体行业,还改变了人们社交活动的习俗,在很大程度上减少了人们面对面交谈的次数,进而改变了人们的性格和消费行为。

小资料

沃尔玛的成功

沃尔玛多次成为美国《财富》杂志公布的世界500强企业之首。沃尔玛成功的背后是沃尔玛使用新技术所形成的卓越物流配送能力。这一强有力的物流配送系统和相关的信息技术支持,是沃尔玛取得成功的关键,这才是沃尔玛的核心竞争力。

沃尔玛一贯坚持依靠新技术提高生产率的哲学,总是在其他竞争对手还在观望和犹豫时就抓住先机而率先应用新技术,待其他竞争对手认为条件成熟并准备应用该新技术时,沃尔玛早已从该技术上获取了巨大的经济效益,并已经将眼光放到了更高层次的技术上。例如,沃尔玛是最先采用计算机跟踪库存技术和最早使用条形码技术提高物流效率的零售企业。又如,沃尔玛是最先利用电子数据交换(EDI)技术与供货商进行协调和最早使用无线扫描枪技术的零售企业。再如,沃尔玛是最先采用供应商管理库存及快速用户反馈系统(VMIECR)技术和最早采用无线射频识别技术的零售企业。可见,新技术在企业市场营销中起着十分重要的作用。

六、社会文化环境

社会文化主要是指一个国家、地区或民族的传统文化,如风俗习惯、伦理道德观念、价值观念等等。人们在不同的社会文化背景下成长和生活,各有其不同的基本观念和信仰,这是在不知不觉中形成的,成为一种行为规范。一个社会的核心文化和价值观念具有高度的持续性,它是人们世代沿袭下来的,并且不断得到丰富和发展,影响并制约着人们的行为,包括消费行为。企业的营销人员在产品和商标的设计、广告和服务的形式等方面,要充分考虑当地的传统文化,充分了解和尊重传统文化,在创新的时候也不要与核心文化和价值观念相抵触,否则将受到不必要的损失。

(一)教育水平

教育是通过正规及非正规的训练对受教育者施以影响的一种活动。一国教育水平的高低受社会生产力、经济状况的影响,同时也反映生产力发展程度和经济状况的改变,影响着人们的文化素质、消费结构、消费偏好和审美观。因此,教育状况影响企业选择目标市场,影响营销研究,影响产品的分销和促销策略。

(二)宗教信仰

不同的宗教信仰有不同的文化倾向和戒律,从而影响人们认识事物的方式、价值观念和行为准则,影响着人们的消费行为,带来特殊的市场需求,与企业的营销活动有密切的关系,特别是在一些信奉宗教的国家和地区,宗教信仰对市场营销的影响力更大。教徒信教不一样,信仰和禁忌也不一样。这些信仰和禁忌限制了教徒的消费行为。某些国家和地区的宗教组织在教徒的购买决策中有重大影响。一种新产品出现,宗教组织有时会提出限制和禁止使用,认为该商品与该宗教信仰相冲突。相反,有的新产品出现,得到宗教组织的赞同和支持,就会号召教徒购买、使用,起一种特殊的推广作用。因此,企业应充分了解不同地区、不同民族、不同消费者的宗教信仰,提供适合其要求的产品,制定适合其特点的营销策略。否则,会触犯宗教禁忌,失去市场机会。这说明,了解和尊重消费者的宗教信仰,对企业营销活动具有重要意义。

(三)风俗习惯

风俗习惯是人们在长期的生活中形成的习惯性的行为模式和行为规范,是人们世代沿袭下来的社会文化的一部分,在饮食、婚丧、服饰、节日、居住、人际关系、商业等方面都表现出独特的心理特征、生活习惯和消费习惯。

小 资 料

在饮食上,法国人爱饮酒;日本人好吃生鱼片和在中国不登大雅之堂的酱菜;韩国人喜吃辛辣但不油腻的菜肴;巴西人则很少吃早餐。在我国,各地有不同的饮食习惯,八大菜系各具特色。在服饰上,东方女性一般在正式场合穿较保守的服装;西方女性大多穿较开放的晚礼服赴宴。在人际交往和商业习俗方面,阿拉伯人喜欢正式谈判前的寒暄,喜欢观察对方的眼睛;美国人喜欢开门见山,速战速决;日本人则喜欢保持沉默或用"哈噫"来委婉拒绝对方。

虽然风俗习惯具有高度的持续性和强烈的区域性,但随着频繁的文化交流,某些风俗习惯会发生变化。因此,营销人员不仅要研究不同的风俗习惯,还要研究不同的风俗习惯之间的相融程度,以便更好地适应千变万化的市场。

(四) 价值观念

在不同社会文化环境下生活的人们,有不同的价值观念,极大地影响着消费需求及购买行为。比如,崇尚节俭是我国传统民风及民族意识的一个方面,人们一向以节俭为荣,以挥霍奢华为耻。这种朴素的民风和节俭心理表现在消费行为上就是精打细算,在购买商品时就是谨慎花钱,注重质量,讲究经久耐用。即使是收入水平较高的家庭,也会将其收入的相当部分用于储蓄,以备不时之需。这也是近年来我国银行储蓄存款余额一直不断攀升,除去人们的预期心理及制度性因素外的一个重要原因。

第四节 营销环境的总体分析

企业与外部环境共同形成一个大系统。企业内部与外部环境是这一大系统中的两个系统,两者必须相互配合才能产生系统效应。但从企业角度来看,外部环境这一子系统是企业不能控制的客观条件,时刻处于变动之中。因此,企业必须经常对自身系统进行调整,才能适应外部环境的变化,这正像生态学中生物体与外界环境关系一样,也遵循"适者生存,优胜劣汰"的原则。

市场营销环境分析常用的方法为SWOT分析法(自我诊断方法)。SWOT分析法是一种能够较客观而准确地分析和研究一个单位现实情况的方法。利用这种方法可以从中找出对自己有利的、值得发扬的因素,以及对自己不利的、如何去避开的东西,发现存在的问题,找出解决办法,并明确以后的发展方向。根据这个分析,可以将问题按轻重缓急分类,明确哪些是目前急需解决的问题,哪些是可以稍微拖后一点儿的事情,哪些属于战略目标上的障碍,哪些属于战术上的问题。它很有针对性,有利于领导者和管理者在单位的发展上做出较正确的决策和规划。

"S"指企业内部的能力(Wtrengths),"W"指企业的薄弱点(Weaknesses),"O"表示来自企业外部的机会(Opportunities),"T"表示企业面临外部的威胁(Threats)。运用SWOT方法,不仅可以分析本企业的实力与弱点,还可以用来分析主要竞争对手。通过企业与竞争对手在人力、物力、财力以及管理能力等方面的比较,制作出企业实力—弱点对照表,结合机会—威胁的分析,最后确定企业的战略。

一、外部环境分析(机会与威胁)

环境机会的实质是指市场上存在着"未满足的需求"。它既可能来源于宏观环境也可能来源于微观环境。随着消费者需求的不断变化和产品寿命周期的缩短,引起了旧产品不断地被淘汰,并要求开发新产品来满足消费者的需求,从而市场上出现了许多新的机会。

环境机会对不同的企业机会是不相等的,同一个环境机会对这一些企业可能成为有利的机会,而对另一些企业可能就造成威胁。环境机会能否成为企业的机会,要看此环境机会是否与企业目标、资源及任务相一致,企业利用此环境机会能否比其竞争者带来更大的利益。

环境威胁是指对企业营销活动不利或限制企业营销活动发展的因素。这种环境威胁主要来自两方面:①环境因素直接威胁着企业的营销活动,如政府颁布某种法律,诸如《环境保护法》,它对造成环境污染的企业来说就构成了巨大的威胁.②企业的目标、任务及资源同环境机会相矛盾,如人们对自行车的需求转为对摩托车的需求,则自行车厂的目标与资源同这一环境机会相矛盾。自行车厂要将"环境机会"变成"企业机会",需淘汰原来产品,更换全部设备,必须培训、学习新的生产技术,这对自行车厂无疑是一种威胁。摩托车的需求量增加,自行车的销售量必然减少,给自行车厂又增加了威胁。

二、内部环境分析(优势/劣势分析)

每个企业都要定期检查自己的优势与劣势,公司不应去纠正它的所有劣势,也不是对其优势不加利用。主要的问题是公司应研究其究竟是应只局限在已拥有优势的机会中,还是去谋取另外的发展优势以寻找更好的机会。

波士顿咨询公司的负责人乔治·斯托克提出,能获胜的公司是取得公司内部优势的企业,而不仅仅是只抓住公司核心能力。每一个公司必须管好某些基本程序,如新产品开发、原材料采购、对订单的销售引导、对客户订单的现金实现、顾客问题的解决时间等等。每一程序都创造价值和需要内部部门协同工作。虽然每一部门都可以拥有一个核心能力,但如何管理和开发优势能力仍是一个挑战。斯托克把它称为能力基础的竞争。

三、SWOT 矩阵

SO 战略:利用企业内部的长处去抓住外部机会。
WO 战略:利用外部机会来改进企业内部弱点。
ST 战略:利用企业长处去避免或减轻外来的威胁。
WT 战略:直接克服内部弱点和避免外来的威胁。

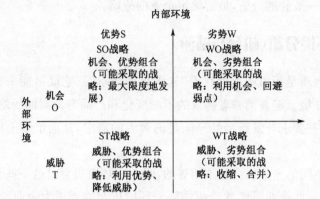

在适应性分析过程中,企业管理人员应在确定内外部各种变量的基础上,采用杠杆效应、抑制性、脆弱性和问题性4个基本概念进行这一模式的分析。

1. 杠杆效应(优势+机会)

杠杆效应产生于内部优势与外部机会相互一致和适应时。在这种情形下,企业可以用自身内部优势撬起外部机会,使机会与优势充分结合发挥出来。然而,机会往往是稍纵即逝的,因此企业必须敏锐地捕捉机会,把握时机,以寻求更大的发展。

2. 抑制性(机会+劣势)

抑制性意味着妨碍、阻止、影响与控制。当环境提供的机会与企业内部资源优势不相适合或者不能相互重叠时,企业的优势再大也将得不到发挥。在这种情形下,企业就需要提供和追加某种资源,以促进内部资源劣势向优势方面转化,从而迎合或适应外部机会。

3. 脆弱性(优势+威胁)

脆弱性意味着优势的程度或强度的降低、减少。当环境状况对企业优势构成威胁时,优势得不到充分发挥,出现优势不优的脆弱局面。在这种情形下,企业必须克服威胁,以发挥优势。

4. 问题性(劣势+威胁)

当企业内部劣势与企业外部威胁相遇时,企业就面临着严峻挑战,如果处理不当,可能直接威胁到企业的生死存亡。

课后案例

不要小看"入乡随俗"的重要性

商海沉浮,世事难料。1973年9月,香港市场的肯德基公司突然宣布多家家乡鸡快餐店停业,只剩下4家还在勉强支持。肯德基家乡鸡采用当地鸡种,但其喂养方式仍是美国式的。用鱼肉喂养出来的鸡破坏了中国鸡的特有口味。另外家乡鸡的价格对于一般市民来说有点承受不了。在美国,顾客一般是驾车到快餐店,买了食物回家吃。因此,在店内是通常不设座的。在中国香港市场的肯德基公司仍然采取不设座位的服务方式。为了使肯德基家乡鸡首次在香港推出获得成功,肯德基公司配合了声势浩大的宣传攻势,在新闻媒体上大做广告,采用该公司的世界性宣传口号"好味到舔手指"。

凭着广告攻势和新鲜劲儿,肯德基家乡鸡还是红火了一阵子,很多人都乐于一试,一时间也门庭若市。可惜好景不长,3个月后,就"门前冷落鞍马稀"了。到1975年2月,首批进入香港的美国肯德基连锁店集团全军覆没。

在世界各地拥有数千家连锁店的肯德基为什么唯独在香港遭受如此厄运呢?经过认真总结经验教训,发现是中国人固有的文化观念决定了肯德基的惨败。

10年后,肯德基带着对中国文化的一定了解卷土重来,并大幅度调整了营销策略。广告宣传方面低调,市场定价符合当地消费,市场定位为16岁至39岁之间的人。1986年,肯德基家乡鸡新老分店的总数在香港为716家,占世界各地分店总数的十分之一强,在香港快餐业中,与麦当劳、汉堡包皇、必胜客薄饼并称四大快餐连锁店。

讨论:肯德基公司70年代为什么会在香港"全军覆没"?80年代,该公司为什么又能取得辉煌的成绩?

营销实训

一、企业环境分析

1. 以模拟公司为单位,利用课余时间实地调查来的××企业的各种资料信息,运用SWOT分析法分析××企业营销环境。既包括企业的内部环境,也包括企业的外部环境;既要考虑企业的现实环境,也要考虑企业的未来环境。确定现有主要产品的优势、劣势、机遇和挑战。

2. 在公司间交流。每组推荐一名代表进行总结发言。

3. 各模拟公司围绕着如何树立××企业形象,以宣传推销××企业产品为主题,策划营销专题活动方案。

(1)制定目标。详细制定此次策划活动的目标,包括初期目标和最终目标。

(2)设计与抉择方案。为实现目标,要合理配置人、财、物等诸种资源,选择正确的实施途径与方法,制订系统的计划方案。

(3)编制计划。要依据计划目标与所确定的最优方案,按照计划要素与工作要求编制计划书。

(4)计划的实施与反馈。计划付诸实施,管理的计划职能并未结束。为了保证计划的有效执行,要对计划进行跟踪反馈,及时检查计划执行情况,分析计划执行中存在的问题,并对计划执行结果进行总结。

成果与检测:

1. 以模拟公司为单位提交交流总结报告。

2. 以模拟公司为单位提交专题策划方案。

3. 在小组评分基础上,教师进行综合评分。

二、结合实际,分析下列行业的主要环境机会和威胁

汽车业　　美式快餐业　　零售业

要求:

1. 利用网络和图书馆收集关于行业的相关信息。

2. 根据每个行业的机会和威胁,为其确定发展方向。

三、理解宏观环境对企业生产经营的影响

演练要求:

1. 调查一家在中国从事生产经营的大型外国企业,比较其在本国与在中国生产经营方面的差异,并说明造成差异的原因。

2. 调查一家到外国从事生产经营的中国企业,比较其在中国与在国外生产经营方面的差异,并说明造成差异的原因。

3. 撰写调查报告。

演练指导:

1. 将学生分组,每组调查上述的一项内容。

2. 可以利用公司网站收集相关资料。

3. 实训完毕,各组交流并讨论调查结果。

第三章 分析消费者市场与组织市场购买行为

学习目标

1. 理解消费者市场和组织市场的涵义和特点;
2. 掌握消费者购买行为的模式、主要影响因素和决策过程;
3. 了解组织购买行为的主要影响因素和决策过程。

引导案例

案例一 杭州"狗不理"包子店为何无人理

杭州"狗不理"包子店是天津狗不理集团在杭州开设的分店,地处杭州商业黄金地段。正宗的"狗不理"包子以其鲜明的特色而享誉神州,如皮薄、水馅、味道鲜美、咬一口汁水横流等。但是正当杭州南方大酒店日销包子万余只的纪录时,杭州的"狗不理"包子店却很少有人问津,即使将楼下三分之一的营业面积租给服装企业,依然"门庭冷落车马稀"。

究其原因,当杭州"狗不理"包子店一再强调其包子鲜明的特色时,却忽视了消费者是否能接受这一"特色"。那么"狗不理"包子受挫于杭州也是势在必然了。

首先,"狗不理"包子馅比较油腻,不符合喜爱清淡食物的杭州市民的口味。

其次,"狗不理"包子不符合杭州人的生活习惯。杭州市民将包子当作便捷的快餐对待,往往边走边吃。而"狗不理"包子由于皮薄、水馅、容易流汁,不能拿在手里吃,只有坐下来用筷子慢慢享用。

再次,"狗不理"包子馅多半是葱蒜类的辛辣刺激物,这与杭州南方城市人的传统口味也相悖。

案例二 百事可乐天津市场的崛起

天津市场曾经是百事全国营销做得最差的地方,天津区的总经理独辟蹊径,让雇佣人穿上百事可乐的服装扮成补货员出没于天津的各个大街小巷,1个月后天津区的销售额提高了40%。

从以上案例我们可以看出消费者行为的奥妙。西班牙谚语云："欲成为斗牛士,必先熟悉牛的习性。"消费者市场是企业最重要的市场之一,作为企业应该趁"需"而入。

第一节　消费者市场

一、消费者市场的概念和特点

(一) 消费者市场的基本概念

消费者市场,是指消费者个人或家庭,为了满足生活需要而购买商品或服务所形成的消费需求和消费群体。消费者市场是现代市场营销学研究的主要对象,是一切市场的基础,是最终起决定作用的市场。

(二) 消费者市场的特点

由于主观和客观等因素的影响,消费者的需求呈现出多样化,但是从总体上看,各种需求之间又呈现出某些共性、一般特性,即消费者市场需求的特点,这些特点主要表现在以下几个方面:

(1) 购买次数多,一次购买量少。消费者多而分布分散,由于个人或家庭人口有限,一次购买量少,反复购买是其特点。例如,消费者购买生活日用品时,一般一次购买较少,反复购买。

(2) 需求差异大。由于影响消费者购买行为的因素有很多,例如,文化因素、社会因素、个人因素、心理因素等,决定了消费者的需求是多样化的,彼此差异较大。

(3) 需求复杂多变。随着生产技术提高、生活质量改善、消费水平提高等,消费者的需求常常是变化的。例如,有的流行性商品的寿命周期特别短。

(4) 需求可诱导。消费者产生需求的原因之一是受到外界的刺激,企业可以通过自己的营销努力,如广告宣传、降低价格、改善产品等来刺激和诱导消费者,使其产生购买欲望,进而产生购买行为。

(5) 非营利性。与生产者市场、中间商市场相比,消费者市场购买的目的是个人或家庭直接消费或使用产品,是为了满足个人或家庭的生活需要。

二、消费者心理活动过程

(一) 人产生行为的心理活动过程

人的一生是不断产生需要、不断满足需要、再产生新的需要的生命过程。人们一旦认识到需要,就会引起心理紧张,产生强烈的心理反应,当需要升华到足够的强度水平时,形成一种内在的驱使力,心理学称其为动机。有了动机,就要寻找、选择目标,就会进行满足需要的活动,最后,需要满足,紧张解除。然后又产生新的需要、新的行为。这样周而复始,直到生命终止。整个过程见图3-1。

图3-1 人产生行为的心理活动过程

(二)消费者产生购买行为的心理活动过程

消费者的购买行为作为人类行为的一种,是一种受多种因素影响而形成的复杂行为。首先消费者受到某些刺激而产生某种需要,这种需要又导致产生购买某种商品的动机,由购买动机最终产生购买行为。购买行为产生的过程如图3-2所示。

刺激 → 需要 → 购买动机 → 购买行为

图3-2 购买行为的形成过程

1. 刺激

购买行为产生的起点是消费者受到了某种刺激。消费者所受到的刺激包括两种:①环境刺激,消费者总是处在一定的环境中,受到有关环境因素的影响,即政治、经济、社会、技术、文化等环境因素对消费者的影响;②营销刺激,企业为了将产品销售出去,会采取有关策略,即企业采取的产品策略、价格策略、分销策略、促销策略等对消费者的影响。

小资料

俞敏洪的"刺激术"

1991年秋天,俞敏洪离开北大,在中关村第二小学租了间平房教室,外面支一张桌子,放一把椅子,正式成立"新东方大学英语培训部"。第一天,来了2个学生,看见破旧的设备、干干净净的花名册,满脸狐疑,虽然经老俞劝说交了钱,但马上又退钱而去。随后两天,来人不少,可只有3个学生报名交钱。俞敏洪疑惑:为什么好多人来,看看花名册就走人了呢?于是,老俞心生一计。第二天,他在托福、GRE所有花名册上各填30个假名字,像是从第31名开始的架势。这一招果真灵验,学生一看,认为前面已经有30人被骗了,也不是我一个人被骗。俞敏洪统计过,搞了这种诡计后,每4个学生中会有两三个交钱报名,而在这之前,4个学生中最多只有1个交钱。

2. 消费者黑箱

消费者受到刺激后会有一个内在的心理活动过程,然后对刺激做出反应,即产生购买行为,这也是可以观察到的消费者的购买反应:产品选择、品牌选择、供应商选择、购买时间及购买数量等。由于消费者的心理活动过程是看不见、摸不着的,带有神秘色彩,所以称其为"消费者黑箱",又称"消费者黑匣子"。尽管"消费者黑箱"是看不见、摸不着的,但是企业可以研究它,以便采取相应的策略。消费者黑箱包括两部分内容:①消费者特性,主要包括影响消费者购买行为的社会文化、个人、心理等因素。消费者特性会影响消费者对刺激的理解和反应,同一种刺激作用于具有不同特性的消费者往往会产生不同的反应。②消费者购买决策过程,主要包括唤起需要、收集信息、比较选择、购买决策、购后评价等过程。消费者的决策过程决定了消费者最终的购买行为。

小资料

谢明和宋成的"消费者黑箱"

两个人同时走进一家手机专卖店,谢明为什么会进去?因为他的充电器丢了,他想买一个充电器,而且他明天要出差,没有充电器不行,所以他走进手机店准备购买充电器,但是没有发现自己手机型号的充电器,这时促销小姐向他推荐了一款联想的手机,谢明不想要,他觉得自己是来买充电器的,不用换手机,就走了。走到门口突然想,我应该看一看,也许我可以换个手机呢,于是他又进去了。他在店里到处转,在一个柜台看到另外一款手机,这是一款东信的彩屏手机,价格很便宜,1 200元,而且送一个充电器,谢明觉得很合适,于是就买下了这款手机。

在同一个店内,同一时间,宋成也在买手机,他又是为什么?原来宋成刚发了工资,他最近新结识了一个女朋友,觉得自己原来的那款手机有点旧,在女朋友面前有些不好意思,所以想换一款手机,但是他也没打算今天就买,只是想看看。进门之后促销小姐也给他介绍了联想的一款手机,宋成觉得这款手机不够时尚,与自己想要的不符合,于是他自己在店里转,转完一圈之后,他也看到了东信那款售价1 200元的彩屏手机,宋成想这款手机送充电器对自己来说没有什么意义,于是打算再考虑考虑,但是店员告诉他,今天是这款手机促销的最后一天,如果明天再来买就没有赠送了。今天购买,除了双电双充还赠送耳机和蓝牙,于是宋成也购买了这款手机。

如果我们看到宋先生和谢先生同时购买了同一个牌子同一款手机,就简单地下结论,认为宋先生和谢先生是目标消费者,并且把他们确定为今后的一个忠诚买家,这种做法是不妥当的,因为如果你再做一次成功的促销把它复制出来的话,也许这两个人都不会再购买。为什么?因为宋先生和谢先生买手机的目的是不一样的。对于谢明来说,他买的这个手机就是一个替代品,替代没了充电器的以前的手机,所以如果下次东信再促销,而谢明的手机还是新的,他就不会再买。对于宋成来说,手机对于他的意义比较丰富,他希望手机能显示自己够时尚,显示自己够身份,而下次促销如果不能给他这样的感觉,他也不会再买。

3. 消费者反应

主要包括消费者购买时对产品选择、品牌选择、供应商选择、时间选择、地点选择、数量选择等。消费者购买行为可以利用刺激—反应模式(又称购买行为模式)具体反映出来,详见图 3-3 所示。

图 3-3　刺激—反应模式

三、消费者购买行为

(一)消费者购买行为的概念

市场营销学研究消费者市场,核心是研究消费者的购买行为。消费者购买行为是指消费者为获取、购买、使用、评估和处置预期能满足其需要的产品和服务所采取的各种行为。消费者购买行为模式的构成如下:

消费者市场由谁构成?(Who)	购买者(Occupants)
消费者购买什么?(What)	购买对象(Objects)
消费者为什么购买?(Why)	购买目的(Objectives)
消费者市场的购买活动有谁参与?(Who)	购买组织(Organizations)
消费者什么时间购买?(When)	购买时间(Occasions)
消费者在何地购买?(Where)	购买地点(Outlets)
消费者怎样购买?(How)	购买方式(Operations)

(二)消费者购买行为的类型

消费者的购买行为按照不同的分类标准,有以下几种类型:

1. 按消费者购买态度与要求分

(1)习惯型。消费者对某种产品的态度,经常取决于对产品的信念,此信念可以建立在知识的基础之上,也可以建立在见解或者信任的基础上。这种类型的消费者往往会根据过去的购买经验和使用习惯采取购买行为,或者长期光顾某家商店,或者是长期使用某个厂家、商标的产品。

(2)慎重型。这类消费者购买行为以理智消费为主,感情为辅,在购买之前,喜欢收集有关产品的信息,了解市场行情,在经过周密的分析和思考之后,做到对产品特性心中有数。在购买过程中,他们的主观性较强,受到广告宣传和导购员的介绍影响较少,往往要经过对产品细致的检查、比较、反复衡量各种利弊因素才会做出购买决定。

(3) 经济型。这类消费者在选购产品时多从经济角度考虑,对产品的价格非常敏感,有的从价格昂贵确认产品为质优,有的从价格低廉评定产品的便宜,从而选购廉价品。

(4) 冲动型。这类消费者的心理反应敏捷,容易受到产品外部质量和广告宣传的影响,以直观感觉为主,新产品、时尚产品对其吸引力较大,一般能够快速做出购买的决策。

(5) 感情型。这类消费者兴奋性较强,情感体验较深刻,想象力和联想力丰富,审美感也比较灵敏,因而在购买行为上容易受到感情的影响,也容易受到销售宣传的诱导,往往以产品的品质是否符合其感情的需要来确定购买决策。

(6) 疑虑型。这类消费者具有内向性特点,善于观察细小事物,行动谨慎、迟缓,体验深而疑心大。他们选购产品从不冒失仓促地做出决定,在听取营业员介绍和检查产品时也往往小心谨慎和疑虑重重;他们挑选产品动作缓慢,费时较多,还可能因犹豫不决而中断;购买产品需"三思而后行",购买后仍放心不下。

2. 按消费者的情感反应分

(1) 沉稳型。这类消费者由于神经活动过程平静而灵活性低,反应比较缓慢而沉着,一般不为无所谓的动因而分心。因此,在购买活动中往往沉默寡言,情感不外露,举动不明显,购买态度持重,不愿与营业员谈些产品内容以外的话题。

(2) 温顺型。这种人由于神经活动过程比较薄弱,在生理上不能忍受或大或小的神经紧张。这类消费者选购产品时往往尊重营业员的介绍和意见,做出购买决定较快,并对营业员的服务比较放心,很少亲自重复检查产品的质量。他们对购买产品本身并不过多考虑,而更注重营业员的服务态度与服务质量。

(3) 健谈型。这种人神经活动过程平衡而灵活性高,能很快适应新的环境,但情感易变,兴趣广泛。在购买产品时能很快与人们接近,愿意与营业员和其他顾客交换意见,并富有幽默感,喜爱开玩笑,有时甚至谈得忘掉选购产品。

(4) 反抗型。这类消费者具有高度的情绪敏感性,对外界环境的细小变化都能有所警觉,显得性情怪僻,多愁善感。在选购产品时,往往不能接受别人的意见和推荐,对营业员的介绍异常警觉,抱有不信任态度。

3. 根据品牌之间差异的大小和消费者介入程度分

消费者购买决策随其购买决策类型的不同而不同,例如在购买一般生活日用品与购买生活耐用品时存在很大的差异,一般消费者对较为复杂和花钱较多的决策往往会投入较多精力去反复权衡,而且会有较多的购买决策参与者。根据消费者购买介入程度和品牌间的差异程度,可将消费者购买行为划分为复杂型、多变型、求证型、习惯型4种,见图3-4。

(1) 复杂型。即消费者在购买产品时投入较多的时间和精力,并注意各品牌间的主

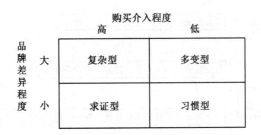

图 3-4　消费者购买行为的 4 种类型

要差异。一般消费者在购买花钱多、自己又不了解的产品时的购买行为属于该类行为，消费者在了解产品的过程，也是学习的过程。例如，在生活中，购买个人计算机的行为就属于该类购买行为。在介入程度高且品牌差异大的产品经营中，企业的营销人员应该协助消费者学习，帮助其了解产品的性能属性和品牌间的差异，以影响消费者的购买决策。

（2）求证型。消费者在购买品牌差异不大的产品时，有时也会持慎重态度，这种购买行为属于求证型。这种购买行为一般发生在价格虽高但品牌差异不大的场合，消费者的购买决策可能取决于价格是否合适、购买是否方便、销售人员是否热情等。针对消费者的这种心理特点，企业应采取必要的营销策略：要合理定价，在了解市场上同类产品价格的基础上，结合企业的实际情况，制定出消费者能够接受的价格。向消费者提供细致周到的服务，耐心地回答消费者的问题，向消费者提供有关信息等，增强消费者对产品和品牌的信任，以影响消费者的品牌选择。特别要注意向消费者提供售后服务，以增强其对品牌的信念，增强购后满意感，证明其购买决策的正确性。

（3）多变型。多变型购买行为常常发生在价格低、品牌差异大的产品购买中，例如在饮料市场中，有不同品牌的不同产品，它们在包装、口感、营养等方面存在较大的差异。对于这类产品，消费者可能经常改变品牌选择，不是因为产品本身不好，而是由于产品品种多样化，消费者想尝试不同品牌的不同产品。对于这类产品的营销，企业要在促销上下工夫，例如降价、反复做广告、让消费者试用、送赠品、有奖促销等。

（4）习惯型。这种购买行为常常发生在价格低、经常购买、品牌差异不大的产品购买中。消费者往往对这类产品的购买决策不重视，购买时介入程度很低，主要凭印象、熟悉程度和被动接受的广告信息等。对于这类产品的营销，主要在广告上下工夫，企业可做简短的、有特色的广告，反复刺激消费者，突出与品牌联系的视觉标志和形象，以便消费者记忆。

四、影响消费者购买行为的因素

消费者购买行为受到文化、社会、个人和心理特征等因素的影响，图 3-5 显示了这一点。营销人员无法控制这些因素，为了吸引消费者，将产品销售给消费者，开展有效的市场营销活动，必须考虑这些影响因素。

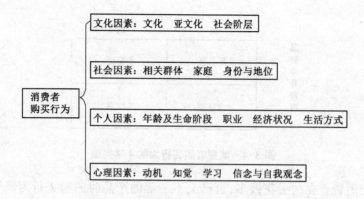

图 3-5 影响消费者购买行为的因素

1. 文化因素

文化、亚文化、社会阶层等文化因素,对消费者的行为具有最广泛和最深远的影响。

(1) 文化。文化是人类在长期的生活和实践中形成的语言、价值观、道德规范、风俗习惯、审美观等的综合。文化是人类欲望和行为最基本的决定因素,会对消费者的消费观念和购买行为产生潜移默化的影响。

(2) 亚文化。在一种文化中往往还包含着一些亚文化群体,他们有更为具体的认同感。亚文化群包括民族亚文化群、宗教亚文化群、宗族亚文化群和地理亚文化群。消费者对各种商品的兴趣受其所属民族、宗教、种族和地理等因素的影响,这些因素将影响其食物偏好、衣着选择、娱乐方式等。

(3) 社会阶层。社会阶层是指在一个社会中具有相对同质性和持久性的群体。在一切社会中都存在着社会阶层。同一个社会阶层的人有相似的价值倾向、社会地位、经济状况、受教育程度等,因此同一社会阶层的人有相似的生活方式和消费行为。各社会阶层显示出不同的产品偏好和品牌偏好,企业的营销人员应根据不同的社会阶层推出不同的营销策略。例如,在广告策略中,由于不同的阶层对新闻媒介的偏好是不一样的,中低阶层的消费者平时喜欢收看电视剧和娱乐晚会,而高阶层喜欢各种时尚活动或戏剧等,所以针对不同阶层的消费者,应选择不同的广告媒介来进行产品宣传。

小资料

圆口杯与斜口杯的故事

中国的 HD 陶瓷厂生产的瓷口杯长期出口西欧市场,但近年来,我国生产的瓷口杯在西欧并不受消费者的欢迎,销售量也一直不够理想。精明的日本商人则从中看出了"问题",找到了中国瓷口杯的缺点:杯子是按国内的消费特点制作成传统的圆口形,而白种人的"高鼻梁"使用时多有不便。于是他们将瓷口杯设计为斜口形,减少了碰鼻子的麻烦。这种"斜口杯"在西欧市场一亮相,立刻受到当地消费者的青睐,销量远远超过了中国的产品。

圆口杯和斜口杯的故事告诉我们,不同类型的消费者,由于生活习惯、行为准则、道德规范、兴趣爱好等方面的差异,对于商品和服务的需求也表现出很大的差异。

2. 社会因素

消费者处在社会环境中总会受到其他人的影响,主要受到相关群体、家庭等的影响。

(1) 相关群体。相关群体是能够直接或间接影响人们的态度、偏好和行为的群体。相关群体分为所属群体和参照群体。所属群体是指人们所属并且相互影响的群体,如家庭成员、朋友、同事、亲戚、邻居、宗教组织、职业协会等。参照群体是指某人的非成员群体,即此人不属于其中的成员,而是其心理向往的群体,如电影明星、体育明星、社会名人等是大家纷纷崇拜和效仿的对象。

(2) 家庭。家庭是由居住在一起的彼此有血缘、婚姻或抚养关系的人群所组成。家庭也是影响消费者购买行为的重要因素,具体表现在以下方面:

① 家庭倾向性的影响。例如一个孩子长期和其父母生活在一起,其父母对某一产品的购买倾向或多或少对孩子以后的消费行为会产生影响。

② 家庭成员的态度及参与程度的影响。购买不同的产品,家庭成员的态度和参与的程度是不同的,例如,家庭购买大件物品时,大家共同参与、商量,而购买日常的生活用品可能就由母亲购买。于是根据家庭成员对购买商品的参与程度与决定作用的不同,可分为丈夫决定型、妻子决定型、子女决定型、共同决定型。

③ 家庭的生命周期阶段对消费者的影响。消费者家庭生命周期阶段一般可分为单身青年阶段、新婚无子女阶段、子女年幼阶段、子女长大尚未独立阶段、年老夫妻而子女独立阶段、单身老人阶段。家庭处在不同的生命周期阶段,购买行为也是不同的。例如家庭处在子女年幼阶段时,对玩具、婴儿用品等感兴趣;家庭处在年老夫妻而子女独立阶段时,对保健品、健身产品等感兴趣。

3. 个人因素

消费者的购买行为与其个人因素有较密切的联系,具体有个人的年龄、性别、职业、受教育程度、经济状况、生活方式等。例如对书的需求,由于年龄、职业、受教育程度等不同,不同的消费者会选择不同的书,儿童会选择卡通书,年轻人会选择流行小说,老年人会选择有关保健方面的书。

4. 心理因素

学习是指由于经验而引起的个人行为的改变,人类行为大都来源于学习。例如,某顾客要购买一台计算机,由于该顾客对计算机不了解,在购买之前就有一个学习的过程。对企业的营销人员来说,要为顾客学习提供方便,要耐心地回答顾客的咨询,主动向顾客介绍、传递有关产品的信息,让顾客了解和熟悉本企业的产品,来促使顾客购买本企业的产品。

通过学习,人们获得了自己对产品的态度。所谓态度是指一个人对某些事物或观念长期持有的好或坏的认识、评价、情感上的感受和行为倾向。态度一经形成一般难以改变。所以,企业的营销人员最好使其产品与顾客的态度相一致,而不要试图去改变人们的态度,当然,如果改变一种态度所耗费的代价能得到补偿时则另当别论。

小资料

老人开跑车

美国福特汽车公司曾经开发出一种适合年轻人开的跑车,投放市场后,购买的消费者除了一部分是年轻人之外,还有一些老年人。通过调查了解到,老年人购买跑车的原因是:开上跑车,仿佛自己年轻了几十岁。由此可见,心理因素也是影响人们购买行为的因素之一。影响消费者购买行为的心理因素包括动机、态度、学习、个性等。

可见,影响消费者购买行为的因素是众多的,一个人的选择是文化、社会、个人和心理因素之间复杂影响和作用的结果。其中很多因素是营销人员所无法改变的,但是,这些因素在识别那些对产品有兴趣的购买者方面颇有用处。其他因素则受到营销人员的影响,并揭示营销人员如何开发产品、价格、地点和促销,以便引发消费者的强烈反应。

五、消费者的购买决策过程

消费者在购买一些比较重要的商品时,其购买决策往往是一个非常复杂的心理活动过程。一般消费者购买决策过程包括唤起需要、收集信息、比较选择、购买决策、购后评价5个阶段,见图3-6。

图 3-6 消费者购买决策过程

1. 唤起需要

消费者的需要往往由于受到内部刺激或外部刺激引起的。内部刺激是由于自身的生理或心理上感到缺少而产生的需要,如因为饿了要买食品。外部刺激是来自于消费者外部的客观因素,如人员推销、广告、降价等的刺激,或由于受到周围人购买行为的影响。

2. 收集信息

一般来讲,唤起的需要不是马上就能满足,消费者需要收集有关的信息。消费者信息的来源主要有以下几种:

(1) 经验来源。消费者在自己购买和使用产品过程中所积累的知识和经验。

(2) 人际来源。从周围的人,如家庭成员、朋友、同学、同事等处获得的有关产品的信息。

（3）商业来源。消费者从展览会、推销员的推销、广告、促销活动中获得的信息。商业信息一般是消费者主要的信息来源。

（4）公众来源。消费者从大众传播媒体、消费者评审组织等获得信息。

以上这些信息来源的相对影响随着产品的类别和购买者的特征而变化。一般来说，就某一产品而言，消费者最多的信息来源是商业来源，也即企业营销人员控制的来源；另一方面，最有效的信息来源是人际来源。当然，每一信息来源对于购买决策的影响会起到某些不同的作用。

3. 比较选择

消费者收集到大量的信息后要对信息进行整理、分析和选择，以便做出购买决策，如购买品种、品牌、地点、时间等的决策。不同的消费者在购买不同的产品时，比较选择的方法和标准也各不相同。一般从以下方面来分析：

（1）产品属性。产品属性即产品能够满足消费者需要的特性。如计算机的储存能力、显示能力等；照相机的体积大小、摄影的便利性、成像的清晰度等。根据自己的需要和偏好，确定各属性的重要权数，一般越重要的属性赋予的权数越大，需重点考虑。

（2）品牌信念。品牌信念是消费者对某品牌优劣程度的总的看法。由于消费者的个人经验、选择性注意、选择性记忆等倾向，其品牌信念可能与产品的真实属性并不一致。消费者根据对品牌的信念，分别给不同的品牌一个评价值。

（3）其他选择因素。其他选择因素主要包括价格、质量、服务项目及水平、交货的及时性、包装、购买的方便性等。

（4）总评。根据各属性的重要性权数及评价值得出总评价分。由于不同的消费者给予同一商品的各属性的重要程度、评价值的分值是不同的，所以不同的消费者会有不同的选择。

4. 购买决策

消费者经过比较选择后会有两种可能的结果：一是决定不买。由于经过比较选择，目前没有找到合适的产品，暂时决定不买。二是形成指向某品牌的购买意向。选择比较后会使消费者对某品牌形成偏好，从而形成购买意向，进而购买所偏好的某品牌。当然，在购买意向变成实际购买行为之间还有一个时间过程，需要具备一定条件，如消费者有足够的购买力、企业有货等。

5. 购后评价

消费者购买产品后会对产品满足其需求的情况产生一定的感受，如满意或不满意。消费者对购买的产品是否满意，将影响到以后的购买行为，如果对产品满意，则在下一次购买中会继续采购该产品，并向他人宣传产品的优点；如果消费者对产品不满意，则在下一次购买中根本不考虑该产品，甚至要求本次购买的产品退货。

小资料

大学生莉莉的购买决策

莉莉是一个大学毕业生,刚刚毕业,找到一份工作,她觉得自己需要一套适合的服装来开始新生活。于是她就去逛街了。莉莉首先走进一家"白领之家"服装店,仔细观察后她觉得那些整齐的工作套装更适合比她大10岁的姐姐穿。之后莉莉又进了一家叫"思奇"的店,虽然她很喜欢店里那些文静中透着活泼风格的衣服,但是试了几件之后觉得学生味太重,与自己现在穿的衣服风格一致,不适合上班穿。最后莉莉来到了一家叫做"美国丽人"的服装店,在店里她看到一件类似电视中自己喜欢的明星穿的衣服,那是一件米黄色的上衣,同时她又联想起姑姑送给她的黄颜色手袋,于是她决定把这件衣服买回家。

如果你是这家服装店的营业员,或者是"美国丽人"店的品牌经理,如果你站在柜台前或者站在门口,看到的是什么?是莉莉购买了一件米黄色的上衣,于是很容易下结论:莉莉喜欢这件米黄色的上衣。但是,你可能不知道莉莉在购买这件衣服之前有一个心理斗争的过程,她选择这件衣服是因为她喜欢,还是因为她觉得适合上班穿,或者正好用来搭配已有的手袋?虽然莉莉的行为完成了,人们看到了行为,但是这个行为背后的东西人们往往看不到,而消费者购买决策正是为了帮助人们看清楚行为背后的东西。

六、基于消费者购买过程的营销举措

1. 通过有关手段刺激消费者使他们对企业的产品产生强烈的需求

在产品方面,开发新产品来刺激消费者,利用新产品的新颖性、时尚性、便利性、先进性等特点来吸引消费者。特别是向群体中有影响的人推荐新产品,通过他再向周围的人推荐。不断地改善产品,消费者对某产品的需求强度会随着时间的推移而改变,为使企业的产品能够继续吸引消费者,必须不断地改善产品,如增加产品的用途、改善产品的质量等。

2. 企业要有效地利用不同的途径向消费者传递有关产品的信息

消费者的信息来源是多样化的,且各种信息来源对消费者的购买决策有着不同的影响。企业要有效地利用不同的途径向消费者传递有关产品的信息,具体做法如下:

(1) 市场营销人员要善于识别各种不同的信息来源。在消费者的信息来源中,经验来源是消费者切身的、主观的感受;商业信息起到告知的作用;而人际来源和公众来源具有评价的作用。

(2) 通过人员推销、广告、举办展销会等方式向消费者传递有关产品的信息,这是企业向消费者传递信息的主要方法。在激烈的市场竞争中,同类产品或替代品较多,好的产品较多,企业必须做宣传,正所谓"好酒也要吆喝",否则,产品再好也难以卖出去。

(3) 向顾客提供货真价实的产品和优质的服务,让买过企业产品的顾客不仅自己成为"回头客",而且让其为企业充当免费的产品宣传员,去影响其周围人的购买行为。他们的宣传比企业的广告、推销人员的推销更有说服力。

3. 企业的营销人员要了解消费者的需求,进行有效的市场细分

消费者在选择比较时并不一定对产品的所有属性都视为同等重要,市场营销人员要了解消费者主要需要产品的哪些属性、本企业的产品有哪些属性以及不同类型的消费者对哪些属性感兴趣,以便进行市场细分,对有不同需求的消费者提供具有不同属性的产品,既可以满足顾客的需要,又可以最大限度地减少因生产不必要的属性所造成的资金、劳动力及时间等方面的浪费。

4. 要注重和提高消费者的购后满意感

消费者的购后满意感取决于消费者对产品的期望和使用后的实际感受,消费者的购后满意感与消费者对产品的期望成反比,而与消费者使用后的实际感受成正比。消费者对产品的期望是根据信息来源,如广告、推销员、周围的人等的介绍而形成的。如果企业夸大产品的优点,消费者就会感受到不能证实的期望,这种不能证实的期望会导致消费者不满意感加大。所以,企业应有保留地宣传其产品的优点,这样反而会使消费者产生高于期望的满意感,并树立良好的产品形象和诚实的企业形象。

第二节 组织市场购买行为

一、组织市场的概念及特点

企业的营销对象不仅包括广大消费者,而且包括各类组织。这些组织机构既包括以营利为目的的工业企业和商业企业,而且包括非营利性组织,如政府、医院、学校等。这些组织的购买行为与消费者的购买行为不同。

组织市场也称"非个人用户市场",即构成组织市场的用户不是个人消费者,而是组织团体,包括生产企业、中间商和政府机构等。这些组织所购买的商品不是用作个人消费,而是用于社会再生产的一个中间环节,或者是向社会提供其他产品和服务,或者是转售商品,属于生产性消费或公务性消费。因此,组织市场也称"非最终用户市场",以区别于个人最终消费市场。

与消费者市场相比,组织市场的需求与购买行为有着显著的特点:

(1) 组织市场的购买目的复杂多样。例如,生产者的购买目的是为了将原材料、零部件等加工成产品,从中获得利润;中间商购买的目的是为了转售以获得利润;政府机构购买的目的是为了履行政府职能,为公众服务。

(2) 组织市场的购买对象很广泛。不仅购买生活资料,如日用品、家电、家具等,而且购买生产资料,如原材料、机器设备、办公用品等。

（3）组织市场的采购数量和采购金额大。组织采购是组织行为、集体行为，为了满足经营的需要或提供服务等，需要大量购买。

（4）参与购买决策的人更多，尤其是一些重大的采购决策需要经过有关人员的集体参与，通过一定的程序才能完成。

二、组织市场的类型

组织市场主要划分基础是对购买者的区分，即看商品的买主是谁，仅从产品本身特性是难以区别消费者市场和组织市场的，而必须看商品出售的对象。例如，同一商品，当购买者是制造业、农业、矿业、建筑业、医院、机关等时，就认为这种商品是在组织市场上销售，而当这种商品用于个人消费时就认为是在消费者市场上出售商品。

组织市场主要包括3种类型：生产者市场、中间商市场、政府采购。

（一）生产者市场

生产者市场又称产业市场，市场上购买者是一些生产企业，他们购买商品是为了制造其他商品以供出售或出租等。生产者市场主要由以下产业组成：农业、林业、水产业、矿业、制造业等。生产者市场的购买对象主要是原材料、零部件、辅助材料、燃料、机器设备、工具等生产经营所需要的资源。生产者市场是一个庞大的市场，企业必须了解和研究生产者市场及其购买行为。

1. 生产者的购买类型

（1）直接重购。直接重购是指企业的采购部门按以前的采购方案不做任何修改直接进行的采购，即采购对象、供应商、价格、采购方式等都不发生变化。这是一种最简单的采购，程序最少。企业一般会选择以前合作过的、能较好地满足企业需求的供应商继续合作，被选中的供应商会尽最大努力保持产品的质量和服务，以巩固和稳定与老客户的关系。在这种情况下，新的供应商要获得企业的订单、取得合作的机会是很难的，必须要付出较大的努力或让步。

（2）修正重购。修正重购是指生产企业因种种原因修订以前的采购方案，改变采购对象的规格、型号、价格或供应商等。企业发生修正重购的原因可能是企业生产需要的改变、原有的供应商不是太理想、供应商推出了更好的新产品等。在这种情况下，原有的供应商会有危机感，为了保住老客户，会努力地改进供应工作以满足客户的需求。同时给新的供应商提供了机会，新供应商应把握和利用这个机会。

（3）新购。新购是指生产者企业第一次购买某商品。这是最复杂的购买行为。在这种情况下，各供应商处于平等竞争的地位。供应商应派出优秀的推销员，与采购企业多方接触，尽可能地向其提供有关信息，帮助其解决疑问，减少其疑虑，以便捷足先登，促成交易。

广义的采购是指企业有偿地获得经营所需资源的过程，即企业可以通过支付资金或物品的方式获得经营所需的商品的所有权或使用权。所以,采购的方式除了以上3种常见的方式之外,还有物与物交换、租赁、外包等。例如,某些机器设备单价高,技术更新快,企业使用频率又不高,生产企业用户经常通过租赁的形式获得使用权。

2. 影响生产者购买行为的因素

(1) 外部环境因素。生产者购买行为受到外部环境的影响,如经济环境、市场环境、技术环境、竞争环境等影响。

(2) 内部组织因素。内部组织因素主要包括企业的总目标、组织机构的设置及分工、采购管理制度等。

生产者购买行为还受到购买决策参与者个人因素的影响,如职位、权利、经验、知识、责任心、个性等。

3. 参与采购的人员

由于生产企业采购活动的过程复杂、规模大、风险大,因此,参与购买决策的人较多,归纳起来有以下几种(见图3-7):

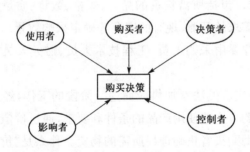

图3-7 生产者购买决策的参与者

(1) 使用者。使用者是企业内部实际使用所购产品的人员,他们能根据实际工作需要提出有关产品的建议。他们是所购产品的最终检验者。企业的推销人员应多与他们接触,听取他们对产品的意见和建议,以便有针对性地改进企业产品,更好地满足客户的需求。

(2) 影响者。影响者是指采购企业内外部直接或间接影响购买决策的人。采购企业内部的人员有使用者、技术人员、销售人员、质量检验人员、仓储人员等;采购企业外部的人员有供应商、企业的客户、同行企业等。企业的推销人员应广泛地听取各方的意见和建议。

(3) 购买者。购买者是具体执行购买任务的人员,他们直接与供应商打交道。他们的主要任务是寻找和选择供应商、确定购买条件、与供应商谈判等。

(4) 决策者。决策者是有权决定最终采购方案的人。在一般的采购工作中,决策者是购买者或采购主管。在重大的采购活动中,决策者是企业的高层领导。

(5) 控制者。控制者是指能够控制信息流向参与购买决策的人员,如电话接线员、接待人员、门卫、采购代理等。

对于企业的推销人员来说,必须弄清楚生产企业的组织分工、各类人员在组织中的地位与权利、影响力等,以便针对不同的人员采用不同的推销方案。比如,对使用者推销时,应突出产品使用的方便性;对工程技术人员推销时,应强调产品的性能及技术上的先进性;对财务人员介绍时,应突出产品的经济性等。总之,企业的推销人员应在广泛推销的基础上有重点地向购买者、决策者推销。

4. 生产者的购买决策过程

生产企业的采购,由于每一次采购的方式、采购的对象等不同,所经过的采购程序也不同。一般要经过以下步骤(见图3-8):

图3-8 生产者市场采购流程

(1) 提出并确认需求。由于生产企业生产经营的需要,由仓储或使用部门等有关部门提出物资的采购需求。包括所需物资的品种、规格、数量、质量、到货时间等。采购部门根据提出的需求、对需求的预测、现有的库存等确定采购数量。对于特别复杂、重要的物资采购,这一阶段往往要由采购人员、工程技术人员、财务人员、物资的使用者等共同确定采购的条件。

供应商的销售人员应该设法参加供应商这一阶段的工作,经过自己的努力,取得采购企业的信任,了解采购方企业使用产品的条件和要求,通过价值工程分析,向购买者展示自己产品的优势,帮助购买者正确选择所需的物资。什么是"价值工程分析"呢?这里所说的"价值"是指所购产品的功能与购买该物品所耗费的资源(即成本费用)之间的比例关系,其公式为

$$V(价值) = F(功能)/C(成本)$$

公式中的功能是指产品的用途、效用、作用,也就是产品的使用价值。采购方购买产品,实际上是看中了产品的功能(即使用价值)。而价值分析的目的是:耗费最少的资源(即成本费用),生产出或取得最大的功能(即使用价值),从而提高经济效益。

(2) 寻找可能的供应商。企业可从以往合作过的供应商、工商名录、电话簿、广告、展销会、供应商上门推销留下的资料等中寻找可能的供应商。另外,在实际中,采购企业为了体现公平公正的采购原则,或采购企业对货源不清楚时,常常采用招标采购。在媒体上刊登广告,广泛地寻找供应商。企业应有针对性地进行广告宣传和人员推销,将有关企业和产品的信息传递到目标市场。

(3) 选择和认证供应商。供应商的选择是采购工作的关键。采购管理的重点之一是正确选择和认证供应商。企业可以从多方面去综合地选择供应商,如品种、质量、性能、价格、服务、技术条件、运输条件、结算条件、供应能力、交货时间、合作精神等,其中质量是最基本的条件,因为外购件的质量对采购企业主导产品的质量起到举足轻重的作用。

因此,为了保证采购物品的质量,将质量符合要求的供应商确定为优先合作的对象,必须对供应商进行认证。一般供应商认证有以下几步:

① 对供应商进行认证。包括对供应商的设备条件、环境等硬件的认证,对供应商的人员技术水平、工艺流程、管理制度、合作意识等软件的认证。

② 对供应商提供的样件进行试制认证。目的是检验供应商提供的样件是否能满足采购企业的技术和品质要求。

③ 对供应商提供的小批量物品进行中试认证。样件认证合格并不代表小批量物品合格,往往小批量物品的质量与样件的质量是有差异的。

④ 对供应商提供的批量物品认证。目的是检验供应商供应物品的质量稳定性。

如果企业能顺利地通过采购企业的认证,成为采购企业优先合作的对象,企业的产品就有了较稳定的销路。所以,不断提高产品质量、降低成本是企业营销工作重要的任务之一。

(4) 正式订购。与选定的供应商经过谈判,确定具体的价格和采购条件,包括交货方式、地点、付款方式、违约责任与赔偿等,正式签订购销合同。

(5) 评价采购工作。评价采购工作的主要工作之一就是采购企业对供应商进行评价,主要对供应商提供物品的使用情况、履行合同的情况等进行检查和评价。评价的结果会影响采购企业是否重新选择供应商。因此,供应商应该密切关注采购企业的购后评价,了解自己是否满足了采购企业的需求,以便找出自己工作中的不足,改善自己的经营活动。

供应商的推销人员应设法了解采购方企业所处的采购阶段,针对不同的阶段采取不同的策略。

对新购工作来说,这几个阶段都应该经历,对于直接重购和修正重购,则可以省略其中的某些阶段。

(二) 中间商市场

中间商市场又称转卖者市场,这类市场的购买者是中间商,他们购买商品的目的是为了转售或出租给他人以获得利润。中间商市场的产生与发展是社会化大生产和社会分工的必然结果,也是经济合理地组织商品流通的必要条件。因为,从社会的角度看,中间商具有集中商品、平衡供求、扩散商品的职能;从生产者的角度看,中间商承担了生产企业产品销售的职能;从消费者的角度看,中间商的存在使消费者的购买变得十分方便。

中间商购买行为与生产者市场相比有一些相似之处,如购买类型、购买决策过程、购买决策的参与者、影响购买行为的因素等,但是中间商市场有其自身的特点。

1. 中间商购买决策的内容

(1) 确定品种组合。即确定自己所经营的产品的花色品种。一般有 4 种品种组合策略供供应商选择:

① 单一组合，即只经营某一生产企业不同花色品种的同类产品，例如某品牌服装专卖店。

② 深度组合，即经营许多生产企业的同类产品，例如某西装店销售来自不同服装生产企业的不同品牌的西装。

③ 广度组合，即经营多种系列的相关产品，例如某家电商场经营电冰箱、电视机、空调、洗衣机、消毒柜、手机等。

④ 混杂组合，即经营多种系列彼此无关的产品，例如百货商店经营食品、服装、家电、文具等。

(2) 引进新产品的决策。生产企业开发新产品往往可能是为了完成某项任务，而中间商在进行新产品引进决策时，主要看该新产品能否为自己带来利润，如果有利可图就引进新产品。

(3) 供应商的选择决策。中间商在选择供应商时一般比较慎重，往往实力较弱的中间商会选择比较畅销、知名度较大的品牌，想借助供应商的良好信誉来扩大销售；而实力较强的中间商除了经营比较畅销、知名度较大的品牌之外，往往还会选择合适的生产企业生产中间商自有品牌产品，一般这类生产企业实力较弱，产品质量好，为了打开产品市场，以低价将产品卖给中间商，想借助中间商的信誉、知名度来扩大产品的影响。

(4) 改善交易条件。与生产者相比，中间商更重视交易条件，会向供应商提出各种能够有利于自己的交易条件，例如要求给予更多的价格优惠、增加服务、广告津贴等。

2. 针对中间商的营销策略

(1) 慎重选择中间商。从本质上说，中间商承担供应商产品的销售任务，中间商选择合适与否，直接影响企业的产品销售及信誉。所以，企业要慎重选择中间商。一般要考虑：

① 中间商的信誉。信誉好的中间商能吸引更多的顾客，扩大产品的销售。

② 财务状况。财务状况不仅可以反映其以往的销售业绩，而且可以及时支付货款，加速资金周转。

③ 对产品的熟悉程度。中间商对产品熟悉，了解产品的质量、性能、用途等，能较好地回答顾客的咨询，有利于产品销售。

④ 管理水平。中间商的管理水平高，有利于扩大产品的销售，有利于树立产品良好的市场形象。在其他条件相同的情况下，企业应尽量选择管理水平相对较高的中间商。

⑤ 覆盖的区域与规模。中间商销售区域大小与扩大市场面有直接的关系，因此要选择贸易覆盖区域较大的中间商经销自己的产品，以扩大产品的销售。此外，在选择中间商时还应该考虑中间商的规模大小，并根据本企业产品的特点来选择合适的中间商。

⑥ 能对用户提供更多的服务。现代经营十分强调对用户提供各种服务，生产企业往往把中间商能否提供各种服务，如送货上门、技术指导、更换零部件、维修保养等，作为选择中间商时加以考虑的重要因素。

(2) 对合适的中间商进行适当的激励。

① 向中间商提供合适的产品,特别注意在价格和交货期上满足中间商的要求,企业要努力降低成本,提高市场响应能力。

② 加强产品的宣传,减少中间商的销售阻力。企业也可以给中间商广告津贴,以调动中间商销售产品的积极性。

③ 给业绩好的中间商奖励,以调动其积极性。奖励的形式可以多种多样,如给予折扣或折让、根据销售额给予返利、参股、技术或资金的支持等。

(3) 及时与供应商进行信息沟通。企业一方面将自己的信息及时传递给中间商,如有关新产品的信息,让中间商帮助企业宣传新产品;另一方面及时从中间商那里获得最新的市场信息,以改善产品,更好地适应市场的需求。

(三) 政府采购

随着采购管理的规范化、法制化,政府采购的市场将越来越大。作为政府采购,不同于消费者市场、生产者市场、中间商市场的采购,它要使用公共资金,形成公共支出,为社会办事,因此,它要对社会负责。所有这一切,就需要整个社会对政府采购行为做出硬性的规定,形成特有的采购形式。

1. 政府采购的基本含义

政府采购,是指利用财政资金的各级政府机关、事业单位或其他组织,为了开展正常的政务活动或为公众提供公共服务的需要,在财政的监督下,按一定的形式、方法和程序,对货物、工程或服务的购买。

各级政府机构购买商品和服务是为了行使政府职能,如维持政府机构运转、加强国防建设、改善基础设施、扶持重点产业、发展教育事业、兴办社会福利事业等。巨额的政府支出形成了包括各种商品和服务的巨大市场需求。

2. 政府采购的特点

与营利性组织市场相比,政府采购有如下特点:

(1) 政府采购的目的是为了履行政府职能或为公众提供公共服务。政府采购要兼顾社会效益和经济效益。个人生活采购是为了满足个人或家庭的生活需要,企业采购的主要目的是为了营利。所以,在采购目的上,政府采购区别于个人的生活采购和企业采购。

(2) 政府采购资金来源于财政。政府采购资金来自于纳税人的税收所形成的公共资金。而个人生活采购或企业采购的资金来源于个人或企业自己的或筹集来的资金。实际上,正是采购资金的来源不同才将政府采购单独列出来研究。

(3) 政府采购的规范性。政府采购的规范性表现在对供应商的选择、对采购产品的选择、采购的方法和程序等有一定的要求。例如对供应商除了对专业资格要求之外,还要审查基本资格,如是否有违法行为、是否注重环境保护等。

(4) 政府采购的公开性。整个采购过程是公开的,并公开接受有关方面的监督,以体现政府采购的公开、公平、公正。

（5）政府采购的广泛性。政府采购的对象根据实际需要，可以是生活资料、生产资料、国防用品等。

（6）政府采购数额巨大。从宏观角度看，政府始终是各类市场中最大的用户。我国每年有上千亿元的政府预算用于政府采购。对于市场营销者来说，这是一个巨大的诱人的市场。

由此可见，作为政府采购的供应商要求比一般采购对供应商的要求更高。一旦成为政府采购的供应商，销售资金可以可靠地、及时地回笼，加速企业资金周转。因此，政府采购是一个非常有潜力的市场。

3. 政府采购的主要参与者

与一般采购不同，参与政府采购的有关机构较多（见图3-9），主要有：

（1）采购人。需要利用财政资金采购的各级国家机关、事业单位或其他组织。

（2）供应商。依法取得为政府采购提供采购货物、工程或服务的组织或个人。

（3）政府采购机构。政府设立的负责本级财政性资金的集中采购和采购招标组织工作的专门机构。

（4）招标代理机构。依法取得招标代理资格，从事招标代理业务的社会中介组织。招标人委托政府采购业务代理机构（以下简称代理机构）招标的，招标人应与代理机构签订委托协议，并报同级政府采购管理机关备案。

（5）财政部门（主管机构）。对政府采购起到管理和监督作用的财政部门负责政府采购的管理和监督工作，通过管理和监督，使政府采购应遵循的公开、公平、公正、效益及维护公共利益的原则落到实处。财政部门对政府采购的监督包括内部监督及政府采购管理机关对采购活动的监督。

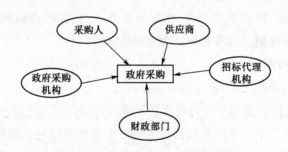

图3-9　参与政府采购的机构图

4. 政府采购的步骤

（1）招标。政府采购机构在官方指定的媒体上公开刊登招标通告，通告的主要内容是：采购人的单位名称，采购对象的名称，规格、数量、质量等要求，供应商的资格要求，投标的时间及地点等，开标的时间及地点等，发售招标文件的时间及地点等。

（2）投标。有兴趣的供应商可以在购买招标书和交纳保证金后，在规定的时间内准备投标书，投标书的内容要与招标书的要求相一致。在规定的投标日期前提交投标文件。在开标以前，所有的投标文件必须密封，妥善保管。

(3) 开标。开标就是招标单位在招标公告规定的时间和地点,以公开的方式,当众进行验标、拆开投标资料、唱标、宣布评标原则、宣布评标的时间和地点等。

(4) 评标。一般有评标委员会对投标书的交易条件、技术条件及法律条件等进行评审、比较,选出最佳的投标人。评标委员会一般由采购人、招标机构、技术、法律、经济等方面的专家组成,委员会的人数一般是 5 人以上的单数,以便通过举手表决来确定最佳的投标人。

(5) 授标及签订合同。决标后向中标的供应商发出中标通知书,同时也通知其他没有中标的投标人,并退还投标保证金。与中标的供应商签订采购合同,合同一旦签订就正式生效,采购工作进入合同实施阶段。

(6) 结算。采购人凭合同、到货验收单等资料到财政部门办理付款手续,由财政部门直接向供应商支付货款(见图 3-10)。

招标 → 投标 → 开标 → 评标 → 授标及签订合同 → 结算

图 3-10 政府采购流程图

总之,作为企业的营销人员应广泛收集有关政府采购的信息,与政府采购部门多联系,并能够合理报价,制作规范的投标书。

课后案例

从豆浆到维他命奶

一碗豆浆、两根炸油条,是三顿美餐中的第一餐。这是长期以来许多中国人形成的饮食习惯。豆浆,以大豆为原料,是豆腐作坊的副食品,在中国已有两千多年的历史。它的形象与可乐、牛奶相比,浑身上下冒着土气。以前,喝它的人也多是老百姓。

但是现在,豆浆在美国、加拿大、澳大利亚等国的超级市场上都能见到,与可乐、七喜、牛奶等国际饮品并列排放,且价高位重,有形有派。当然,它改了名,叫维他命奶。

豆浆改名维他命奶,是香港一家有 50 年历史的豆品公司为了将街坊饮品变成一种国际饮品,顺应不断变化的价值和现代人的生活形态,不断改善其产品形象而特意选择的。"维他命"来自拉丁文 Vita,英文 Vitamin,其意为生命、营养、活力等,而舍"浆"取"奶",则来自英语 soybean milk(豆奶,即豆浆)的概念。50 年前,香港人的生活不富裕,营养不良,各种疾病很普遍。当时生产维他奶的用意,就是要为营养不良的人们提供一种既便宜又有营养价值的牛奶代用品——一种穷人的牛奶。在以后的 20 年中,一直到 70 年代初期,维他奶都是以普通大众的营养饮品这个面貌出现的,是一个廉价饮品的形象。

可是到了 70 年代,香港人的生活水平大大提高,营养对一般人来说并不缺乏,人们反而担心营养过多的问题。如果此时还标榜"穷人的牛奶",那么喝了不就掉价了吗? 难怪豆品公司的职员发现,在马路边汽水摊前,喝汽水特别是外国汽水的人喝起来"大模大样",显得十分"有派",而喝维他奶的人就大多站在一旁遮遮掩掩,唯恐人家看到似的,因而,豆品公司的业务陷入低潮。

70年代中期,豆品公司试图把维他奶树立为年轻人消费品的形象,使它能像其他汽水一样,与年轻人多姿多彩的生活息息相关。这时期的广告便摒除了"解渴、营养、充饥"或"令你更高、更强、更健美"等字眼,而以"岂止像汽水那么简单"为代表。1983年,又推出了一个电视广告,背景为现代化城市,一群年轻人拿着维他奶随着明快的音乐跳舞,可以说,这时期维他奶是一种"消闲饮品"的形象。

然而到了80年代,香港的年轻人对维他奶怎么喝也喝不出"派"来了,于是,从1988年开始的广告便重点突出它亲切、温情的一面。对于很多香港人来说,维他奶是个人成长过程的一个组成部分,大多数人对维他奶有一种特殊的亲切感和认同感,它是香港本土文化的一个组成部分,是香港饮食文化的代表作,维他奶对香港人如同可口可乐对美国一样。由此,维他奶又开始树立一个"经典饮品"的形象。

在同一时期,维他奶开始进入国际市场。这一时期,太多的脂肪成了美国等国公民的一大问题。在美国,维他奶标榜高档"天然饮品"。所谓天然饮品,就是没有加入人工的成分,如色素和添加剂等,可以使消费者避免吸收太多的脂肪,特别是动物脂肪。标榜天然饮品,当然受美国人的欢迎。于是便出现了这样历史性的趣事:维他奶创始之初,标榜穷人的牛奶,强调它与牛奶的相似之处,并且价格比牛奶要低;今天在美国市场,维他奶强调的是与牛奶不同的地方(维他奶具有牛奶所有的养分,而没有牛奶那么多的动物脂肪),其价格也比牛奶高。

思考题:
1. 消费者从20世纪50年代到80年代,对于"维他命奶"态度上的变化说明了什么?
2. 试结合消费者市场行为理论,说明面对消费者对于"维他命奶"态度的变化,企业都进行了哪些决策?

营销实训

一、实训目的、要求

通过实训,了解消费者市场购买的认识过程、情感过程和意志过程;掌握消费者市场的基本特征和消费者市场购买动机的基本类型。

通过实训,要求学生能够了解组织市场采购的主要特点,熟悉所在地区组织市场采购存在的问题,并能够提出合理化建议。

二、实训主要内容

(一)消费者市场

(1)选定目标商品,对校内超市进行调查,了解消费者购买特征。

(2)选定目标商品,对校外企业进行调查分析,对消费者进行分类并了解其特征。

（3）对校内外调查得出的分析结果进行比较。

（二）组织市场

（1）熟悉各类组织市场行为的特点和不同。

（2）对于背景企业进行分析。

三、实训准备

要求学生选择目标商品和目标企业，制订调查计划。

学生对于本地区组织市场进行分类。

四、实训资料

背景企业资料、消费者行为调查表。

组织市场行为案例、背景企业相关案例。

五、实训操作步骤

（一）消费者市场

第一步：制订校内外调查分析计划，对相关组员进行合理分工。

第二步：分别设计校内外调查问卷，并对问卷进行修订和完善。

第三步：选派人员对于校内超市主要消费者群体进行调查。

第四步：对校内调查的数据进行整理分析。

第五步：选择校外调查目标商场或超市，熟悉目标企业概况。

第六步：和校外企业约定访问时间和地点。

第七步：选派相关人员对于校外企业进行调查。

第八步：对校外企业调查的数据进行整理分析。

第九步：形成调研报告。

（二）组织市场

第一步：对于所在区域组织市场进行分类。

第二步：选择目标商品和目标企业。

第三步：每组对于所访问企业进行选择。

第五步：与相关企业约定访问时间。

第六步：访问前对预访问企业的资料进行分析。

第七步：对目标企业进行走访。

第八步：对目标商品市场进行走访。

第九步：对走访所获取的资料进行分析、整理。

第十步：得出分析报告。

第十一步：将报告提交目标企业并听取企业意见。

六、实训成果

（1）校内外消费者市场分析调查问卷、校内外消费者市场分析调查报告。

（2）区域组织市场行为分析报告。

第四章 竞争者分析

学习目标

1. 理解行业和竞争的概念,正确识别竞争对手,了解竞争者的特点;
2. 了解市场领先者、市场挑战者、市场跟随者及市场利基者的战略;
3. 具有判断竞争者的战略、目标、优势和劣势、反应模式及制定竞争战略的操作能力;
4. 能正确选择企业处于不同竞争地位时的竞争战略。

引导案例

案例一 360与QQ之争

2010年9月27日,360安全卫士推出个人隐私保护工具"360"隐私保护器,指责腾讯QQ软件窥视用户隐私。10月14日,腾讯正式起诉360不正当竞争,要求对方停止侵权,公开道歉并做出赔偿,360随后回应称将对腾讯提起反诉。10月29日,360推出"扣扣保镖"安全工具,"阉割"QQ的多项功能。11月3日16时33分,腾讯发布"致广大QQ用户的一封信",决定将在装有360软件的电脑上停止运行QQ软件,双方当晚数次过招。11月4日上午,腾讯召开媒体沟通会,称让用户"二选一"是无奈的选择,并提供证据证明360恶意攻击腾讯。随后,360否认攻击腾讯。当天下午,360称在有关部门的调解下,双方软件恢复兼容。

案例二 王永庆卖米

王永庆16岁到嘉义开了一家米店,当时当地有30多家米店,竞争非常激烈。当时只有200多元资金的王永庆,只能在偏僻的巷子里承租一个很小的铺面,生意很差。王永庆便背着米挨家挨户去推销,结果效果也不好。怎么办呢?王永庆很苦恼,经过一段时间的观察,王永庆决定提高质量,从每粒米着手。20世纪30年代的台湾,米里杂物多,王永庆以这个为切入点,带着两个弟弟把米里的杂物捡干净了再卖给顾客。慢慢地大家觉得王永庆的米好,来光顾的顾客渐渐地多了起来。一些年长的、上班的人没有时间或不方便买米,王永庆便为他们提供送米上门的服务。这样,这一批顾客便成了他的忠实顾客。王永庆送米上门时,总是帮顾客把米缸里的剩米先掏出来,把新米先放下去,再把掏出来的米放在上面。这样不会把剩米留在下面放坏。他还留心观察这家人有几口人,米缸的容量是多大,一缸米大概要吃多长时间,不等顾客上门,到时,他便把米送上门。在做卖米生意的过程中,王永庆发现有的人还没到发工资的日子便没钱买米,他就把米先送上门,等到人家发工资的第二天或第三天他去收钱。没多久,他便成了那里卖米生意做得最好的一家。

人们常用"没有硝烟的战争"来比喻企业的市场营销活动,这是因为有竞争存在。除了没有流血以外,市场竞争的激烈程度是可与任何流血战争相比的!王永庆通过对于卖米这一行为的精耕细作,在竞争中求得生存与发展。出色的营销管理者,必须具有高超的竞争技能和战略组织能力,这是营销管理的精髓所在。

第一节 竞争者分析的基本框架

一、竞争动力的5种模式

企业的竞争者一般是指那些与本企业提供类似产品和服务,并具有相似的目标消费者和相似价格策略的企业。例如:美国可口可乐公司把百事可乐公司作为主要的竞争者,通用汽车公司把福特汽车公司作为主要的竞争者,长虹集团把康佳当作自己的主要竞争者,而不是其他经营性企业。乍看起来,识别竞争者是一件很容易的事,但是公司的现实和潜在竞争者的范围是极其广泛的,如果不能正确地识别,就会患上"竞争者近视症"。公司被潜在竞争者击败的可能性往往大于现实的竞争者。

从理论上分析,竞争者有狭义竞争者与广义竞争者之分。确定竞争者的关键是如何把握"竞争者"概念的问题。广义上,一个企业把凡是生产相似或同类产品的企业都可以看作是自己的竞争者。如春兰集团可以把所有的冰箱生产企业都作为自己的竞争者。在更广泛的意义上,还可以把所有提供类似功能和服务产品的企业,都看作是自己的竞争者。如春兰集团不仅把其他冰箱生产企业看作竞争者,还可以把冰柜、空调制造者都看作竞争者,甚至范围更拓宽一些,把所有与本企业争夺顾客购买力的企业,都纳入竞争者的范畴之内。

与企业相关的环境范围很广,但对企业影响最大的是本企业所在行业中各个企业之间的竞争,企业在决定竞争原则和竞争战略策略时必须考虑同行成员的状况。当然,行业外的力量也不容忽视,它将对本行业中所有的企业产生影响。美国战略家迈克尔·波特从竞争的角度,指出市场中存在5种竞争力量,它们共同决定了一个市场或细分市场的长期内在吸引力。这5种力量具体表现在以下几个方面(如图4-1):

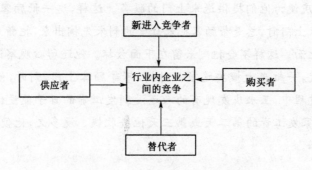

图 4-1 行业竞争的 5 种基本力量

(一) 同行业内企业竞争的威胁

大部分行业中的企业,相互之间的利益都是紧密联系在一起的,作为企业整体战略一部分的各企业竞争战略,其目标都在于使得自己的企业获得相对于竞争对手的优势,所以在实施中就必然会产生冲突与对抗现象,这些冲突与对抗就构成了现有企业之间的竞争。现有企业之间的竞争常常表现在价格、广告、产品介绍、售后服务等方面,其竞争强度与许多因素有关。

一般来说,同业竞争有 5 种基本竞争形式。

(1) 份额竞争。这种竞争形式主要是在成熟行业中表现突出。当市场需求减缓,需求增长率不断下降,企业为了保持已有的利润率和维持投资效益,只有通过扩大市场占有率来达到目的。

(2) 均势竞争。若某个行业的所有竞争者力量均衡,任何一个企业均无明显优势可言,那么该行业可称为均衡竞争行业。

(3) 差别竞争。同行业里企业之间通常使用的竞争手段是差别竞争。实现差别竞争可以有许多方式,如产品设计、品牌、技术、产品功能、顾客服务、商业网络及其他方面的独特性。具体而言就是通过市场细分和个性化服务来获得差异化的竞争优势。

(4) 规模竞争。随着经济全球化的发展,资本市场已跨越了地域、国界的限制,企业也随着资本的流动逐步走向多元化和跨国化,规模日趋扩大。在经验曲线陡峭的行业,规模扩张是企业降低成本最有效的手段。

(5) 多元化竞争。如果企业对所处行业的发展预期是悲观的,那么企业会转移其部分资金、设备到另一行业中去,从而导致行业中的企业普遍存在多元化经营现象。

(二) 新进入竞争者的威胁

新进入者在给行业带来新生产能力、新资源的同时,将希望在已被现有企业瓜分完毕的市场中赢得一席之地,这就有可能会与现有企业发生原材料与市场份额的竞争,最终导致行业中现有企业盈利水平降低,严重的话还有可能危及这些企业的生存。竞争性进入威胁的严重程度取决于两方面的因素,这就是进入新领域的障碍大小与预期现有企业对于进入者的反应情况。

(1) 进入障碍。进入障碍主要包括规模经济、产品差异、资本需要、转换成本、销售渠道开拓、政府行为与政策、不受规模支配的成本劣势、自然资源、地理环境等方面,其中有些障碍是很难借助复制或仿造的方式来突破的。

(2) 对于进入者的反应情况。预期现有企业对进入者的反应情况,主要是采取报复行动的可能性大小,这取决于有关厂商的财力情况、报复记录、固定资产规模、行业增长速度等。总之,新企业进入一个行业的可能性大小,取决于进入者主观估计进入所能带来的潜在利益、所需花费的代价与所要承担的风险这三者的相对大小情况。

一个细分市场的吸引力随着市场进退难易程度而有所区别。根据行业利润的观点,最有吸引力的细分市场应该是进入壁垒高、退出壁垒低的市场,在这样的细分市场里,新的企业很难进入,但经营不善的企业可以安然撤退;如果细分市场进入和退出的壁垒都高,则该细分市场的利润潜力就大,但也往往伴随着较大的风险,因为经营不善的企业难以撤退,必须坚持到底;如果某个细分市场进入和退出的壁垒都较低,企业可以进退自如,尽管企业可以获得稳定回报,但回报率并不高;最坏的情况是进入细分市场的壁垒较低,而退出的壁垒却很高,这种情况导致在经济环境良好时竞争企业蜂拥而入,但在经济环境萧条时企业却很难退出,其结果是企业生产能力过剩,收入下降。

(三) 替代品的威胁

替代品是指那些与客户产品具有相同功能或类似功能的产品。如糖精从功能上可以替代糖、飞机远距离运输可能被火车替代等,那么生产替代品的企业本身就给客户甚至行业带来威胁,替代竞争的压力越大对客户的威胁就越大。决定替代品压力大小的因素主要有:①替代品的盈利能力;②替代品生产企业的经营策略;③购买者的转换成本。

与某一产品具有相同的功能,能满足同一需求不同性质的其他产品属于替代产品。如果某个细分市场存在着替代产品或者有替代产品,那么该细分市场就失去吸引力,替代产品会限制细分市场内价格和利润的增长。企业应该密切注意产品的价格趋向。如果在这些替代产品行业中技术有所发展,或者竞争日趋激烈,这个细分市场的价格和利润就可能下降。为了减少替代品对企业的威胁,企业会设法扩大产品的差异化程度,强调替代产品所不能发生作用的方面。

(四) 购买者讨价还价能力增强的威胁

购买者也能够对行业营利造成威胁。购买者能够强行压低价格,或要求更高的质量或更多的服务。为达到这一点,他们可能使生产者互相竞争,或者不从任何单个生产者那里购买商品。购买者一般可以归为工业客户或个人客户,购买者的购买行为与这种分类方法一般是不相关的。有一点例外是,工业客户是零售商,他可以影响消费者的购买决策,这样,零售商的讨价还价能力就显著增强了。影响购买者集团议价能力的因素有:①集体购买;②产品的标准化程度;③购买者对产品质量的敏感性;④替代品的替代程度;⑤大批量购买的普遍性;⑥产品在购买者成本中所占的比例;⑦购买者后向一体化的战略意图。

如果某个细分市场中购买者的讨价还价能力很强或正在加强,该细分市场就没有吸引力,购买者便会设法压低价格,对产品质量和服务提出更高的要求,并且使竞争者相互斗争,所有这些都会使企业的利润受到损失。如果购买者比较集中或者有组织,或者该产品在购买者的采购成本中占较大比重,或者产品无法实行差别化,或者购买者的转换成本较低,或者由于购买者的利益较低而对价格敏感,或者购买者能够向后实行联合,购买者的讨价还价能力就会加强。

(五) 供应商讨价还价能力增强的威胁

供应商影响一个行业竞争者的主要方式是提高价格,以此榨取买方的盈利,降低所提供产品或服务的质量。下面一些因素决定它的影响力:①供应商所在行业的集中化程度;②供应商产品的标准化程度;③供应商所提供的产品在企业整体产品成本中的比例;④供应商提供的产品对企业生产流程的重要性;⑤供应商提供产品的成本与企业自己生产的成本之间的比较;⑥供应商提供的产品对企业产品质量的影响;⑦企业原材料采购的转换成本;⑧供应商前向一体化的战略意图。

如果企业的供应商能够提供或者降低产品和服务的质量,或减少供应数量,那么该企业所在的细分市场就会没有吸引力。如果供应商集中或者有组织,或者替代产品少,或者供应的产品是重要的投入要素,或转换成本高,或者供应商可以向前实行联合,那么供应商的讨价还价能力就会增强。因此,企业与供应商建立良好关系和开拓多种供应渠道才是防御竞争的上策。

二、竞争者识别

(一) 从行业竞争角度识别竞争者方法

行业指的是一组提供一种或一类相互密切替代产品的公司群。一个行业的竞争强度主要是由行业结构决定的。决定行业结构的主要因素有:销售商的数量、产品差异化的程度、进入和缺席、流动性和退出障碍、成本结构、垂直一体化的程度、全球化的程度。

(1) 销售商数量及产品差异化程度。描述一个行业的出发点就是要确定销售商的数量以及产品是同质的还是高度差异的。根据这一出发点,可划分4种行业结构类型:完全垄断、寡头垄断、垄断竞争和完全竞争。

(2) 进入与流动障碍。企业进入各个行业的难易差别很大,进入行业的主要障碍包括企业缺乏足够的资本,不能实现规模经济,无专利和许可证条件,企业缺乏场地、原料或分销商、信誉条件等。

(3) 退出与收缩障碍。当某个行业利润水平很低甚至亏损时,已进入该行业的企业可能会主动将人力、物力和财力退出并转向更有吸引力的行业。但退出一个行业也存在种种障碍,因此仍然留在行业内的企业应设法减少其退出障碍。

(4) 成本结构。各个行业从事经营活动所需成本的大小及成本结构不同,企业应将注意力放在最大成本上,即在不影响经营业务发展的前提下减少这些成本。

(5) 纵向一体化。在某些行业,企业通过实行前向或后向一体化来取得竞争优势。纵向一体化可以降低成本,还能在它们所经营业务的各个细分市场中控制其价格和成本。

(6) 全球经营。全球性经营必须以全球竞争为基础。

企业可以依据以上因素对自己所处行业的结构特点进行分析,并由此识别出企业的竞争对手。

(二) 从市场竞争角度识别竞争者方法

除了从行业角度识别竞争者外,还可以从市场角度,即把其他竞争者看做是力求满足相同消费需求或服务于同一消费者群的企业。从市场角度看,对竞争者的识别开阔了企业的视野,扩大了实际和潜在竞争者的范围,使企业能制定出更具竞争性的营销战略。这样我们可以区分4种类型的竞争者:品牌竞争者、产品形式竞争者、类别竞争者、愿望竞争者。其关系如图4-2所示。

图4-2 竞争类别分析图

三、企业核心竞争力分析

(一) 企业核心竞争力的涵义

企业的核心竞争力就是企业的决策力,它包括把握全局、审时度势的判断力,大胆突破、敢于竞争的创新力,博采众长、开拓进取的文化力,保证质量、诚实守信的亲和力。

核心竞争力是群体或团队中根深蒂固的、互相弥补的一系列技能和知识的组合,借助该能力,能够按世界一流水平实施1项到多项核心流程。企业核心竞争力就是企业长期形成的,蕴涵于企业内质中的,企业独具的,支撑企业过去、现在和未来竞争优势,并使企业在竞争环境中能够长时间取得主动的核心能力。

（二）企业核心竞争力的特点

（1）价值性。企业核心竞争力的价值性是通过市场检验实现的，符合市场需求程度越高，为顾客创造价值越大，企业的核心竞争力的价值性越大，企业的竞争也就越显著。可见，符合市场需求的价值性是企业核心竞争力的根本特性。

（2）领先性。本企业的竞争力与同一产业竞争对手的竞争力相比具有较大的领先性，这种领先性体现在独特性、不易模仿性和满足顾客需求的超前性3个方面。

（3）整合性。企业的核心竞争力是知识、技能、管理能力的有机整合，单独的任何一项都不能成为核心竞争力，企业作为一个有活力的低成本、高效率的具有很强市场敏感力的组织系统，要具有整合这些关键性要素的能力。

（4）延展性。核心竞争力的延展性，即具有能够为自身所复制和模仿的特点，基于单一产品或服务领域的发展良好时，把这种核心竞争力应用于多种产品或服务领域。

（5）持久性。企业生存和发展的持久性源于企业核心竞争力的持久性。企业必须拥有其他企业不易获得、仿效、复制的核心竞争力，并能够长期占用，在不断变化和发展的环境中长期发挥作用，使企业竞争优势相对不变或进一步提高，才会带来企业的长期生存和发展。本书所述核心竞争力的持久性，并不是说企业的核心竞争力是永久不变的，而是要在变化的环境中不断开发、维护已有的核心竞争力，擅长变更和培育新的核心专长。

小 资 料

从企业宣传口号看其核心竞争力

没有不做的小生意，没有解决不了的大问题。（IBM公司）

给电脑一颗奔腾的芯。（英特尔）

数码新时代。（索尼影碟机）

我们领先，他人仿效。（理光复印机）

使不可能变为可能。（佳能打印机）

不懈追求完美。（凌志轿车）

动态的诗，向我舞近。（丰田汽车）

光临风韵之境——万宝路世界。（万宝路香烟）

对我而言，过去平淡无奇；而未来，却是绚烂缤纷。（轩尼诗酒）

四、企业竞争分析过程

（一）分析竞争者的战略与目标

1. 分析竞争者的战略

各企业采取的战略越是相似，它们之间的竞争就越激烈。根据竞争者所采取的主要战略不同,可以把竞争者划分成为不同的战略群体。战略群体是指一群在既定目标市场实施相同战略的企业。

企业要想进入某个战略群体,必须注意以下问题:①不同战略群体进入的难易程度不同;②同一战略群体内竞争最为激烈;③不同战略群体之间同样存在着竞争。

企业必须不断地观察竞争者的战略而修改自己的战略。

2. 确定竞争者的目标

企业确定了谁是自己的竞争者以后,下一步需搞清每个竞争者在市场上追求的目标是什么?每个竞争者的行为动力是什么?所有竞争者都在最大限度地追求利润,但是每个企业对短期利润或长期利润的侧重则有所不同。有些企业追求的是"满意"的利润而不是"最大"的利润,只要企业达到既定的利润目标就满意了,即使通过其他策略能赢得更多的利润他们也置之不理;而有的企业可能追求利润最大化。

这就是说,每个竞争者都有自己侧重点和不同的目标组合,如营利能力、市场占有率、销售增长率、技术领先地位和服务领先地位等。

(二)分析竞争者的优势与劣势

1. 竞争者类型

竞争者能否执行和实现战略目标,取决于其资源和能力。通常我们把企业在目标市场的竞争地位分为以下 6 种:

(1)主宰型。这类企业控制着其他竞争者的行为,有广泛的战略选择余地。

(2)强壮型。这类企业可以采取不会危及其长期地位的独立行动,竞争者的行为难以撼动其长期地位。

(3)优势型。这类企业在特定战略中有较多的力量可以利用,有较多机会改善其战略地位。

(4)防守型。这类企业的经营状况令人满意,但它在主宰型企业的控制下生存,改善其地位的机会很少。

(5)虚弱型。这类企业的经营状况不能令人满意,但仍然有改善的机会,不改变就会被迫退出市场。

(6)难以生存型。这类企业经营状况很差且没有改善的机会。

2. 评估竞争者的步骤

(1)收集信息。收集竞争者业务上最新的关键数据,主要有顾客知晓度、销售量、市场份额、心理份额、情感份额、毛利、投资报酬率、现金流量、新投资、设备能力利用等。收集信息的方法是查找第二手资料和向顾客、供应商及中间商调研得到第一手资料。

(2)分析评价。根据所得资料综合分析竞争者的优势与劣势,如表 4-1 所示。表中,5、4、3、2、1 分别表示优秀、良好、中等、较差和差。

表 4-1 竞争者优势与劣势分析

品牌	顾客对竞争者的评价				
	顾客知晓度	产品质量	情感份额	技术服务	企业形象
A	5	5	4	2	3
B	4	4	5	5	5
C	2	3	2	1	2

表 4-1 中,企业要求顾客在 5 个属性上对 3 家主要竞争者做出评价。评价结果是:竞争者 A 的产品知名度和质量都是最好的,但是在技术服务和企业形象方面逊色一些,导致情感份额下降。竞争者 B 的产品知名度和质量都不及 A,但是在技术服务和企业形象方面优于 A,使情感份额达到最大。企业在技术服务和企业形象方面可以攻击品牌 A,在许多方面都可以进攻品牌 C。

(3) 寻找标杆。找出竞争者在管理和营销方面的最好做法作为基准,然后加以模仿、组合和改进,力争超过竞争者。

寻找标杆的步骤为:①确定定点超越项目;②确定衡量关键绩效的变量;③确定最佳级别的竞争者;④衡量最佳级别竞争者的绩效;⑤衡量公司绩效;⑥制订缩小差距的计划和行动;⑦执行和监测结果。

在寻找标杆过程中,企业必须确定的对象,即评价最好的企业。方法是调查客户、供应商和分销商,请他们对本行业主要的企业加以排序;也可询问咨询公司,他们可能有本行业主要企业各项业绩的档案。企业在寻找标杆的过程中应当集中在影响顾客满意和成本的关键项目上。

(三) 分析竞争者的反应模式

了解竞争者的经营哲学、内在文化、主导信念和心理状态,可以预测它对各种竞争行为的反应。竞争中常见的反应类型有以下 4 种:

(1) 从容型竞争者。指对某些特定的攻击行为没有迅速反应或强烈反应。可能原因是:认为顾客忠诚度高,不会转移购买;认为该攻击行为不会产生大的效果;它们的业务需要收割榨取;反应迟钝;缺乏做出反应所必需的条件等。

(2) 选择型竞争者。只对某些类型的攻击做出反应,而对其他类型的攻击无动于衷。比如,对降价行为做出针锋相对的回击,而对竞争者增加广告费用则不做反应。了解竞争者在哪些方面做出反应有利于企业选择最为可行的攻击类型。

(3) 凶狠型竞争者。指对所有的攻击行为都做出迅速而强烈的反应。这类竞争者意在警告其他企业最好停止任何攻击。

(4) 随机型竞争者。指对竞争攻击的反应具有随机性,有无反应和反应强弱无法根据其以往的情况加以预测。许多小公司属于此类竞争者。

（四）分析竞争平衡的影响因素

竞争平衡状态指同行业竞争的激烈程度,即各企业是和平共处还是激烈争斗。如果相对和平共处,则视为竞争的相对平衡;反之,视为相对不平衡。布鲁斯·亨德森认为,竞争平衡状态取决于影响因素的状况。

(1) 如果竞争者的产品、经营条件几乎相同,竞争能力处于均势,竞争就是不平衡的,易于发生无休止的冲突。如果有一家公司首先降低了价格,竞争平衡就会打破,价格战就会经常爆发。

(2) 如果决定竞争胜负的关键因素只有一个,就不易实现竞争平衡。产品成本的差异由规模效益、先进技术和其他因素造成,首先取得成本突破的公司会降价竞争,夺取其他公司的市场份额。在这些行业中,成本突破易于经常性地引发价格战。

(3) 如果决定竞争胜负的关键因素有多个,就比较容易实现竞争平衡。在这种情况下,各个竞争者都有自己的细分市场,在产品质量、性能、款式、档次、服务等方面都具有某些优势,与竞争者形成差异以吸引特定顾客,易于和平共处。

(4) 决定竞争胜负的关键因素越多,能够共存的竞争者数量就越多。决定竞争胜负的关键因素越少,共存的竞争者数目就越少。如果决定因素只有一个,能够共存的竞争者也不过两三个。

(5) 任何两个竞争者之间的市场份额之比为 2∶1 时,可能是平衡点。任一竞争者提高或降低市场份额可能会既不实际也无利益,增加促销和分销成本会得不偿失。

（五）选择要攻击和回避的竞争者

有了好的竞争情报,经理会发现制定竞争战略将会很容易,他们将会清晰地知道在市场上同谁进行有效的竞争。经理必须决定与哪个竞争者最具有威胁性。经理可以通过运用顾客价值分析来辅助选择,它将揭示与各类竞争者有关的企业的优势和劣势。企业可以集中进攻下述几类竞争者之一。

(1) 强对弱的竞争者。很多企业把进攻目标瞄准较弱的竞争者,这样可使它们获得每百分点的市场份额所付出的资源和时间较少。但在这个过程中,企业可能在提高能力方面进展很小。企业也应当同强有力的竞争者进行竞争,以赶超目前的工艺水平。再者,即使同强有力的竞争者进行竞争,也应知道它也有劣势,而企业也可证明自己是一个有价值的竞争者。

(2) 近对远的竞争者。大多数企业会与那些极度类似的竞争者竞争,因此,日产要与本田竞争而不同美洲虎竞争。与此同时,企业应当避免"摧毁"相邻的竞争者。

(3) "好"对"坏"的竞争者。波特认为每个行业都有"好的"与"坏的"竞争者,一个企业应当明智地去支持好的竞争者并攻击坏的竞争者。好的竞争者有一系列特征:遵守行业规则;对行业的增长潜力所提出的设想切合实际;制定的价格与成本相符;喜欢一个健全的行业;将自己限定在行业的某一部分或细分市场中;推动其他企业降低成本或提高差异化;接受正常水平的市场份额和利润。坏的竞争者违反规则:企图花钱购买而不是赢得市场份额;冒着极大风险;在生产能力过剩时仍继续投资;通常,它们打破了行业均衡。

小 资 料

谨慎对待相邻竞争者

20世纪70年代后期,美国博士伦公司(Bausch and Lomb)大举进攻其他隐形眼镜生产商并取得了极大成功,然而,这却使每个弱小的竞争者都卖给了大公司,像莱弗伦公司(Relvon)、强生公司和谢林—普洛夫公司(Schering Plough),结果是自己现在面临着更大的竞争者。

看来博士伦公司的做法弄巧成拙,公司损害了其邻近的对手并取得了成功,但又引来了更难对付的竞争者。

IBM 的竞争者

IBM公司发现克雷公司(Cray Research)是一个好的竞争者,因为它遵守规则,经营范围严格限定在细分市场内,并且不侵犯IBM公司的核心市场。但IBM公司发现富士通公司是一个坏的竞争者,因为该公司对价格实行补贴,产品差异性小,并攻击IBM公司的核心市场。这就说明"好的"竞争者应当努力形成一个只有好的竞争者组成的行业。通过谨慎的许可证贸易,有选择的报复行动和联合,它们能形成一个行业,因此竞争者并不谋求相互倾轧,也不胡作非为,它们遵守规则,各自之间都存在某种程度的差异,它们力争赢得而不是购得市场份额。

第二节 企业竞争战略类型

一、制定竞争战略的步骤

(一) 竞争环境分析

竞争环境分析是在营销环境分析的基础上,就竞争因素进行具体深入分析。分析内容包括4个方面——行业情况、市场演进情况、行业结构和竞争对手。

1. 行业情况分析

行业情况分析的重点,是了解企业所在行业基本竞争情况和行业发展情况,以及行业中潜在发展机会。具体的分析内容包括:

(1) 行业的产品(或)服务当前满足顾客需要的情况。即行业当前向市场提供的产品和服务,满足顾客需要的程度和不足之处。通过此项分析可预见行业产品或服务发展潜力与方向。如录像机产品出现后,因为其影像还原的清晰度差而决定了 VCD 产品的市场生命力。同样,DVD 也是首先因为技术上的先进性被普遍认为将很快取代 VCD 产品。

(2) 行业总体需求情况、需求可能改变的方向及改变的可能性大小。比如,当前在行业中,如果总体需求处于饱和状态,而行业的技术更新和产品改进可能性小,该行业就不具有更大发展潜力。如果企业处在这类行业中,就应采取维持目前市场地位的策略,这比采取进攻性策略要更适应些。

(3) 新技术的出现或技术变革对行业的影响。当前如果有重大技术进步或新技术出现的可能,就有可能为整个行业带来巨大发展机会,同时也对整个行业带来"破坏性"威胁。如现代计算机技术的新突破,给信息、通信、影视等行业带来了巨大机会;同时也会对普通的邮政业、运输业等行业带来威胁。

(4) 行业的竞争密集度。行业的竞争密集情况如何,对企业选择营销发展方向有决定性作用。竞争密集度可用两个指标测量:①行业的总品牌数量。一般来说,品牌数量越多竞争密集度就越高,竞争就激烈。②以行业中企业数量与行业总投资规模相比而得到的竞争密集指数(行业中现有企业数占行业中现有投资总量的比重),其主要含义是,目前行业每单位投资量已被多少数量竞争企业分割了。因此,该指数越大,表明竞争密集度越高。

(5) 行业的资源短缺度。如果某一行业所使用的资源,如原材料、劳动力、设备等的供应充足,就比资源短缺的行业更容易吸引新的竞争者加入。在资源比较富有的行业中,企业虽然有资源保证,但却容易受到竞争者攻击;相反,在资源短缺的行业,企业遭受别的竞争者攻击的可能性虽小,但因会受资源短缺的困扰,所以维持生存和发展较困难。

(6) 其他。主要包括政府立法倾向、行业整体技术水平等。

2. 市场演进情况分析

无论企业属于哪种行业,除了需为制定市场竞争战略对行业的基本竞争情况进行分析外,还需要动态地观察和分析本行业所处市场演进阶段。

市场演进理论较好地揭示了一个行业可能的发展机会和竞争发展变化的规律性,对于企业制定有效的市场竞争战略具有重要的指导意义。

3. 行业结构分析

企业在制定竞争战略时,需要考虑自己在产业中的影响力和对产业环境变化的控制能力。所谓一个企业具有的优点与弱点,就是企业相对于所在行业特点并与行业中其他企业比较而言的。企业对自己在产业中拥有相对地位与竞争实力对比分析,才能制定有效的竞争战略。制定竞争战略时对行业结构分析的主要内容有:

(1) 定位。定位分析是分析企业所在产业拥有的主要优势与劣势所在。通过定位，企业可以知道在产业中应该回避的竞争力量。如果企业是定位在高质量上，它需要的是集中精力满足用户对质量上的要求，通过不断满足顾客对质量要求来获取营销成果，而不要太在乎那些对于份额更为关注的竞争者不断发动的价格战。

(2) 对竞争均衡的影响。企业如果试图采用进攻性的竞争战略，需要分析对竞争均衡的影响。在一个产业中，竞争从任何时点上观察，它都是"均衡"的。即在特定的时间段中，各种竞争力量相互牵制，只有当其中某个(些)企业采用新的竞争策略时均衡才会被打破，从而进入新的均衡。企业如果能够对均衡状态及影响均衡的因素进行分析，就可知道采用某项战略后企业将会处于什么地位；同时也能知道，通过改变当前的均衡，企业可获得的预期成果。

(3) 市场(产业)演进阶段分析。随着市场演进，竞争构成诸因素会发生相应变化。对市场演进分析是为了找到那些因为变化出现的可利用的机会，从而在制定企业竞争战略时，利用这些变化带来的机会。同样，产业变化也对企业的营销和竞争地位带来挑战。因此需要分析当前企业所在产业是处于市场演进的哪个阶段；可能打破当前阶段平衡的主要力量来自于何处；打破当前平衡对于企业有好处还是没有好处；如果没有好处，企业是否能设置或需要设置阻止力量；如果产业演进是用户力量促成的(如用户需要卖方提供更高水平的产品——高科技行业就经常处于这种情况)，企业是否有优势可利用；如果有，企业是否更快地向市场推出新产品；如果没有，企业有什么应对措施，比如考虑有否购买新技术的可能等等。

4. 竞争对手分析

分析竞争对手，是制定竞争战略重要的环节。军事上有所谓"知己知彼，百战不殆"之说，这对于企业参与市场竞争也是适用的。市场竞争，就是竞争对手之间营销水平和实力的较量。了解竞争对手的情况，才能掌握竞争的主动权，赢得竞争。

分析竞争对手一般包括分析其营销战略目标和实力，分析预见竞争对手的营销发展方向和未来的变化情况，并可帮助企业更好地理解竞争对手当前所采取的竞争策略和发展意图，以便本企业采取恰当的应对措施。

(二) 确定市场竞争战略目标

竞争战略目标是企业对市场竞争所规定的一个任务体系，在服从总体营销战略目标的要求下，对营销中各个环节为取得竞争胜利或消除竞争对手的威胁制定的一系列目标。

1. 目标体系

企业的市场竞争战略目标应是营销战略目标的分目标，是以有利于实现营销战略目标为前提，用以对付竞争环境变化的一系列目标。包括总体营销战略目标、竞争战略总目标、营销组合目标以及各目标细分市场的目标等。

2. 制定市场竞争战略目标应遵循的原则

为保证竞争战略目标能够顺利完成，制定时应遵循下列原则：

(1) 可行性。这是对市场竞争战略目标最基本也是最重要的要求。如果企业提出的竞争战略目标没有实现的可能性,除非它没有被执行,否则只会浪费企业的资源,丧失市场机会,甚至导致企业走向崩溃。

(2) 有资源保证。实现任何竞争目标都要耗费相应资源,因此,企业所制定的市场竞争战略目标必须要以资源保证为前提。没有资源保证的目标,也谈不上可行性。

(3) 具有一定弹性。制定市场竞争战略目标时,应充分考虑竞争环境具有的多变性和复杂性的特点,以及在制定战略目标和战略方案时对未来情况的估计不可能完全准确,所以,目标应规定在一定的范围内有调节的灵活性。

(4) 易于理解。企业所制定的市场竞争战略目标是高层营销管理决策人员所做出的决策,需要企业中各级部门、各级人员相互配合,共同实施完成。因此,市场竞争战略目标应能被各部门、各级人员很好理解,或是对他们来说,知道目标的实质性意图或方向。这样,一个目标的执行才有组织和人员保证。

(三) 确定市场竞争战略方案

市场竞争战略方案,是如何执行和实现竞争战略目标方法的总称。同时,竞争战略方案的不同,企业在特定时间内的竞争行为也表现出不同特征。

一般有两类竞争战略,一类是按所涉及的营销组合因素分类的总成本领先战略、差异战略和目标集中战略(一般称之为通用战略,在通用战略中详述);另一类是根据与竞争对手的抗衡程度分类的打进、渗透、对抗和保持战略。这类战略一般按市场演进的时序变化顺序采用,即企业开始新进入一个行业,采用打进战略;之后,随行业与市场成长,采用渗透战略;行业进入成熟期后,采用对抗战略;最后,随行业衰退,采用保持战略直到最后退出。

(四) 确定竞争战术

战术是战略的具体化,也是战略的实施。制定市场竞争战略,企业需要根据战略方案,逐项确定市场营销组合因素所涉及的产品、价格、渠道和促销因素以及行动方案。企业在确定竞争战术时容易犯的错误是:只对某一方面战术给予足够重视,而疏于其他需要相应配合的战术。这不仅会导致战术失误,严重时还会导致整个战略崩溃。

(五) 战略总结

战略总结包括对一项战略活动进行评审性总结和随机访问性总结与控制调节。战略总结时,主要需要考察3个基本的问题并采取相应的行动:①现在的情况和竞争战略实施前所估计的情况是否相符合;②竞争对手的反应和行动是否符合预计;③已制定还未执行的战略方案的部分是否应予以修改和调整。

(六) 反馈系统

竞争战略的反馈系统是进行竞争战略的组织调控决策系统,一般应由企业最高决策者和各分系统主要决策人员组成。通过对竞争环境分析和竞争战略执行情况检查,及时做出修订战略的决策,并将新的决策贯彻到相应的竞争战略实施过程中去。

二、通用竞争战略

根据所涉及的营销组合因素分类,有3种不同的竞争战略,一般称为通用竞争战略,它包括以下几种:

(一) 总成本领先战略

总成本领先战略指企业尽可能降低自己的生产和经营成本,在同行业中取得最低的生产成本和营销成本的做法。实现的途径主要是改进生产制造工艺技术、设计合理的产品结构、扩大生产规模、提高劳动生产率等。总成本领先战略可以说是比较传统的竞争方法,但仍是现代市场营销活动中比较常见的竞争方法。

要想实现总成本领先,一般要求取得一个比较大的市场占有份额,因此低成本和低价策略需要结合使用。企业在考虑采用这种竞争战略时需考察行业的经验曲线形状,如果没有成本经济性上的好处,那么企业的营销利润会受到大量侵蚀。

1. 总成本领先战略需要的基本条件

(1) 持续的资本投资和良好的融资能力。
(2) 较高的工艺加工能力。
(3) 对工人严格的监督与管理。
(4) 产品的制造工艺设计领先,从而易于用经济的方法制造。
(5) 有低成本的分销系统。

2. 总成本领先战略需要的基本组织条件

(1) 结构分明的组织结构与责任。
(2) 能满足严格的定量目标为基础的激励。
(3) 严格的成本控制体系与制度。
(4) 经常详细的控制报告。

总成本领先,有时可能造成产业技术基础改变,即可能引起产业革命。在这场革命中,那些不能采用或没有能力采用新技术的企业将被淘汰出局。

3. 总成本领先战略具有的风险

(1) 经过多年积累得到的降低成本的投资与方法、制度、技术等可能因为新技术的出现而变得毫无用处。
(2) 后来的加入者或竞争追随者可能通过模仿或其他廉价的学习途径掌握到降低成

本的方法，或者没有经过挫折与风险就掌握到降低成本的方法，因此，后来者可能具有更大的成本竞争力而抵消率先实行这种战略的企业的竞争优势。

（3）过于注重成本的结果往往导致对市场需求变化反应迟钝，因而产品落后或不能适合需求。

（4）往往因为定价是处于成本的最低界限边缘，所以当竞争对手发动进攻时缺少回旋余地。

（二）差异竞争战略

差异竞争战略是指从产品定位因素、价格因素、渠道因素、促销因素以及其他营销因素上造就差异，形成企业对于整个产业或主要竞争对手的"独特性"。

差异竞争是当前在市场营销活动中占主流的竞争做法。因为该种竞争战略不仅适应目标市场营销，更重要的是，它是最符合"营销观念"的做法。

1. 差异性竞争战略具有的竞争特点

（1）构筑企业在市场竞争中特定的进入障碍，有效地抵御其他竞争对手的攻击。因为一旦企业在营销中形成了差别，如品牌的高知名度和特色，产品独特的功能，专有的销售渠道和分销方式，顾客熟悉的广告刺激及营销沟通方式等，就很难为其他竞争对手模仿，因而也就很难有其他竞争对手能轻易打入本企业所占据的目标市场。

（2）减弱顾客和供应商议价能力。顾客从接受"差异"中形成了某种或若干方面的偏好，顾客购买"喜欢的品牌"而不是购买"便宜的品牌"的行为一旦确立，就不会更多地转换购买其他品牌。甚至到了顾客依赖于特定的品牌时，企业的绝对市场地位确立了，顾客的议价能力被大大减弱。而企业一经在行业中确立了这样的营销优势或"独占"地位，也会使某些供应商更难在市场中寻找到其他更好的交易对象，供应商的议价能力也就被大大削弱。而且，供应商甚至会受到社会公众的压力，使其不能轻易地拒绝为公众所喜欢的品牌产品提供资源，供应商的议价能力在这种情况下更被削弱。20 世纪 90 年代，像 Intel 公司的 CPU 与微软公司的 DOS、Windows 操作系统软件产品就具有了这样的特点。

（3）企业可希望获取到超额利润。虽然这可能不是差异竞争的必然结果，但是，采用这种做法的企业往往希望获取到超额利润，也有获取到超额利润的可能性。原因在于，品牌差异增大时，顾客转换品牌困难，议价能力低，这就使得不少在差异竞争中得到成功的企业，可以为其产品向顾客索取一个高的溢价。如日本索尼公司在创业之初，就是把其全部经营所获利润用于树立品牌市场形象和开发新产品，取得成功以后，索尼的产品在国际市场上几乎都可以用比竞争对手高 5%～10% 的定价销售。

差异竞争也有竞争对手模仿难易的问题。有些非常受顾客欢迎的产品差异与营销差异，如果没有技术壁垒的话，竞争对手将很快"克隆"，从而使这些差异消失，因差异可能带来的利润上的好处也就消失。虽然某些没有技术壁垒的差异可以通过申请"专利"来进行保护，但是专利的申请时间较长，保护时间有限。因此，差异竞争战略成功的基础应是不断通过技术突破和保持技术领先。

2. 差异竞争战略需要的一般条件

(1) 企业拥有强大的生产经营能力。

(2) 有独特的具有明显优势的产品加工技术。

(3) 对创新与创造有鉴别与敏感的接受能力。

(4) 有很强的基础研究能力。

(5) 有质量与技术领先的企业声誉。

(6) 拥有产业公认的独特的资源优势或能够创造这样的优势。

(7) 能得到渠道成员的高度合作。

3. 差异竞争战略需要的基本组织条件

(1) 营销部门、研究开发部门、生产部门之间能进行密切协作。

(2) 重视主观评价与激励,而不是采用制度式的定量指标进行评价与激励。

(3) 组织内具有轻松愉快的气氛,以能够吸引高技能的工人、技术人员或科技人才大量加入和努力工作。

4. 差异竞争战略具有的主要风险

(1) 与低成本的竞争对手比较,甚至与普通的竞争对手比较,可能成本太高,以至于差异对顾客的吸引力丧失。

(2) 顾客偏好变化,导致差异不能对顾客再有吸引力。

(3) 竞争对手对于顾客特别喜欢的差异的模仿。

(三) 目标集中战略

目标集中竞争战略是指主攻某个特定顾客群、产品系列的一个细分区段或某个地区市场。目标集中竞争战略可能涉及少数几个营销组合因素,也可能涉及多个营销组合因素。其主要特点是,所涉及的细分市场都是特定的或是专一的。也就是说,集中竞争战略是指针对一组特定顾客的。战略含义是:企业集中力量,以更好的效果、更高的效率为某一狭窄的服务对象提供产品或服务。目标集中竞争战略需要的市场条件与组织条件,随集中的目标不同而变化。

1. 目标集中战略的适用条件

(1) 具有完全不同的用户群。

(2) 在相同的目标市场群中,其他竞争对手不打算实行重点集中的战略。

(3) 企业的资源不允许其追求广泛的细分市场。

(4) 行业中各细分部分在规模、成长率、获得能力方面存在很大的差异。

2. 目标集中战略的收益

(1) 便于使用整个企业的力量和资源更好地服务于某一特定的目标。

(2) 将目标集中于特定的部分市场,企业可以更好地调查研究与产品有关的技术、市场、顾客以及竞争对手等各方面的情况,从而做到"知彼"。

(3) 战略目标集中明确,经济效果易于评价。

3. 目标集中竞争战略的主要风险

(1) 当覆盖整个市场的那些竞争对手因为规模经济的好处大幅度降低成本,或者积极细分市场增加产品组合或产品线长度,可能导致采用集中竞争战略的企业经营缺少特色或成本优势不再存在。

(2) 集中目标指向的特定细分市场的需求变得太小,因为是采用了集中的做法,因此,转移产品到其他细分市场相当困难。

(3) 在过度细分的市场上,因为市场容量很小,目标集中企业是没有明显的好处的。问题是从一般细分到过度细分的时间是否会太短。

为了取得竞争胜利,企业需要制定有效的竞争战略。竞争战略是服从营销战略目标的。竞争战略是营销企业为了对付竞争对手和适应竞争环境变化而制定的策略,在实际商业活动中应根据实际情况灵活运用。

第三节 企业在成熟行业的竞争战略

随着一个产品的市场步入成熟,企业在行业中所占市场份额逐渐拉开并维持一个相对稳定的局面,不同市场份额者之间进行比较长久的竞争。因此,研究市场领先者、挑战者、追随者和补缺者的竞争战略,对于掌握一般的竞争方法具有重要意义。

一、市场领先者的竞争战略

市场领先者是在行业中处于领先地位的营销者,占有最大市场份额,一般是该行业的领导者。这类企业更关心的是自己市场地位的稳固性和能否有效保持已有的市场份额。作为市场领先者,需要对自身的弱点经常地进行检讨,并正确地选择竞争战略。

市场领先者要保持自己的市场占有额和在行业中的经营优势,有3种主要的战略可供选择:

(1) 扩大市场总需求战略。属于发展战略类型。企业需要找到扩大市场总需求的方法,因此,采用"欲望竞争"的观念,是市场领先企业应具有的主要竞争观念。

(2) 防御战略。属于维持性战略。市场领先企业应采取较好的防御措施和针对性的进攻来保持自己的市场地位。尤其需强调的是,市场领先者绝不能一味地采取"防御",或说是单纯消极的防御。如同军事上所奉行的"最好的防御是进攻"的原则一样,市场领先者也应该使自己具有竞争的主动性和应变能力。

(3) 扩大市场份额的战略。这属于用进攻方法达到防御目的的战略。在市场需求总规模还能有效扩大的情况下,市场领先者也应随市场情况变化调整自己的营销组合,努力在现有市场规模下扩大自己的市场份额。

(一) 扩大市场总规模的战略

一般来说,在同行业产品结构基本不变时,当市场总规模扩大,市场领先者得到的好处会大于同行业中其他企业。因此,市场领先者总是首先考虑扩大现有市场规模。

市场领先者可以通过以下途径扩大市场的总规模:

1. 寻找新用户

当产品具有吸引新购买者的潜力时,寻找新用户是扩大市场总规模最简便的途径。主要策略有:

(1)新市场战略,针对未用产品的群体用户(一个新的细分市场),说服他们采用产品。比如,说服男子使用化妆品。

(2)市场渗透战略,这是对现有细分市场中还未用产品的顾客,或只偶尔使用的顾客,说服他们使用产品或是增加使用量。如口服滋补品的营销者强调产品的日常保健功能,使顾客认为不是只有患病才要使用。如果平时也使用,就可增加产品消费量。

(3)地理扩展战略,即将产品销售到国外或是其他地区市场去。

2. 发现产品的新用途

现有产品的市场可以通过发现产品新用途并推广这些新用途来扩大市场对产品的需求。比如,为小型普通录音机增添自动录音功能并能连接到电话线路上使用,使之成为电话录音器,就可使顾客在音响产品进入市场并对小型录音机产品被大量替代以后,再购买小型录音机。

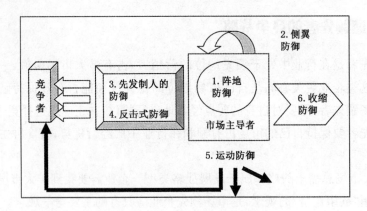

图 4-3 维持策略示意图

(二) 维持现有市场份额的战略

维持现有市场份额的战略是市场领导者经常要实行的战略。一般有如下几种:

1. 阵地防御

采取阵地防御,是在现有市场四周构筑起相应的"防御工事"。典型的做法是企业向市场提供较多的产品品种和采用较大分销覆盖面,并尽可能地在同行业中采用低定价策略。这是一种最为保守的竞争做法,因缺少主动进攻,长期实行,会使企业滋生不思进取的思想和习惯。

2. 侧翼防御

侧翼防御是指市场领先者对在市场上最易受攻击处,设法建立较大的业务经营实力或是显示出更大的进取意向,借以向竞争对手表明:在这一方面或领域内,本企业是有所防备的。

小资料

20世纪80年代中期,当IBM公司在美国连续丢失个人计算机市场和计算机软件市场份额后,对行业或是组织市场的用户所使用的小型计算机加强了营销力度,率先采用改良机型、降低产品销售价格的办法来顶住日本和原西德几家计算机公司在这一细分市场上的进攻。

3. 先发制人的防御

这是一个以进攻的姿态进行积极防御的做法。即在竞争对手欲发动进攻的领域内,或是在其可能的进攻方向上,首先挫伤它,使其无法进攻或不敢再轻举妄动。例如日本精工公司在世界各地市场,分销达2 300种钟表产品,使竞争对手很难找到其没有涉足的领域。

4. 反击式防御

当市场领先者已经受到竞争对手攻击时,采取主动甚至是大规模的进攻,而不是仅仅采取单纯防御的做法,就是反击式防御。如日本的松下公司,每当发现竞争对手意欲采取新促销措施或是降价销售时,总是采取增强广告力度或是更大幅度降价的做法,以保持该公司在电视机、录像机、洗衣机等主要家电产品的市场领先地位。

5. 运动防御

运动防御指市场领先者将其业务活动范围扩大到其他领域中,一般是扩大到和现有业务相关的领域中。如美国施乐公司为保持其在复印机产品市场的领先地位,从1994年开始,积极开发电脑复印技术和相应软件,并重新定义本公司是"文件处理公司"而不再是"文件复制公司",以防止随着计算机技术对办公商业文件处理领域的渗入而使公司市场地位被削弱。

6. 收缩防御

当市场领先者的市场地位已经受到来自多个方面的竞争对手的攻击时,企业自己可能受到短期资源不足与竞争能力的限制,只好采取放弃较弱业务领域或业务范围,收缩到企业应该主要保持的市场范围或业务领域内,就是收缩防御。收缩防御并不放弃企业现有细分市场,只是在特定时期,集中企业优势,应付来自各方面竞争的威胁和压力。可口可乐公司在20世纪80年代放弃了公司曾经新进入的房地产业和电影娱乐业,以收缩公司力量对付饮料业80年代中越来越激烈的竞争。

小资料

知名公司的防御措施二则

美国可口可乐公司,在不同的时期,都积极地向市场提供消费者喜欢的产品,而不是据守于单品种的可乐饮料市场,公司不仅开发了各种非可乐饮料得以在软饮料市场上不断进取,而且在酒精饮料市场上也大肆图谋。这就没有给竞争对手更多的可乘之机。作为世界饮料业的巨子,可口可乐公司的市场领先地位长期得以稳固。

日本本田公司素以生产摩托车闻名,该公司从20世纪80年代中期开始进入轿车生产领域,但仍然保持每年推出几款新型摩托车产品。每当有竞争对手生产同样摩托车产品时,本田公司就采取首先降价的防御措施,因此该公司在摩托车市场的领先地位得以长久保持。

(三) 扩大市场份额的战略

市场领先者也可以在有需求增长潜力的市场中,通过进一步扩大市场占有额来寻求发展。有关研究认为,"市场份额在10%以下的企业,其投资报酬率在9%左右……而市场份额超过40%的企业将得到30%的平均投资报酬率,或者是市场份额在10%以下的企业的平均投资报酬率的3倍"。

对于市场领先者来说,实行扩大市场份额的战略能取得有效结果的条件是:①具有较陡峭的行业经验曲线,这样通过扩大市场占有额可以取得成本经济性;②顾客对产品具有"质量响应"特点。所谓"质量响应"是指随产品质量提高,顾客愿意为之支付更高的产品售价。这样,企业就可能为质量的提高而获取质量溢价。

扩大市场份额战略的主要做法有:

1. 产品创新

产品创新是市场领先者主要应该采取的能有效保持现有市场地位的竞争策略。20世纪80年代中期,日本松下公司平均每6个月对其录像机产品进行更新,Intel公司每6个月会更新其CPU产品。

2. 质量策略

质量策略也是市场领先企业采用得较多的市场竞争策略,即不断向市场提供超出平均质量水平的产品。这种竞争做法,或者是为了直接从高质量产品中得到超过平均投资报酬率的收入;或者是在高质量产品的市场容量过小时,不是依靠其获得主要营销收入,而仅仅是为了维持品牌声誉或保持企业产品的市场号召力,从而能为企业的一般产品保持较大市场销售量。

3. 多品牌策略

此策略为美国的P&G(宝洁)公司首创。即在企业销路较大的产品项目中,采用多品牌营销,使品牌转换者在转换品牌时都是在购买本企业的产品。

4. 增加广告策略

市场领先企业,往往可以在一定时期,采用高强度多频度的广告来促使消费者经常保持对自己的品牌印象,增加其对品牌熟悉的程度或产生较强的品牌偏好。

5. 有效或较强力度销售促进

通过更多销售改进工作来维持市场份额。如不断加强售后服务、提供更多质量保证,建立更多的销售和顾客服务网点。

二、市场挑战者的竞争战略

市场挑战者是市场占有率位居市场领先者之后而在其他竞争对手之上的企业,并不能完全把它们看成是竞争实力一定次于市场领先者的。因为有时很可能它们是一些很有实力的企业,因为暂时对某项业务还没有投入更多精力或还没有将其作为主要业务来发展。市场挑战者往往可以采取两种竞争战略:①向市场领先者发起进攻,夺取更多的市场份额;②固守已有的市场地位,使自己成为不容易受到其他竞争者攻击的对象。

(一)市场挑战者的战略目标

市场挑战者可有两类战略目标,即进攻目标或者是固守目标。

1. 进攻目标

市场挑战者在市场上发起进攻,或是攻击市场领先者较弱的细分市场;或是攻击比自己更小的企业。当市场挑战者具有如下条件时,就可以考虑选取进攻目标:

(1)当企业在行业中具有一定的市场声望,并且可以利用已有声望来扩大现有的市场份额,而又难以寻找到新的市场时。

(2)当企业财力较强,有充足的资金积累,却还没有更为适宜的新投资领域时。

(3)当主要的竞争者——它们可能是一个市场领先者,也可能是一个和自己的地位相差不多的挑战者——转换了战略目标,而竞争对手所实行的新的营销战略和本企业已经实行的营销战略很类似时。

(4)主要的竞争者如果正在犯某种营销错误,留下可乘之机时。

2. 固守目标

市场挑战者在下列情况或有下列条件时,采取固守战略:

(1)当所在行业市场需求处于总体性缩小或衰退时。

(2)估计竞争对手会对所遭受的进攻做出激烈反应,而本企业缺乏后继财力予以支撑可能出现的长期竞争消耗战时。

(3)企业虽找到了更好的新的投资发展领域,但对新领域的发展风险不能准确估计,因而需要在现有的市场中维持一段时间时。

(4)主要的竞争对手调整了竞争战略或采用了新的营销战略目标,本企业一时还不能摸清对手意图时。

(二)市场挑战者的进攻战略

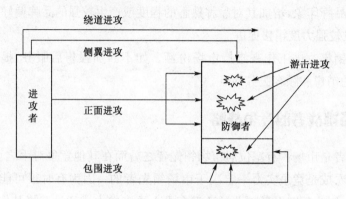

图 4-4 进攻策略示意图

市场挑战者在本行业中要寻求进一步的发展,一般要采取进攻战略。因此,进攻战略是市场挑战者主要奉行的竞争战略。市场挑战者的进攻战略主要有 5 种:

1. 正面进攻

该战略是正面地向对手发起进攻,攻击对手真正实力所在,而不是它的弱点。即便不能一役以毙之,也可极大消耗对手实力。进攻的结果,取决于谁的实力更强或更有持久力,即正面进攻采取的是实力原则。正面进攻的常用做法有:

(1) 产品对比。将自己的产品和竞争对手的产品用合法形式进行特点对比,使竞争者的顾客相信应重新考虑是否有必要更换品牌。

(2) 采用攻击性广告。即使用同竞争者相同的广告媒介,拟定有对比性的广告文稿,针对竞争者的每种广告或广告中体现的其他的营销定位因素进行攻击。

(3) 价格战。价格战既是传统竞争手法,也是今天市场挑战者在比较极端的情况下仍会考虑采用的竞争战略。价格战的后果是难以预料的,尤其是可能使参战的每一方都受到损失,甚至严重损失。所以,在现代营销活动中,价格战并不是市场挑战者所首选的战略。价格战有两种做法:一是将产品的价格定得比竞争者价格更低,或是调整到低于竞争者的价格。如果竞争者没有采取降价措施,而且消费者相信本企业所提供的产品在价值上和其他竞争者尤其和市场领先者的产品相当,则此种方法会奏效。二是采用相对降低价格的做法。即企业通过改进产品的质量或提供更多的服务,明显提高产品的可觉察价值,但保持原销售价格。这要求企业做到:必须在提高质量的同时,采取了降低成本的方法,以能够保持原来的赢利水平;必须能使顾客相信或有相应的价值感觉,使顾客能认为本企业的产品质量高于竞争者;必须为"反倾销"立法所允许的,即在法律许可的范围内。

2. 侧翼进攻

侧翼进攻采取的是"集中优势兵力攻击对方的弱点"的战略原则。当市场挑战者难以采取正面进攻时,或者是使用正面进攻风险太大时,往往会考虑采用侧翼进攻。侧翼进攻包括两个战略方向——地理市场或细分市场,来向一个对手发动攻击。

(1) 地理市场战略方向。向同一地理区域市场范围的竞争对手发起进攻。常用的做法主要有2种:一是在竞争对手所经营的相同市场范围内,建立比竞争对手更强有力的分销网点,以"拦截"竞争对手的顾客;二是在同一地理区域内,寻找到竞争对手产品没有覆盖的市场即"空白区",占领这些区域并组织营销。

(2) 细分市场的战略方向。指利用竞争对手产品线的空缺或是营销组合定位单一而留下的空缺,冲入这些细分市场,迅速地用竞争对手所缺乏的产品品种加以填补。

3. 包围进攻

包围进攻是在对方市场领域内,同时在2个或2个以上的方面发动进攻的做法。用来对付如果只在单一方面进攻会迅速采取反应的竞争对手,使被攻击者首尾难顾。该战略要求具有的条件是:

(1) 竞争对手留下的市场空白不止一处,因而提供比竞争对手更多的东西,使消费者愿意接受或是迅速采用。

(2) 本企业确实具有比竞争对手更大的资源优势。包围战略奉行的是"速决速胜"原则,要尽快使攻击奏效,不陷入"持久战"的泥潭中。

4. 绕道进攻

绕道进攻如同采用军事上的"迂回进攻"的方法,即尽量避免正面冲突,在对方没有防备的地方或是不可能防备的地方发动进攻。对于市场挑战者来说,有3种可行方法:

(1) 多样化,即经营相互无关联的产品。

(2) 用现有的产品进入新的地区市场发展多样化。

(3) 以新技术为基础生产的产品来代替用老技术生产的产品。其中,尤以以新技术生产产品的做法最为容易获得进攻成效。

5. 游击进攻

游击进攻是采用"骚扰对方""拖垮对方"的战略方法。适宜实力较弱、短期内没有足够财力的企业,在向较强实力对手发起攻击时采用。此做法的特点是:进攻不是在固定的地方、固定方向上展开,而是"打一枪换一个地方"。如采用短期促销、降价、不停地变换广告、进行骚扰等。

游击进攻不是企图取得直接胜利,企业不可能靠"游击方法"彻底战胜竞争对手。所以,有时市场挑战者往往是在准备发动较大的进攻时,先依靠游击进攻作为全面进攻的战略准备,迷惑对手,干扰对手的战略决心或者是"火力侦察"。

小资料

巧用进攻策略

日本的索尼公司在向原由美国几大公司控制的世界电视机市场进攻时,采用了提供的产品品种比任何一个美国公司提供的产品品种都齐全的策略,使当时这些老牌大公司节节败退。

美国微软公司的比尔·盖茨,当年利用了各个大型电脑公司DOS操作系统互不兼容的特点,创立出通用性很好的个人微机DOS操作系统而发展起来的。实际上,当年微软公司的DOS产品,是向所有市场领先者发动攻击。但盖茨并没有专门针对任何特定竞争对手产品,而攻击的是这些对手的共同弱点所在,因此使这些各自为政的大公司都"束手无策",以致使微软公司"坐大"为世界电脑软件产品的领袖地位。

在巴西占市场份额第二的剃刀片制造商,向占市场第一位的美国吉利公司发动进攻时用了这样的广告:"'它的价格是最低的吗?''不!''它的包装是好的吗?''不!''它是最耐用的吗?''不!''它给经销商最优惠的折扣吗?''不!'"表现出咄咄逼人的攻势。

比如百事可乐公司就曾利用可口可乐公司产品配方保密的特点,在伊斯兰国家散布可口可乐是由犹太血统的人领导的,并说可口可乐中掺有猪油,曾使许多阿拉伯国家听而信之,禁止进口"可口可乐"。

三、市场追随者的竞争战略

市场追随者是指安于次要地位,不热衷于挑战的企业,在产品、技术、价格、渠道和促销等大多数营销战略上模仿或跟随市场领导者的公司。在大多数情况下,企业更愿意采用市场跟随者战略,在"和平共处"的状态下求得尽可能多的收益。

1. 市场追随者竞争战略的特点

对于市场份额大大小于市场领先者的追随者来说,如果没有在技术上真正进步的产品或在营销组合上的有效改进办法与挑战者的攻击目标相竞争,那么就只能在已经取得的市场份额内,不断改进营销,通过增加顾客的满意感来保持顾客。如果市场追随者主动细分市场,集中力量于那些最有希望的顾客群,向他们提供比所有竞争对手都好的营销服务,或进行有效市场与产品开发,着重实际的盈利水平而不是追求不实际的市场份额,并采取有效的营销管理,也可成为非常成功的企业。

2. 市场追随者的战略类型

(1)紧密追随。紧密追随是指在尽可能多的细分市场和营销组合中模仿市场领先者的做法。在这种情况下,市场追随者很像是一个市场挑战者。但是市场追随者采取避免与市场领先者直接发生冲突的做法,使市场领先者的既有利益不受妨碍或威胁。比如,在产品功能上,市场追随者可以和市场领先者一致;但是,却在品牌声望上和市场领先者保持一定差距。

(2)有距离追随。市场追随者总是和市场领先者保持一定的距离,如在产品的质量水平、功能、定价的性能价格比、促销力度、广告密度以及分销网点的密度等方面,都不使市场领先者和挑战者觉得市场追随者有侵入的态势或表示。市场领先者往往很乐意有这种追随者存在,并让它们保持相应的市场份额,以使市场领先者自己更符合"反垄断法"的规定。采取这种策略的市场追随者一般靠兼并更小的企业来获得增长。

(3) 选择追随。采取在某些方面紧跟市场领先者,而在另外一些方面又走自己的路的做法。这类企业具有创新能力,但是它在整体实力不如对方时需要采用完全避免直接冲突的做法,以便企业有时间悉心培养自己的市场和竞争实力,可望在以后成长为市场挑战者。

四、市场补缺者的竞争战略

市场补缺者也被称为市场利基者,是指选择某一特定较小之区隔市场为目标,提供专业化的服务,并以此为经营战略的企业。除了寡头竞争行业,其他行业中都存在一些数量众多的小企业,这些小企业差不多都是为一个更小的细分市场或者是为一个细分市场中存在的空缺提供产品或服务。如台湾地区就有不少照相器材产品制造商,专为世界大公司主流产品生产配套产品,如快门线、镜头盖用的连接线、脚架套等;台湾地区也是目前世界上最大的计算机配套产品生产地。再如我国许多街道小厂,原来生产冰箱保护器这类小产品等。由于这些企业对市场的补缺,可使许多大企业集中精力生产主要产品,也使这些小企业获得很好的生存空间。

1. 市场补缺者应该具有的特点

作为市场补缺者,在竞争中最关键的是应该寻找到一个或多个安全的和有利可图的补缺基点。理想的市场补缺者应该具有的特点:

(1) 有足够的市场需求量或购买量,从而可以获利。

(2) 有成长潜力。

(3) 为大的竞争者所不愿经营或者是忽视了的。

(4) 企业具有此方面的特长,或者可以很好地掌握补缺基点所需要的技术,为顾客提供合格的产品或服务。

(5) 企业可以靠建立顾客信誉保卫自己,对抗大企业攻击。

2. 补缺者的竞争发展方向

补缺战略的关键其实是"专业化",即利用分工原理,专门生产和经营具有特色的或是拾遗补缺的、为市场需要的产品或服务。由于是在一个较小的领域内追求较大的市场份额,因此补缺也可以使那些最小的企业获得发展或者是取得较高的投资盈利。一般而言,在下列几方面可以找到专业化的竞争发展方向:

(1) 最终使用者的专业化。企业专门为最终使用用户提供服务或配套产品。如一些较小的计算机软件公司专门提供防病毒软件,成为"防病毒专家"。

(2) 纵向专业化。企业专门在营销链的某个环节上提供产品或服务。如专业性的设备搬运公司、清洗公司等。

(3) 顾客类型专业化。市场补缺者可以集中力量专为某类顾客服务。如在产业用品市场上,存在许多为大企业所忽视的小客户,市场补缺企业专为这些小客户服务。某些小型装修公司,专门承接家庭用户的住房装修业务,这些是大型装修公司所不愿意做的。

(4) 地理区域专业化。企业将营销范围集中在比较小的地理区域,这些地理区域往往具有交通不便的特点,为大企业所不愿经营。

(5) 产品或产品线专业化。企业专门生产一种产品或是一条产品线,而所涉及的这些产品,是被大企业看作市场需求不够、达不到经济生产批量要求而放弃的,这就为市场补缺者留下很好的发展空缺。如家用电器维修安装业务。

(6) 定制专业化。当市场领先者或是市场挑战者在追求规模经济效益时,市场补缺者往往可以碰到许多希望接受定制业务的顾客。专门为这类客户提供服务,构成一个很有希望的市场。近年来,我国城市中的许多家庭,在住房装修、家具等产品和服务方面越来越倾向于定制,就为许多小企业或个体业主提供虽是分散却是数量极大的营销机会。

(7) 服务专业化。专门为市场提供一项或有限的几项服务。近年来,我国城市中出现的许多"搬家服务公司""家教服务中心""农技服务公司""种子服务公司"等,就是小企业采用的这类专业化发展的做法和实例。

课后案例

九阳全自动豆浆机

1994年,工程师王旭宁发明了集磨浆、滤浆、煮浆等诸功能于一身的九阳全自动豆浆机。这一年王旭宁下海创业创建九阳公司,追随他的是和他一样年轻的北方交通大学的师兄弟们。该年被九阳人自豪地称之为:九阳元年。不起眼的九阳公司最初选择的同样是一个不起眼的产品——豆浆机。齐鲁大地这块沃土是豆浆机的诞生地,它的出现是豆浆制作方法的一次革命,结束了中国人过去一直用石磨做豆浆的时代。

新生产品的生产者必须耗费大量力气去培养消费者的消费习惯。1994年,第一批2 000台豆浆机生产出来了,当时很多商场别说认同豆浆机,就是见也没见过,想进去卖要费很多周折,讲解、演示。就这样,这批豆浆机堆在库里无人问津,九阳人心急如焚。由此发生了一件事,被九阳的创业者们称作九阳公司的第一个标志性事件。1994年11月,在《齐鲁晚报》上紧贴在通档广告上方出现一则1厘米高的宣传九阳豆浆机的反白长条补缝广告,花钱不多,效果却出奇的好。补了几次缝下来,到1995年春节前,2 000台豆浆机便销售一空。1995年,九阳豆浆机的销售突破了一万台。自此年轻的九阳深深感知到宣传的重要性。要想让消费者真正认同豆浆机,必须从宣传大豆及豆浆对人体的益处做起。自那以后,九阳宣传大豆与豆浆营养知识的软文广告开始席卷全国媒体,前后与其合作的媒体有500家之多。从与报刊共同推出专栏,宣传豆浆的健康功效,到参与央视《夕阳红》栏目活动,再到"国家大豆行动计划"的推广,继而在央视《东方时空》和《开心辞典》投入品牌广告,九阳豆浆机的市场宣传策略已从"引导消费豆浆"转移到"引导消费九阳豆浆机"。九阳不但在市场中活了下来,并且带动发展起了一个新兴的豆浆机行业。

每年占销售收入20%～30%的研发投入,强大的营销网络的支持,支撑起了九阳行业内第一品牌的地位。刚问世时豆浆机缺点一点不比优点少:一煮就糊、粘机且清洗困难、电机工作不稳、返修率高等等。不突破技术障碍,豆浆机必将被淘汰出局。要生存下去,九阳就必须不断完善技术,进行技术革新。九阳的发展壮大过程也是技术创新过程。1994年,九阳创新地将电机上置式安装;1996年,九阳发明了"外加豆"技术;1998年,针对消费者对豆浆机清洗困难的反馈新创了"智能不粘"技术;2001年,"浓香技术"产品在九阳研发成功并投入规模化生产。2001年8月,九阳豆浆机荣获中国首届外观设计专利大赛二等奖。2001年10月,荣获首届中国企业"产品创新设计奖"优秀奖。2003年12月,九阳豆浆机JYDZ-17,电磁炉JYC-24E、JYC-21D,三款产品荣获中国工业设计"奥斯卡奖"。2001年4月,荣获"中国专利山东明星企业称号"。2001年8月,荣获山东省第六届专利奖金奖。到今天,九阳牌系列家用豆浆机拥有23项国家专利。

到1997年底,九阳公司省内外的办事处已达10家,有200多家经销商,由于销售采取总经销制,加之总部的宣传支持,公司年销售收入逾千万元,完成了最初的原始积累。1998年到1999年,九阳优化了自己的销售网络,对经销商加以筛选,同时加大了管理力度。销售网络优化效果很好,利润增长明显。目前,九阳已在全国地市级以上城市建立了200多个服务网点,做到了凡是有九阳产品销售的地区均有九阳的服务机构,并在行业内率先在全国大部分城市实行了上门服务。在小家电行业内九阳公司形成罕见的客户和售后深度服务能力。

进入1998年,九阳度过了最艰难的创业开拓期,实力渐强。九阳豆浆机一机风行,诱发了投资者效仿的热潮,一时间全国各地如雨后春笋般新生了100余家豆浆机生产企业,有规模成气候的如福建的迪康,广东的科顺、雄风,河南的田山等。2001年6月18日,荣事达在沈阳宣布全面进入小家电市场,并声称要在2年内成为豆浆机的主导品牌。10天之后,美的公司也宣布斥资3 000万元进入豆浆机领域,豆浆机公司随即成立,并计划年内生产能力达到150万台,进入行业前两名。其他曾进入豆浆机行业的大家电企业还有海尔、澳柯玛等。

作为豆浆机行业的主导品牌,九阳面对纷至沓来的激烈竞争,并未显得手忙脚乱。他们在2001年度投入大量科研经费,研发了全新的专利"浓香技术";推出九阳小海豚浓香豆浆机,迅速畅销全国。在品质管理方面,除进行常规的各项生产检验外,还单独成立了多个实验室,如电机实验室、成品实验室等,对关键配件和整机进行全面实验检测。2001年,九阳豆浆机销量达到160万台。九阳公司通过在技术方面不断推陈出新,远远甩开了竞争对手,这是九阳在豆浆机行业市场上市场占有率始终维持在80%以上、销量年年第一的"法宝"。在保持快速技术创新的同时,九阳公司根据形势做出战略调整,为了在新技术、新材料、新工艺等方面赶上潮流,同时降低制造成本,在北方驻守了近十年后的九阳决定将公司的研发和制造重心南移,利用当地丰富的OEM资源,将研发、制造和销售3个重点减为2个重点,其中的制造环节将慢慢淡出。2003年,九阳营业额近3亿元,其中2亿元来自豆浆机。

豆浆机毕竟是小家电的边缘产品,即使占有80%的市场,也觉得自己的那一块蛋糕太小,全国大约只有3个亿的市场。固守着豆浆机这一单一产品,很难让企业实现持续的快速增长。九阳人想做的是"小家电第一品牌",于是继豆浆机之后,九阳2001年进入电磁炉行业,九阳人想通过电磁炉再实现成功的一跃。九阳电磁炉自上市以来,也取得了不凡业绩。2003年3月,九阳电磁炉荣列"全国市场同类产品六大畅销品牌"。2003年度九阳位居全国电磁炉行业前两名,成为电磁炉行业主导品牌。

思考题:
1. 九阳豆浆机长时间占据市场领导地位的原因是什么?
2. 九阳公司针对大量的市场挑战者和市场追随者,采取了何种竞争策略?

营销实训

一、实训目的、要求

通过实训,要求学生能够了解目标企业的概况,分析目标企业目前在本行业中所处的地位,并根据以上信息执行相应的行业竞争战略。

二、实训主要内容

(1) 企业竞争状况分析。

(2) 行业竞争战略的选择。

三、实训准备

学生先收集目标企业相关行业背景资料。

四、实训资料

背景企业情况资料。

五、实训操作步骤

第一步:制订本次实训的计划和时间表。

第二步:对背景企业做出的行业进行调查分析。

第三步:制定背景企业的市场竞争战略方案。

第四步:确定具体的竞争战术。

第五步:将制定的竞争方案反馈给目标企业。

第六步:对企业的反馈进行总结。

六、实训成果

企业竞争战略实施分析计划书。

第五章 营销调研

学习目标

1. 掌握市场调研的意义、类型和内容；
2. 理解市场调研的一般程序和方法；
3. 了解市场预测的内容和方法，具备收集、整理、分析市场调研的基本职能。

引导案例

丰田汽车公司的市场研究

日本丰田汽车公司在竞争情报的研究、利用上的确显得娴熟。通过对竞争情报的研究，丰田公司准确地把握着美国汽车市场。美国是汽车生产强国，它的汽车基本占领了本国市场。可是丰田汽车公司通过本国的竞争情报研究机构对美国汽车生产企业进行了全面的了解，同时对美国汽车的性能特点、市场购销状况、消费趋势等进行了大量的调查和分析，得出了结论：美国汽车豪华气派，但耗油量大、价格高；当时国际石油供应紧张，汽油价格上涨，使耗油量成为汽车消费者考虑的重要因素。丰田汽车公司根据这一结论，很快设计出外形美观、耗油量小、价格低的汽车投放美国市场。通过对美国汽车市场竞争格局进行全面地分析使得丰田汽车公司成功地叩响美国汽车市场大门并取得了骄人的成绩。

丰田汽车公司业绩"勋功章"有竞争情报一半以上的功劳。丰田汽车公司尤为重视销售信息，丰田汽车销售公司下设"计划调查部"，配备了数学、统计、机械工程等方面的专家60多人，准确而及时地汇集、筛选各地的调查资料，为决策提供依据。调查内容多达60多项，每年调查的对象涉及6万人以上，花在调查上的费用高达7亿日元，调查面之广，开支之大，在日本是极少见的。丰田汽车销售公司总经理神谷正太郎还为其建立了强有力的情报机构，只要掌握了国内外市场动向，就能迅速而准确地做出决策。

第一节　营销调研概述

为了在瞬息万变的市场上求生存、求发展，寻找新的市场机会，避开风险，企业必须具有较强的应变能力，能够及时做出正确的决策。然而，正确的决策来自全面、可靠的市场营销信息。企业必须重视对市场营销信息的收集、处理及分析，为企业决策提供依据。在企业的市场营销管理过程中，每一步都离不开营销调研。因为，在市场营销的分析、计划、实施和控制的每一阶段，营销管理者都需要信息，需要关于顾客、竞争者、中间商以及其他方面的信息，而营销调研是取得这些信息的一个最重要的途径。

小资料

著名营销大师科特勒说过："营销环境一直不断地创造新机会和涌现威胁……持续地监视和适应环境对企业的命运至关重要……许多公司并没把环境变化作为机会……或由于长期忽视宏观的变化而遭受挫折。"

一、市场调研的含义和作用

（一）市场调研的含义

美国市场营销协会（AMA）对市场调研所下的定义为：市场调研（市场调查）是一种通过信息将消费者、顾客和公众与营销者连接起来的职能。这些信息用于识别和确定营销机会及问题，产生、提炼和评估营销活动，监督营销绩效，改进人们对营销过程的理解。市场调研规定解决这些问题所需的信息，设计收集信息的方法，管理并实施信息收集过程，分析结果，最后要沟通所行的结论及其意义。简单地说："市场调研是指对与营销决策相关的数据（商品交换过程中发生的信息）进行计划、收集和分析并把结果向管理者沟通的过程。"

市场营销调研实质上就是取得和分析整理市场营销信息的过程。市场信息作为除资金、原料、机器和人才之外的第五项资源，在企业营销中具有举足轻重的地位。可见，市场营销调研是企业市场营销的基础，认真做好这一工作，对于企业把握消费者需求，制定正确的产品、价格、营销渠道和促销策略，选择目标市场，保持和扩大市场占有率，达到企业的营销目标等，具有重要作用。

为此，无论是西方国家，还是我国的许多企业，都十分重视市场营销调研。运用先进的信息技术和信息手段，建立自己的信息系统和信息网络，为企业提供最新的市场信息及其分析，给企业带来巨大效益。

（二）市场调研的作用

企业市场营销的目标是要满足顾客的需要。为了实现这一目标，要求企业营销人员必须了解和研究市场,必须运用科学的手段进行市场营销调研。在市场竞争激烈的情况下,市场调研的作用就更加重要。对市场信息、资料收集得越多,分析得越准确,产品的销路则会越好,因此,市场调研已成为各企业共同关注的问题,其重要作用主要表现在以下几个方面:

（1）为企业决策提供依据。企业在生产经营过程中,需要做出各种各样的决策。只有在收集到相关资料后,才能根据企业自身的实际情况确定营销活动的最佳方案,做出决策。经营策略的正确与否建立在准确的资料来源的基础之上,再加上管理人员的正确判断,就会使企业在代价很小的情况下取得最好的效益。

（2）有助于企业开拓市场,开发新产品。市场调研可以使企业了解和掌握消费者的消费趋向、新的要求以及对本企业产品的期望等等。如果调研结果表明开发新产品或改造老产品才能维持企业应有的收益时,那么产品生产的及时转向就会使企业的销售出现新的高潮。

（3）有利于企业在竞争中占据有利地位。"人无我有,人有我优,人优我转"的经营策略是每一个企业对付市场竞争的有效方法,企业亦不例外。知己知彼,才能与竞争对手进行较量,而这同样要借助于市场调研,通过调查摸清竞争对手经营策略、产品优势、经营力量、促销手段、占有市场的情况以及竞争产品之所以受欢迎的原因。通过市场调研,了解对手的情况,就可以在竞争中绕开对手的优势,发挥自己的长处,或针对竞争对手的弱点,突出自身的特色,以吸引消费者选择本企业的产品。

（4）促进企业经营管理的改善,增加销售,增加营利。企业生产或经营的好坏,最终取决于经营管理者的管理水平。重视市场调研,不断收集和获取新的信息,才能熟知生产和管理技术发展的最新动态,找出自身的差距,从而向更先进的水平靠拢。

现代经营管理注重的是科学化和理性化的管理,它是建立在拥有大量数据和文字资料基础之上的。管理决策不能凭经验,而要以对大量资料进行分析后的结果为依据,做出科学的判断。因此,重视市场调研是提高企业管理水平的基础。

当今的时代是科学技术飞速发展的时代,市场调研可以及时掌握与企业相关领域新产品和新技术的发展状况,为采用新技术和新设备创造良好的条件。只有不断采用高新技术的企业,才能超前于其他同类企业,保持自己的竞争优势。同时,高新技术要求新的管理方式和经营观念,它们之间相辅相成,促使企业不断改善管理水平,以达到高产值、低消耗、多销售和少支出的目的。

二、市场调研的内容和类型

（一）市场调研的内容

主要涉及影响营销策略的宏观因素和微观因素,如需求、产品、价格、促销、分销、竞争、外部环境等。根据不同的调研目的,调研内容的侧重点也会有很大不同。总体来讲,市场调研的内容大致包括以下几个方面：

（1）市场需求调研。市场的需求是企业营销的中心和出发点，企业要想在激烈的竞争中获得优势，就必须详细了解并满足目标客户的需求。因此，对市场需求的调研是市场调研的主要内容之一。市场需求调研包括：市场需求量的调研、市场需求产品品种的调研、市场需求季节性变化情况调研、现有客户需求情况调研（数量、品种）。

（2）产品调研。产品调研的目的是能够按消费者的需要不断推出新产品。调研内容有：产品设计、产品功能及用途、产品品牌或商标、产品包装、产品的生命周期、产品销售服务及产品开发。

（3）价格调研。价格会直接影响到产品的销售额和企业的收益情况，价格调研对于营销企业制定合理的价格策略有着至关重要的作用。价格调研的内容包括：产品市场需求、变化趋势的调研；国际产品市场走势调研；市场价格承受心理调研；主要竞争对手价格调研；国家税费政策对价格影响的调研。

（4）促销调研。促销调研主要侧重于消费者对促销活动的反应，了解消费者最容易接受和最喜爱的促销形式。具体内容包括：调研各种促销形式是否突出了产品特征，是否起到了吸引客户、争取潜在客户的作用。

（5）分销渠道调研。分销渠道选择合理，产品的储存和运输安排恰当，对于提高销售效率、缩短运输周期和降低运输成本有着重要的作用。因此，分销渠道的调研也是产品市场调研的一项重要内容。分销渠道调研的内容主要包括：对批发商、连锁零售商的经营状况、销售能力的调研；配送中心规划的调研；物流优化组织的调研；如何降低运输成本的调研等等。

（6）营销环境调研。营销环境调研的内容包括：政治法律环境、经济发展环境、国际产品市场环境、产品技术环境、替代产品发展、竞争环境等等。

在营销实践中，进行任何市场调研都是为了更好地了解产品市场，搞清战略失败的原因或减少决策中的不确定性。为这些目的而进行的市场调研称为应用性市场调研。市场调研工作需要收集市场规模、竞争对手、消费者等方面的相关数据，并基于相关数据的支持提出市场决策建议。

（二）市场调研的类型

1. 按市场调查的范围不同分类

（1）全面调查。又称普查，它是对构成市场总体的全部个体单位——进行调查，是一种专门组织的不连续的一次性调查，所取得的资料主要是市场总体在一定时点上的总量资料，如人口普查、物资库存普查等。通过全面调查可以了解总体的详尽资料，准确把握市场的变化方向和程度。但此类调查由于调查单位众多，相当费时费力，一般企业难以采用，只有政府部门才可以组织实施。

（2）非全面调查。对构成市场总体的部分单位进行调查，以了解市场现象的基本情况或据此对市场总体进行推断,有重点调查、典型调查、抽样调查。目前所进行的市场调查多为非全面调查,此类调查运用灵活,花费少,适用面广。

2. 按照调查的目的和功能分类

(1) 探测性调查。探测性调查是为了界定问题的性质以及更好地理解问题的环境而进行的小规模的调研活动。特别有助于把一个大而模糊的问题表达为小而精确的子问题以使问题更明确,并识别出需要进一步调研的信息(通常以具体的假设形式出现)。探测性调查有时也用来使调研人员更加熟悉问题,这在调研人员刚接触某类问题时更加明显(如市场调研人员首次为某一公司工作)。探测性调查也可用来澄清概念。总之,探测性调查适合于那些我们知之甚少的问题。

(2) 描述性调查。正如其名,处理的是总体的描述性特征。描述性调查寻求对"谁""什么""什么时候""哪里"和"怎样"这样一些问题的回答。不像探测性调查,描述性调查基于对调查问题性质的一些预先理解。尽管调研人员对问题已经有了一定的理解,但对决定行动方案必需的事实性问题做出回答的结论性证据仍需要收集。

(3) 因果性调查。因果性调查是调查一个变量是否引起或决定另一个变量的研究,目的是识别变量间的因果关系。无论变量所处的环境如何,当且仅当一个变量的变化将导致另一变量的变化,可以认为两个变量之间是因果关系。在描述性调查中已收集了变量的资料,并指出其间的相互关联,但究竟是何种关系,则是因果关系研究的任务。从描述性调查的资料来看,销售与广告支出有关联,不过有关联不一定就表示两者之间有因果关系,有可能是竞争产品的质量下降或销售不力所造成的。就算销售与广告支出有因果关联,但何者为因?何者为果?销售增加是否一定因广告支出增加所影响?反之也可以说广告支出的增加是销售增加的结果,因为一些企业的广告支出预算是根据销售额的某一固定比例确定的。究竟两者的真正关系何在,就要通过因果关系调查来解答。在市场调查的各种方法中,实验法是因果关系研究的重要工具。

3. 按市场调查的方法不同分类

(1) 观察调查。对于被调查的问题或现象,有调查人员亲临调查现场进行观察并加以记录,例如为考察某一道路或路段的商业价值,可派调查人员观察人口流速流量;为了解某橱窗设计是否具有吸引力,可派人在橱窗前观察顾客驻足观望的人数;为了解顾客对服装的需求偏好,可派人在服装柜台前观察顾客的言行等。

(2) 询问调查。通过信函、电话、电脑网络或当面交流等方式向被调查者收集有关市场信息资料的调查活动,例如某企业走访并听取用户对本企业产品质量、性能、售后服务等方面的意见和建议,以问卷形式向消费者了解对某种产品的消费心理、购买习惯、购买频率等。

(3) 实验调查。将调查对象置于一定的条件下,通过小规模的实验来收集有关资料,了解其发展变化情况。例如不同广告宣传媒体对产品销售的影响、产品采取何种包装对产品销售的影响、价格变动或分销渠道的变化对产品销售的影响都可以用实验调查方法来收集第一手资料,为企业制定合理的营销方案提供依据。

还有其他一些分类,按不同的组织形式可划分为经常性市场调查、定期性市场调查和一次性专题市场调查。按调查内容划分为宏观环境调查、微观环境调查和企业自身活动调查等等,各种不同类型的市场调查,在实际调查中往往是相辅相成的,不能绝对的分割开来。

案例展示

兰德公司预测朝鲜战争的结局

美国兰德公司是美国乃至世界最负盛名的民间决策咨询机构,被誉为现代智囊的"大脑集中营""超级军事学院",以及世界智囊团的开创者和代言人,可以说是当今世界的第一智库。在朝鲜战争爆发前8天,美国民间咨询公司兰德公司通过秘密渠道告知美国对华政策研究室,他们投入了大量人力和资金研究了一个课题:"如果美国出兵韩国,中国的态度将会怎样?"而且第一个研究成果已经出来了,虽然结论只有一句话,却索价500万美元。当时美国对华政策研究室认为这家公司是疯了,他们一笑置之。但是几年后,当美军在朝鲜战场上被中朝联军打得丢盔卸甲、狼狈不堪时,美国国会开始辩论"出兵韩国是否真有必要"的问题,在野党为了在国会上辩论言之有理,急忙用280万美元的价格买下了该咨询公司这份已经过了时的研究成果。研究的结论只有一句话:"中国将出兵朝鲜。"但是,在这一句话结论后附有长达600页的分析报告,详尽地分析了中国的国情,以充分的证据表明中国不会坐视朝鲜的危机而不救,必将出兵并置美军于进退两难的境地。并且,这家咨询公司断定:一旦中国出兵,美国将以不光彩的姿态主动退出这场战争。从朝鲜战场回来的美军总司令麦克阿瑟将军得知这个研究之后,感慨道:"我们最大的失策是怀疑咨询公司的价值,舍不得为一条科学的结论付出不到一架战斗机的代价,结果是我们在朝鲜战场上付出了830亿美元和十多万名士兵的生命。"

第二节 市场调研的程序和方法

一、市场调研的程序

市场调研是设计、收集、分析和报告信息,从而解决某一具体营销问题的过程,它是一项有序的活动,它包括确定问题与调研目标、拟定调研方案、收集信息、分析信息、提出结论并撰写调研报告。

图 5-1 营销调研的程序

(一) 确定问题与调研目标

定义问题是营销调研流程中一个相当重要的步骤。对问题清晰、简洁的陈述是营销调研成功的关键。"当一个问题被确定的时候,这个问题已经解决了一半。"这可以称得上营销学上的真理。但事实上,说往往比做容易。在我们发现问题的时候并没有意识到真正的问题出在什么地方。例如销售下降了,市场份额减少了,但为什么会有这种现象呢?是竞争者抢走了市场份额,还是整体的市场萎缩,或者是替代品的出现等等。市场份额丢失和盈利都只是症状而已,研究人员的任务不仅仅是描述症状,还应当处理潜在的问题,就像生病去看医生,我们只能描述问题症状。引起症状的原因是多样化的:可能是对手采取更高明的促销手段,本公司产品的分销渠道不够充分,或者其他因素。只有确定了这些潜在的原因以后,才能够准确地阐明问题。

在问题定义后,可以确立调研目标。确定调研目标的一个好方法是询问"解决问题需要什么信息"。调研目标是在问题定义后的进一步的延伸。如果按调研目标执行调研并获得相应的信息后,问题便可以得到解决。

(二) 拟定调研方案

目标确定后就要拟定调研方案,这是调研的第二步。调研方案是指导市场调研工作的总纲,一个有效的调研方案应包括以下内容:信息来源、调研方法、调研工具、调研方式、调研对象、费用预算、调研进度、培训安排等。

(三) 收集信息

调研方案得到批准后,调研人员就可以执行调研方案。营销调研的重要任务是收集信息,这是调研的第三步,具体工作如下:

(1) 确定资料的来源。收集第一手资料时,应明确资料是来源于用户、中间商、企业推销员还是企业协作单位、同行竞争对手、专家等。收集第二手资料时,应明确资料是来源于企业内部的报表资料、销售数据、客户访问报告、销售发票、库存记录,还是来源于国家机关、金融机构、行业组织、市场调研或咨询机构发表的统计数字,或院校研究所的研究报告、图书馆藏书或报纸杂志。

(2) 确定收集资料的方法。收集第一手资料应明确是采用访问法、观察法或实验法,还是多种方法并举。收集第二手资料时也应明确采用何种方法,如直接查阅、购买、交换、索取或通过情报网委托收集。

（3）设计调查表或问卷。收集第一手资料时，一般需要被调查者填写各种表格或问卷。其设计合理与否，直接关系到资料的准确性。因此，必须设计出合理、规范的调查表或问卷。

（4）抽样调查设计。企业在市场调研中普遍采用抽样调查，即从被调查的总体中选择部分作为样本进行调查，再用样本特性推断总体特性。为了科学地进行抽样调查，必须设计出合适的抽样方法和样本容量。

（5）现场实地调研。组织调研力量，采用各种方式到现场获取资料。现场调研工作的好坏直接影响到调研结果的正确性，必须由经过严格挑选并加以培训的调查人员按规定进度和方法收集所需资料。

（四）分析信息

分析信息是调研的第四步，主要目的包括：分析得到信息的渠道是否可靠、分析信息内容的准确性、分析信息间的相互关系和变化规律。信息分析的一般过程包括整理审核、分类编码、统计制表、利用统计软件进行数据分析等。

（五）提出调研结论并撰写调研报告

营销调研的最后步骤是对营销调研结果做出准确的解释和结论，编写成调研报告。调研报告是对问题的集中分析和总结，也是调研成果的反映。报告可以分为专门报告和综合报告两类。

二、市场调研的方法

营销调查方法选择是否合理会直接影响调研结果。为此，合理选用调研方法是营销调研工作的重要环节。依据信息来源不同，可分为文案调查法和实地调研法两种类型。

（一）文案调查法

1. 文案调查法的含义

文案调查法又称资料查阅寻找法、间接调查法、资料分析法或室内研究法。它是利用企业内部和外部现有的各种信息、情报，对调查内容进行分析研究的一种调查方法。文案调查要求更多的专业知识、实践经验和技巧，这是一项艰辛的工作，要求有耐性、创造性和持久性。

2. 文案调查法的利弊

文案调查简便易行、省时省力，具有较强的机动灵活性，能随时根据需要，收集、整理和分析各种调查信息，容易组织和实施；文案调查可以发现问题并为企业决策提供重要参考，几乎所有的调查都可始于收集现有资料，只有当现有资料不能提供足够的证据时才进行实地调查；如有必要进行实地调查，文案调查可为实地调查提供经验和大量背景资料;文案调查不受时空限制,从时间上看,文案调查不仅可以掌握现实资料,还可获得实地调查所无法取得的历史资料,从空间上看,文案调查既能对内部资料进行收集,还可掌握大量的有关外部环境方面的资料。

作为市场调研的首选方法,文案调查法得到了广泛应用,但也存在很大的局限性。文案调查依据的主要是历史资料,其中过时资料比较多,现实中正在发生变化的新情况、新问题难以得到及时地反映,所以时效性较差;所收集、整理的资料和调查目的往往不能很好地吻合,对解决问题不能完全适用,收集资料时易有遗漏;文案调查要求调查人员有较扎实的理论知识、较深的专业技能,否则在工作中将力不从心。此外,由于文案调查所收集的文案的准确程度较难把握,有些资料是由专业水平较高的人员采用科学的方法搜集和加工的,准确度较高,而有的资料只是估算和推测的,准确度较低。因此,应明确资料的来源并加以说明。

3. 文案调查法的基本要求

文案调查的特点和功能,决定了调查人员在进行文案调查时应该满足以下几个方面的要求:

(1) 广泛性。文案调查对现有资料的收集必须周详,要通过各种信息渠道,利用各种机会,采取各种方式大量收集各方面有价值的资料。一般来说,既要有宏观资料,又要有微观资料;既要有历史资料,又要有现实资料;既要有综合资料,又要有典型资料。

(2) 针对性。要着重收集与调查主题紧密相关的资料,善于对一般性资料进行摘录、整理、传递和选择,以得到有参考价值的信息。

(3) 时效性。要考虑所收集资料的时间是否能保证调查的需要。随着知识更新速度加快,调查活动的节奏也越来越快,资料适用的时间在缩短,因此,只有反映最新情况的资料才是价值最高的资料。

(4) 连续性。要注意所收集的资料在时间上是否连续,只有连续性的资料才便于动态比较,便于掌握事物发展变化的特点和规律。

(二) 实地调查法

实地调查法是针对第一手资料,即直接取自调研对象的原始资料收集。基本方法有询问法、观察法、实验法。

1. 询问调查法

询问调查法又称访问法、直接调查法,是调查者将事先准备好的调查事项向被调查者提出询问,以获得所需资料的一种方法。它把市场调研人员事先拟订的调查项目或问题以某种方式向被调查者提出,以当面、电话或者书面等不同的形式要求给予答复,由此获取被调查者或消费者的动机、意向、态度等方面的信息,它是在市场调研中收集第一手资料最常用、最基本的方法。在实际应用中,根据调查人员同被调查者接触方式不同,询问调查法又可分为面谈调查法、邮寄调查法、电话调查法和留置调查法等。

(1) 面谈调查法。面谈调查法,是指派调查人员当面访问被调查者,询问与营销活动有关问题的方法。它是询问法中的一种常用方法。面谈调查可分为个人面谈和小组面谈两种方式。个人面谈时调查员到消费者家中、办公室或在街头进行一对一面谈。小组面谈是邀请6～10名消费者,由有经验的调查者组织对方讨论某一产品、服务或营销措施,从中获得更有深度的市场信息。小组面谈是设计大规模市场调研前的一个重要步骤,它可以预知消费者的感觉、态度和行为,明确调查所要了解的资料和解决的问题。

(2) 邮寄调查法。是指调查人员将设计印刷好的调查问卷通过邮政系统寄给已选定的被调查者,由被调查者按要求填写后再寄回来,调查者根据对调查问卷整理分析,得到市场信息。采用邮寄调查法,首先是要选择好邮寄调查的对象。一般可利用各种通讯录、名册等,也可利用电脑,电脑中储存了大量客户的名单,从中抽选部分客户,作为邮寄调查的对象。其次,要努力提高调查问卷的回收率。邮寄调查的问卷回收率低。为了提高问卷回收率,一般方法有:一是在寄出调查问卷时,一定要附上空白信封和邮票。在信封上已事先写好调查单位的地址,并贴上足够邮票,这会使被调查者感到真诚,并增强了回答问卷的责任感。二是物质上的激励,即随问卷附上某种有价值的东西,如优惠购物券、小礼物等。这些措施有益于提高问卷回收率。

(3) 电话调查法。是指调查人员通过电话向被调查者询问有关内容来收集市场信息资料的调查方法。电话调查一般以电话簿为基础,进行随机抽样,然后拨通电话来调查。在发达国家,由于电话普及率很高,运用电话调查向分散的消费个人(或家庭)进行调查比较普遍。近年来,由于我国经济的高速发展,通讯事业不断进步,电话已进入消费者家庭,采用电话调查的条件已经初步具备。电话调查法的优点有及时性、经济性、深入性;其缺点主要有调查询问时间较短、资料显示的形式少、主动性较差。电话调查一般用于初步调查、初步收集基本资料,或用于筛选样本的调查,以便找出合乎条件的特定样本。

(4) 留置调查法。是调查人员将调查问卷当面交给被调查者,并详细说明调查目的和填写要求,留下问卷,由被调查者自行填写,再由调查人员定期收回问卷的一种调查方法。留置调查法问卷回收率高,被调查者可以当面了解填写问卷的要求,避免由于误解提问内容而产生误差。填写时间较充裕,便于思考回忆。主要缺点是调查地域范围小,调查费用高。从方法本身而言,置留调查是介于邮寄调查和面谈调查之间的一种方法,调查问卷设计与邮寄调查相似,但提问方式可以更灵活、更具体,因为有不清楚的地方,填写人可当面澄清疑问。

2. 观察调查法

观察调查法是调查者亲临现场,通过感官的耳闻目睹或借助工具,对调查对象进行有针对性的直接观察和记录,取得生动感性的信息资料的一种调查方法。观察调查不是直接向调查对象提问访谈,而是凭借着调查人员的直观感觉或利用照相机、摄像机、录音机等器材,观察和记录调查对象的活动或现场事实。例如,在超市的天花板上安装电视摄像机,追踪顾客在店内的购物过程,据此来考虑重新陈列商品,以便于顾客选购;在商店内某些罐头商品货架上安装摄像机,记录顾客目光的运动过程,以便摸清顾客如何选择各种品牌。

3. 实验调查法

实验调查法是指在控制的条件下对所研究的现象的一个或多个因素进行操纵,以测定这些因素之间的关系,它是因果关系调研中经常使用的一种行之有效的方法。实验方法来源于自然科学的实验求证,现在广泛应用于市场调研,是市场营销学走向科学化的标志。这种调查方法主要用于新产品试销和新方案实施前的调查。如某新产品在大批量生产之前,先生产一小批投入市场进行销售试验。试验的目的一是看该新产品的质量、品种、规格、外观是否受欢迎;二是了解产品的价格是否被用户所接受。实验调查法是比较科学的调查方法,取得的资料比较准确,但实验周期较长,研究费用昂贵,严重影响了实验方法的广泛使用。

三、问卷设计技术

问卷调查是市场营销调研中较常用、较为有效的方法,是用于收集第一手资料的最普遍的工具,是沟通调查人员与被调查对象之间信息交流的桥梁,通过问卷调查可以使企业根据调查结果了解市场需求、消费者倾向等,从而做出相应的决策,促进企业的发展。

(一) 调查问卷的设计

调查问卷的设计是市场调研的一项基础性工作,需要认真仔细地设计、测试和调整,其设计得是否科学直接影响到市场调研的成功与否。

1. 调查问卷设计原则

(1) 主题明确。根据调查目的,确定主题,问题目的明确,突出重点。

(2) 结构合理。问题的排序应有一定的逻辑顺序,符合被调查者的思维程序。

(3) 通俗易懂。调查问卷要使被调查者一目了然,避免歧义,愿意如实回答。调查问卷中语言要平实,语气诚恳,避免使用专业术语。对于敏感问题应采取一定技巧,使问卷具有较强的可答性和合理性。

(4) 长度适宜。问卷中所提出的问题不宜过多、过细、过繁,言简意赅,回答问卷时间不应太长,一份问卷回答的时间一般不应超过 30 分钟。

(5) 适于统计。设计时要考虑问卷回收后的数据汇总处理,便于进行数据统计处理。

2. 设计调查问卷的程序步骤

设计调查问卷要求有清晰的思路、丰富的经验、一定的设计技巧以及极大的耐心。设计调查问卷的过程应当遵循一个符合逻辑的顺序。

基本步骤为:

(1) 深刻理解调研计划的主题。

(2) 决定调查表的具体内容和所需要的资料。

(3) 逐一列出各种资料的来源。

(4) 写出问题,要注意一个问题只能包含一项内容。

(5) 决定提问的方式,哪些用多项选择法,哪些用自由回答法,哪些需要作解释和说明。

(6) 将自己放在被调查人的地位,考察这些问题能否得到确切的资料,哪些能使被调查人方便回答,哪些难以回答。

(7) 按照逻辑思维,排列提问次序。

(8) 每个问题都要考虑怎样对调查结果进行恰当的分类。

(9) 审查提出的各个问题,消除含义不清、倾向性语言和其他疑点。

(10) 以少数人应答为实例,对问卷进行小规模的测试。

(11) 审查测试结果,对不足之处予以改进。

(12) 打印调查问卷。

3. 调查问卷的组成

(1) 前言。主要说明调查主题、调查目的、调查的意义以及向被调查者致意等等。最好强调调查与被调查者的利害关系,以取得被调查者的信任和支持。

(2) 正文。它是问卷的主体部分。依照调查主题,设计若干问题要求被调查者回答。这是问卷的核心部分,一般要在有经验的专家指导下完成设计。

(3) 附录。可把有关调查者的个人档案列入,也可以对某些问题附带说明,还可以再次向消费者致意。附录可随各调查主题不同而增加内容。

结构要合理,正文应占整个问卷的 2/3~4/5,前言和附录只占很少部分。

4. 调查问卷的外观

问卷的外观也是调查问卷设计中不可忽视的一个重要因素。外观影响到访问者是否愿意、顺畅、容易地答题,诸如问卷所用的纸张品种、颜色,问卷的编排,字体样式等,都会影响到访问者回答问卷的质量水平。因此,调查问卷外观的设计应注意以下几点:

(1) 小张纸比大张纸好。四小张比两大张使应答人感到有压力的可能性小。

(2) 外观庄重、正式的问卷可使应答者感觉到这是一份有价值的问卷。

(3) 问卷应当只印在纸张的一面,而且必须为答案留出足够的空白,关键词应当画线或用醒目字体。

(4) 问卷的每一页应当印有供识别用的顺序号,以免在整理时各页分散。

5. "有问题"的调查问卷

一份调查问卷是由许多问题组成的,而调查问卷是非常灵活的,这就涉及多种提问方法和技巧。一份调查问卷需要对每一个问题进行分析、测试和调整,它的设计是否合理,是否能取得真实可靠的第一手资料,应答人员是否易于回答,等等。一份好的调查问卷必定是经过深思熟虑的,不应该是"有问题"的。

(二) 问卷的提问方法与技巧

一份调查问卷要想成功取得目标资料,除了做好前期大量的准备工作外,在具体操作设计问题时,一般有两种提问方式:封闭式提问和开放式提问。提问方式从一定程度上决定了调查问卷水平质量的高低。

1. 封闭式提问

封闭式提问指被调查人在包括所有可能的回答中选择某些答案。这种提问法便于统计,但答案伸缩性较小,较常用于描述性、因果性调研。

2. 开放式提问

开放式提问允许被调查人用自己的话来回答问题。这种方式的提问由于被调查者不受限制,因此可揭露出许多新的信息,供调查方参考。开放式提问运用于探测性调研阶段,了解人们的想法与需求。一般来说,开放式提问因其不易统计和分析,所以在一份调查问卷中只能占小部分,因此选择要谨慎,所提的问题要进行预试,再广泛采用。

四、抽样调查技术

抽样调查是一种非全面调查,它是从全部调查研究对象中抽选一部分单位进行调查,并据此对全部调查研究对象做出估计和推断的一种调查方法。

采用抽样调查要注意以下几点:①确定抽样对象。这是解决向什么人调研的问题。例如,要想了解家庭购买住房的决策过程,应调研丈夫、妻子还是其他成员?②选择样本大小,即调研多少人的问题。③确定抽样方法。根据样本抽取方式的不同,抽样调查技术可以分为两种:概率抽样和非概率抽样。

(一) 概率抽样

所谓概率抽样,就是完全排除人们主观的有意识选择,按照等概率原则抽取样本,在总体中每一个体被抽取的机会是均等的一种调查方法。主要有:

(1) 简单随机抽样法。也称纯随机抽样法,就是用纯粹偶然的方法从总体中抽取若干个体作为样本,抽样者完全不作任何有目的选择的一种调查方法。

(2) 分层随机抽样法。就是先将总体按与调查目的相关的特性分层,然后每一层再按一定比例简单随机抽取样本的一种调查方法。分层时,要尽量使各层之间具有显著不同的特性,而同一层内的个体则具有共性。分层抽样法可提高样本的代表性及对总体指标估计值的精确性,避免简单随机抽样法中样本可能过于集中某些特性而遗漏另一些特性的缺点。

(3) 分群随机抽样法。就是先将调查的总体按一定标准分成若干个群体,然后按随机原则从这些群体中抽取部分群体作为样本,对作为样本的群体中的每一个体逐一进行调查的一种调查方法。分群随机抽样法所划分的各群体,其特性大致相近,而各群体内则要包括各种其他特性不同的个体。

(4) 等距随机抽样法。就是先将总体样本进行编号,然后按一定抽样距离进行抽样的一种调查方法。抽样距离由母体总数除以样本数而得。

(二) 非概率抽样

所谓非概率抽样,就是按照调查的目的和要求,根据一定标准来选取样本,也就是对总体中的每一个体不给予被抽取的平等机会的一种调查方法。主要有:

(1) 任意抽样法。就是随意抽取样本的一种调查方法。是否作为样本,主要根据调查人员的方便与否和被调查者的合作与否而定。此法适用于总体中各个体特性差别不大的情况。优点是使用方便,成本低;缺点是抽样偏差大,结果不可靠。

(2) 判断抽样法。就是根据专家意见或调查者的主观判断来选定样本的一种调查方法。例如,某企业要调查各中间商销售其产品的情况,可根据主观经验的判断,选定一些具有代表性的中间商作为调查对象。优点是:能适合特殊需要,调查的回收率较高。缺点是:易出现主观判断的误差。一般适用于样本数目不多的市场调查。

(3) 配额抽样法。就是先将调查对象按规定的控制特性分层并分配一定的样本数目,然后由调查员按判断抽样的原则选取具体样本的一种调查方法。优点是:简便易行,成本低,没有总体名单也可进行。缺点是:控制特性较多时,计算复杂,且缺乏统计理论依据,无法准确估计误差。

课后案例

廉政公署:香港廉政风暴部队

拥有1 300多名职员的廉政公署,被称为香港最精干、最快速的"廉政风暴部队",也是国际社会公认的最有成效的反贪机构。

香港廉政公署总部的办公地点设在港岛中环的东昌大厦,就是这幢不起眼的大楼曾令多少贪污腐败分子闻风丧胆,甚至锒铛入狱。廉署查案,经常会请嫌疑人到公署喝咖啡以协助调查。因此如果廉署要请某位官员喝咖啡,就意味着他要大祸临头了。以致廉政公署的官员笑说:"我的一些朋友找我,一说要到廉署,就说,我们不用喝咖啡,茶或柠檬都行。"

单面镜证人认人时非常有趣,证人可以从外面清楚地看到里面,而里面的犯人却一点也看不到外面。以前,罪犯站成一圈,证人围着他们走,认出来后就拍一拍罪犯的肩膀。由于要当面接触,不少证人不敢站出来认人。所以廉署于1987年率先在香港执法机关中使用这种单面镜,保护证人的安全。每次认人时,廉署会请一些临时演员来,把犯人混在他们中间,证人只需在镜后面说出号码。临时演员可不是免费的,一个人一个小时要给250港元。

廉署的拘留中心曾经关押过不少贪污重犯,打开铁闸,里面有床有桌椅,干净整洁,光线充足。关上房门,廉署工作人员能够通过门上的猫眼来监视房内的动静。据介绍,罪犯住进拘留室之前,首先要"打包头",也就是把随身物品比如手表、皮带等等交给廉署人员保管。这样做,一来防止他们自杀,二来也保护廉署工作人员的安全。真正喝咖啡的盘问室挺简单,4张沙发椅,1张三角台,除了2部录像机全程录像之外,这个令贪污分子丧胆的地方并没有什么特别设施。

思考题:

廉政公署的工作人员用什么样的方法收集信息?这种方法有何特点?应用时应该注意哪些问题?

营销实训

一、市场调研实训

目的:熟练掌握营销调研的步骤,加深对营销调研的认识和理解。

内容:假定要在你所在的学校开设一个面积为300平方米的超市,请设计一套调研方案,详细了解同学们的消费状况。

要求:

1. 充分考虑男女同学的区别。
2. 考虑同学们的消费行为特征。
3. 考虑消费时间、地点。
4. 集思广益,充分讨论,使方案具有可实施性。

二、文案调研实训

演练要求:

通过上网或到图书馆查阅资料等方式,找到3个以上与市场调研有关的企业失败或成功的案例。对3个案例中企业成败的原因进行详细的讨论,思考各种促使企业失败或成功的因素所占的分量。

集体讨论,每位同学阐述自己最为典型的案例,然后,其他同学提出问题让其回答,加深认识。

演练指导:

可把学生分成若干小组,以组为单位进行。资料可以到图书馆、互联网查找或深入企业收集。

第六章 目标市场营销战略

学习目标

1. 了解市场细分的涵义,明确目标市场、市场定位的概念;
2. 熟悉市场细分的标准和方法;
3. 能够进行有效的市场细分,选择正确的目标市场;
4. 掌握目标市场策略和市场定位策略及运用。

引导案例

案例一 定位就是要找到合适的空子——江崎泡泡糖

日本泡泡糖市场年销售额约140亿日元,大部分为"劳特"所垄断。江崎糖厂成立市场研究班子,专门研究霸主"劳特"产品的不足和缺点,寻找现有市场的缝隙。经过周密调研,他们发现了"劳特"的4个漏洞:一是以成年人为对象的泡泡糖市场正在扩大,而"劳特"仍把重点放在儿童市场上;二是消费者的需求日趋多样,而"劳特"的产品主要是单一的果味型;三是"劳特"多年来一直生产着单调的条板状泡泡糖,缺乏新型花样;四是"劳特"产品的定价不科学,单位产品定价110日元,顾客购买时还需再掏10日元的硬币,深感不便。鉴于此,江崎糖厂大举生产功能型泡泡糖,改进包装和造型,把单位价格定在50日元和100日元两种,以补"劳特"之不足。此举成功,使江崎糖业的市场占有率由0骤升至25%,当年销售额高达125亿日元。这一营销策略的成功,引起各行各业极大的反响,不少行业纷纷检讨自己的营销策略是否存在漏洞。

案例二 小米的市场细分及定位

小米手机是小米公司研发的一款高性能发烧手机,主要针对手机发烧友,采用线上销售模式。在年龄层次上更适合年轻人购买和认同,在性别上男女都适合。因为其系统是开放的,方便手机发烧友刷系统,而发烧友往往是一群年轻的群体,小米官网上过一段时间就会推出新系统,方便用户刷系统。

小米公司对小米市场的定位十分明确,面向消费者开发高性价比的发烧终端。小米手机采用转移的电子商务渠道,通过官方销售网站小米网销售,并且在将来很长一段时间内成为小米手机最重要的销售渠道。适应目标市场的消费方式,而且利用网络渠道,节约了构建现实营销渠道的时间和资源,大大地节约了成本。手机分各种机型、各种等级,价格不一样,定位也不同,手机的外观和PCBA板的设计和所带的功能也不同。国内市场的各家品牌,手机大部分都是定位于普通消费者。高端玩家对手机配置要求极高,喜欢流畅的操作体验、玩3D游戏、观看高清电影,很多国际一线厂商都注重高端手机的开发,但是,高端机昂贵的价格让很多爱机人士望而却步,小米手机凭借着高配置和中等价格迅速俘获了人气,占领了一定市场。从中可以看出,产品的价格定位是影响市场需求和购买行为的主要因素之一,直接关系到企业的收益。产品的价格策略运用得当,会促进产品的销售,提高市场占有率,增加企业的竞争力。

第一节 市场细分

一、市场细分的涵义及作用

(一) 市场细分的涵义

市场细分是指企业按照消费者需求的差异性,把某一产品的整体市场划分为若干个各有相似欲望和需求的子市场的过程。因此,分属于同一细分市场的消费者,他们的需要和欲望极为相似;分属于不同细分市场的消费者,对同一产品的需要和欲望存在着明显的差别。对这个概念可以从以下方面加深理解:

(1) 细分市场是细分消费者,而不是细分商品。市场细分不是产品分类,而是同种产品的消费者分类。市场细分不是把市场分为服装市场、食品市场等,而是把同一产品分为由具有不同特性的消费者所组成的子市场,如"黄金搭档"保健品将目标市场细分为中老年、青年、儿童市场。

(2) 市场细分的基础和理论依据是消费需求的异质性理论。产品属性是影响消费者购买行为的重要因素,顾客对产品不同属性的重视程度不同,形成不同的需求偏好,这种需求偏好差异的存在是市场细分的客观依据。一般而言,消费者对一种产品的偏好分为3种类型:同质偏好、分散偏好和集群偏好。

(3) 市场细分是一个经常性的、反复的过程,消费者对产品的需求的特征并非一成不变,它随着社会、文化和经济的发展而处于不断发展变化之中,它也不仅仅是一个自然过程,企业可以通过营销影响它。

(4) 市场细分是企业选择目标市场和制定市场营销策略的基础。

企业细分市场的目的在于根据各个细分市场的特点,采取相应的对策,进行有效的市场营销活动。例如，有的消费者喜欢计时基本准确、价格比较便宜的手表，有的消费者需要计时准确、耐用且价格适中的手表，有的消费者要求计时准确、具有象征意义的名贵手表。手表市场据此可细分为3个子市场。

（二）市场细分的作用

细分市场是从消费者的角度进行划分的，是根据市场细分的理论基础，即消费者的需求、动机、购买行为的多元性和差异性来划分的。通过市场细分对企业的生产、营销起着极其重要的作用。

(1) 有利于选择目标市场和制定市场营销策略。市场细分后的子市场比较具体，比较容易了解消费者的需求，企业可以根据自己的经营思想、方针及生产技术和营销力量确定自己的服务对象，即目标市场。针对较小的目标市场，便于制定特殊的营销策略。同时，在细分的市场上，信息容易了解和反馈，一旦消费者的需求发生变化，企业可迅速改变营销策略，制定相应的对策，以适应市场需求的变化，提高企业的应变能力和竞争力。

(2) 有利于发掘市场机会，开拓新市场。通过市场细分，企业可以对每一个细分市场的购买潜力、满足程度、竞争情况等进行分析对比，探索出有利于本企业的市场机会，使企业及时做出投产、移地销售决策或根据本企业的生产技术条件编制新产品开拓计划，进行必要的产品技术储备，掌握产品更新换代的主动权，开拓新市场，以更好适应市场的需要。

(3) 有利于集中人力、物力投入目标市场。任何一个企业的人力、物力、资金等资源都是有限的。通过细分市场，选择了适合自己的目标市场，企业可以集中人、财、物及资源，去争取局部市场上的优势，然后再占领自己的目标市场。

(4) 有利于企业提高经济效益。上述3个方面的作用都能使企业提高经济效益。除此之外，企业通过市场细分后，可以面对自己的目标市场，生产出适销对路的产品，既能满足市场需要，又可增加企业的收入；产品适销对路可以加速商品流转，加大生产批量，降低企业的生产销售成本，提高生产工人的劳动熟练程度，提高产品质量，全面提高企业的经济效益。

细分市场是有一定客观条件的。社会经济的进步、人们生活水平的提高、顾客需求呈现出较大差异时，细分市场才成为企业在营销管理活动中急需解决的问题。因此只有商品经济发展到一定阶段、市场上商品供过于求、消费者需求多种多样、企业无法用大批量生产产品的方式或差异化产品策略有效地满足所有消费者需要的时候，细分市场的客观条件才具备。但是，细分市场不仅是一个分解的过程，也是一个聚集的过程。所谓聚集的过程，就是把对某种产品特点最易做出反应的消费者集合成群。这种聚集过程可以依据多种标准连续进行，直到识别出其规模足以实现企业利润目标的某一个消费者群。

二、市场细分的依据

(一) 消费者市场细分依据

常用的几个具有代表性的市场细分的依据主要有地理变量、人文变量、心理变量、行为变量(见表6-1)。

表6-1 消费者市场细分依据

细分标准		具体项目
地理变量	行政区划	东北、华北、华东、中南、西南、西北
	城镇	直辖市、省会城市、大城市、中等城市、小城市、乡镇
	自然环境	高原、山区、丘陵、平原、湖泊、草原
	气候条件	干燥、潮湿、温暖、严寒
人文变量	性别	男性、女性
	年龄	婴幼儿、儿童、少年、青年、中年、老年
	职业	工人、农民、干部、公务员、教师、经理、厂长、营销员等
	收入(元)	人均300以下、300~500、501~1 000、1 001~2 000、2 001以上
	教育	小学及以下、中学、大学、研究生
	家庭状况	1~2人、3~4人、5人以上
	宗教信仰	佛教、道教、基督教、天主教、伊斯兰教
	民族	汉、回、蒙、藏、苗、傣、壮、高山、朝鲜族等
心理变量	社会阶层	上上层、上层、中上层、中层、中下层、下层
	相关群体	家庭、亲朋、工作同事、团体、协会、组织、明星
	生活方式	传统型、保守型、现代型、时髦型
	个性特征	理智型、冲动型、情绪型、情感型
行为变量	利益诉求	品牌、质量、价格、功效、式样、包装、服务
	购买时机	规律性、无规律性、季节性、节令性、非节令性
	使用状况	从未使用过、少量使用过、中量使用过、大量使用过
	使用频率	曾经使用者、首次使用者、经常使用者
	品牌忠诚	坚定忠诚者、不坚定忠诚者、转移者、非忠诚者

1. 按地理变量细分市场

按照消费者所处的地理位置、自然环境来细分市场,比如,根据国家、地区、城市规模、气候、人口密度、地形地貌等方面的差异将整体市场分为不同的小市场。地理变数之所以作为市场细分的依据,是因为处在不同地理环境下的消费者所表现出的消费观念、价值观念、购买性格特征、流行与时尚都具有明显的不同,他们对企业采取的营销策略与措施会有不同的反应。如,由于居住环境的差异,城市居民与农村消费者在室内装饰用品的需求上大相径庭。例如,以饮食的口味偏好来说,云、贵、川地区人们喜爱吃麻辣,是因为这些地区冬季阴冷、潮湿,而花椒和辣椒有活血抗寒、祛风湿之功效。亚洲人喜欢吃热汤面,而美国人没有吃热汤面的饮食习惯,而是喜好"吃面条时干吃面,喝热汤时只喝汤",绝不会把面条和热汤混在一起食用。印度人不像中国人一样使用筷子,所以在印度出售的面条长度要短些,口味要更香浓,要用蔬菜代替肉类,因为许多印度人是素食者。

地理变量易于识别,是细分市场应考虑的重要因素,但处于同一地理位置的消费者需求仍会有很大差异,简单的以某一地理特征区分市场,不一定能真实反映消费者的需求共性与差异,企业在选择目标市场时,还需结合其他细分变量予以综合考虑。

2. 按人文变量细分市场

按人文统计变量,如年龄、性别、家庭规模、家庭生命周期、收入、职业、教育程度、宗教、种族、国籍等为基础细分市场。消费者需求、偏好与人口统计变量有着很密切的关系。比如,只有收入水平很高的消费者才可能成为高档服装、名贵化妆品、高级珠宝等的经常买主。人口统计变量比较容易衡量,有关数据相对容易获取,由此构成了企业经常以它作为市场细分依据的重要原因。哪里有人群,哪里就有衣、食、住、行等各种需求。而人们在性别、年龄、职业、民族等方面的不同,也形成了人们在生理、心理、社交、兴趣、爱好等方面明显的差异,从而形成了以人文变量划分的不同需求的细分市场。例如,服装市场就可以用性别变量细分为男式服装市场和女式服装市场;用年龄变量来细分,又可以分为婴幼儿服装市场、少儿服装市场、青年服装市场、中年服装市场、老年服装市场;按档次也可分为高、中、低档服装市场。又如,书籍、文化用品、艺术品,文化层次及受教育水平高的消费者群体,其需求量明显高于其他群体。而且,职业因素所带来的需求差别也是极为明显的。

(1) 性别。由于生理上的差别,男性与女性在产品需求与偏好上有很大不同,如在服饰、发型、生活必需品等方面均有差别。像美国的一些汽车制造商,过去一直是迎合男性要求设计汽车,现在,随着越来越多的女性参加工作和拥有自己的汽车,这些汽车制造商正研究市场机会,设计具有吸引女性消费者特点的汽车。

(2) 年龄。不同年龄的消费者有不同的需求特点,如青年人对服饰的需求与老年人的需求差异较大,青年人需要鲜艳、时髦的服装,老年人需要端庄素雅的服饰。

(3) 职业与教育。指按消费者职业的不同、所受教育的不同以及由此引起的需求差别细分市场。比如,农民购买自行车偏好载重自行车,而学生、教师则喜欢轻型的、样式美观的自行车;又如,由于消费者所受教育水平的差异所引起的审美观具有很大的差异,诸如不同消费者对居室装修用品的品种、颜色等会有不同的偏好。

(4) 收入。高收入消费者与低收入消费者在产品选择、休闲时间的安排、社会交际与交往等方面都会有所不同。比如,同是外出旅游,在交通工具以及食宿地点的选择上,高收入者与低收入者会有很大的不同。正因为收入是引起需求差别的一个直接而重要的因素,在诸如服装、化妆品、旅游服务等领域根据收入细分市场相当普遍。

(5) 家庭生命周期。一个家庭,按年龄、婚姻和子女状况,可划分为 7 个阶段。在不同阶段,家庭购买力、家庭人员对商品的兴趣与偏好会有较大差别。

① 单身阶段:年轻单身,几乎没有经济负担,是新消费观念的带头人,娱乐导向型购买。

② 新婚阶段:年轻夫妻,无子女,经济条件比较好,购买力强,对耐用品、大件商品的欲望、要求强烈。

③ 满巢阶段:年轻夫妻,有 6 岁以下子女,是家庭用品购买的高峰期,不满足现有的经济状况,注意储蓄,购买较多的儿童用品。

④ 满巢阶段:年轻夫妻,有 6 岁以上未成年子女,经济状况较好,购买趋向理智型,受广告及其他市场营销刺激的影响相对较小,注重档次较高的商品及子女的教育投资。

⑤ 满巢阶段:年长的夫妇与尚未独立的成年子女同住,经济状况仍然较好,妻子或子女皆有工作,注重储蓄,购买冷静、理智。

⑥ 空巢阶段:年长夫妇,子女离家自立,前期收入较高,购买力达到高峰期,购买较多老年人用品,如医疗保健品,娱乐及服务性消费支出增加,后期退休收入减少。

⑦ 孤独阶段:单身老人独居,收入锐减。特别注重情感、关注等需要及安全保障。

除了上述方面,经常用于市场细分的人口变数还有家庭规模、国籍、种族、宗教等。实际上,大多数公司通常是采用两个或两个以上人文统计变量来细分市场。

3. 按心理变量细分市场

根据购买者所处的社会阶层、生活方式、个性特点等心理因素细分市场就叫心理细分。它是消费者在购买、使用及消耗商品或劳务过程中反映出来的心理状态,可分为两类:一是本能性消费心理,决定于消费者的生活方式、个性特征;二是社会性消费心理,直接受社会阶层、相关群体的影响。总之,消费者的欲望、需求、购买动机、购买行为都直接受心理变量的影响。例如,多少年来全国商家乐此不疲采用的法宝"打折降价销售"、"惊爆价",就是针对庞大的,具有求实、求廉心理动机的中低收入消费群体。

(1) 社会阶层。社会阶层是指在某一社会中具有相对同质性和持久性的群体。处于同一阶层的成员具有类似的价值观、兴趣爱好和行为方式,不同阶层的成员则在上述方面存在较大的差异。很显然,识别不同社会阶层的消费者所具有不同的特点,对很多产品的市场细分将提供重要的依据。美国学者将美国社会分为 6 个阶层,即上上层、上下层、中上层、中下层、下上层、下下层。单就上上层和上下层来说,他们之间也有明显的需求差别。"老牌富豪"构成,他们出生于显赫世家,是政府、商界、文化圈中的领袖人物,也必然是消费"模范"。他们很少炫耀性地挥霍,而在教育上却不计代价。上下层由所谓的"暴发户"或新兴富豪构成。他们的财富是靠自己挣来的。新兴富豪都有一种强烈的愿望,即证明其所获得的地位,为此,常会炫耀自己,一掷千金地去追赶最为"尖端"的时髦。

(2) 相关群体。相关群体是指某个人的态度或行为有直接或间接影响的群体。相关群体对消费者购买行为的影响表现在:一是相关群体为每个人提供各种可供选择的消费行为或生活方式。二是相关群体引起人们的仿效欲望,从而影响人们对某种事物或商品的态度。例如"追星现象"就是青年人受相关群体中明星的影响。近几年,因韩国偶像剧而引发的"韩流"就直接迅猛地"席卷"了大江南北的无数青少年,他(她)们借助韩式服饰、发型,极丰富地表现出了超越传统的个性特征。

(3) 生活方式。通俗地讲,生活方式是指一个人怎样生活。人们追求的生活方式各不相同,如有的追求新潮时髦,有的追求恬静、简朴;有的追求刺激、冒险,有的追求稳定、安逸。西方的一些服装生产企业,为"简朴的妇女""时髦的妇女"和"有男子气的妇女"分别设计不同服装;烟草公司针对"挑战型吸烟者""随和型吸烟者"及"谨慎型吸烟者"推出不同品牌的香烟,均是依据生活方式细分市场。

(4) 个性特征。个性是指一个人比较稳定的心理倾向与心理特征,它会导致一个人对其所处环境做出相对一致和持续不断的反应。俗语说"人心不同,各如其面",每个人的个性都会有所不同。通常,个性会通过自信、自主、支配、顺从、保守、适应等性格特征表现出来。因此,个性可以按这些性格特征进行分类,从而为企业细分市场提供依据。在西方国家,对诸如化妆品、香烟、啤酒、保险之类的产品,有些企业以个性特征为基础进行市场细分并取得了成功。

4. 按行为变量细分市场

所谓行为变量,是指和消费者购买行为和习惯密切相关的一些因素,包括利益诉求、购买时机、使用者状况、使用频率和消费者对品牌的忠诚度等。根据购买者对产品的了解程度、态度、使用情况及反应等将他们划分成不同的群体,叫行为细分。行为变量能更直接地反映消费者的需求差异,因而成为市场细分的最佳起点。按行为变量细分市场主要包括:

(1) 利益诉求。消费者购买某种产品总是为了满足某种需要。企业提供产品的利益往往并不是单一的,而是多方面的。消费者对这些利益的追求有所侧重,如购买手表有的追求经济实惠、价格低廉,有的追求耐用可靠和使用维修的方便,还有的则偏向于显示出社会地位等。消费者购买商品最主要的目的,就是追求该商品能够给他带来怎样的利益。不同的消费者群所追求的利益效用各不相同。例如,对于洗发水来说,有的人重视其保护、滋润头发之功效;有的人追求其品牌时尚;有的人关注其治疗效果;也有人注重价格。因此,宝洁公司分别向市场中的不同消费者群体,推出 4 种不同利益诉求的洗发水:海飞丝——去头屑;潘婷——维他命原 B_5 营养发质;飘柔——柔顺光滑;沙萱——现代时尚;依卡璐——草本精华纯天然。

(2) 购买时机。根据消费者提出需要、购买和使用产品的不同时机,将他们划分成不同的群体。有人按季节规律购物,也有人反季节购买;有的人经常大量使用某产品,而有的人却很少使用。例如,城市公共汽车运输公司可根据上班高峰时期和非高峰时期乘客的需求特点划分不同的细分市场并制定不同的营销策略;生产果珍之类清凉解暑饮料的企业,可以根据消费者在一年四季对果珍饮料口味的不同,将果珍市场的消费者划分为不同的子市场。

(3) 使用频率。根据顾客是否使用和使用程度细分市场。通常可分为经常购买者、首次购买者、潜在购买者、非购买者。大公司往往注重将潜在使用者变为实际使用者,较小的公司则注重于保持现有使用者,并设法吸引使用竞争产品的顾客转而使用本公司产品。

(4) 使用数量。根据消费者使用某一产品的数量大小细分市场。通常可分为大量使用者、中度使用者和轻度使用者。大量使用者人数可能并不很多,但他们的消费量在全部消费量中占很大的比重。

(5) 品牌忠诚度。企业还可根据消费者对产品的忠诚程度细分市场。有些消费者经常变换品牌,另外一些消费者则在较长时期内专注于某一个或少数几个品牌。通过了解消费者品牌忠诚情况和品牌忠诚者与品牌转换者的各种行为与心理特征,不仅可为企业细分市场提供一个基础,同时也有助于企业了解为什么有些消费者忠诚本企业产品,而另外一些消费者则忠诚于竞争企业的产品,从而为企业选择目标市场提供启示。按照消费者对品牌的忠诚度来进行细分,可以将他们分为 4 类:①坚定的品牌忠诚者——非该品牌的不买;②不坚定的忠诚者——只忠诚于少数几个可以互相替代的品牌;③转移者——对品牌的偏好时常会转移;④非忠诚者——无忠诚之品牌。

另外,企业还可根据市场上顾客对产品的态度来细分市场。不同消费者对同一产品的态度可能有很大差异,如有的很喜欢持肯定态度,有的持否定态度,还有的则处于既不肯定也不否定的无所谓态度。针对持不同态度的消费群体进行市场细分并在广告、促销等方面应当有所不同。

小资料

针对不同的市场采取不同的细分依据进行细分

1. 交通不发达地区,人们对日用品的保质日期特别留意。某手机公司推出一款待机时间长达 30 天的手机专供偏远山区消费者使用。
2. 学生一族买衣服讲究休闲时尚;上班族买衣服偏向于端庄高贵。
3. 保洁公司推出海飞丝去头屑洗发水。
4. SK-Ⅱ以稳重自信的女性为对象,而美宝莲则专为追求潮流的女性定做。

(二)生产者市场细分的依据

许多用来细分消费者市场的标准,同样可用于细分生产者市场。如根据地理、追求的利益和使用率等变量加以细分。不过,由于生产者与消费者在购买动机与行为上存在差别,所以,除了运用前述消费者市场细分标准外,还可用一些新的标准来细分生产者市场。

(1)用户规模。在生产者市场中,有的用户购买量很大,而另外一些用户购买量很小。以钢材市场为例,像建筑公司、造船公司、汽车制造公司对钢材需求量很大,动辄数万吨地购买;而一些小的机械加工企业,一年的购买量也不过几吨或几十吨。企业应当根据用户规模大小来细分市场,并根据用户或客户的规模不同,企业的营销组合方案也应有所不同。比如,对于大客户,宜于直接联系,直接供应,在价格、信用等方面给予更多优惠;而对众多的小客户,则宜于使产品进入商业渠道,由批发商或零售商去组织供应。

(2)产品的最终用途。产品的最终用途不同也是工业者市场细分标准之一。工业品用户购买产品,一般都是供再加工之用,对所购产品通常都有特定的要求。比如,同是钢材用户,有的需要圆钢,有的需要带钢,有的需要普通钢材,有的需要硅钢、钨钢或其他特种钢。企业此时可根据用户要求,将要求大体相同的用户集合成群,并据此设计出不同的营销策略组合。

(3)工业者购买状况。根据工业者购买方式来细分市场。工业者购买的主要方式如前所述包括直接重购、修正重购及新任务购买。不同的购买方式,其采购程度、决策过程等不相同,因而可将整体市场细分为不同的小市场群。

三、有效市场细分的条件

企业可根据单一因素,亦可根据多个因素对市场进行细分。选用的细分标准越多,相应的子市场也就越多,每一子市场的容量相应就越小。相反,选用的细分标准越小,子市场就越少,每一子市场的容量则相对较大。如何寻找合适的细分标准,对市场进行有效细分,在营销实践中并非易事。一般而言,成功而有效的市场细分应具备以下条件:

(一)可进入原则——企业资源吻合

指细分出来的市场应是企业营销活动能够抵达的,亦即是企业通过努力能够使产品进入并对顾客施加影响的市场。一方面,有关产品的信息能够通过一定媒体顺利传递给该市场的大多数消费者;另一方面,企业在一定时期内有可能将产品通过一定的分销渠道运送到该市场,否则该细分市场的价值就不大。比如,生产冰淇淋的企业,如果将我国中西部农村作为一个细分市场,恐怕在一个较长时期内都难以进入。市场细分的可进入原则包括两个方面:一是政治法律环境对企业进入某个市场没有壁垒阻碍;二是企业的资源能力、竞争能力能够使企业了解和获取该细分市场的情报信息,能够展开市场营销组合策略,将产品及服务通过一定的分销渠道进入目标市场。

(二)可盈利原则——经营有利可图

通过细分,必须使子市场有足够的需求量,能够保证企业获取足够的利润,有较大的利润上升空间。即细分出来的市场其容量或规模要大到足以使企业获利。进行市场细分时,企业必须考虑细分市场上顾客的数量,以及他们的购买能力和购买产品的频率。如果细分市场的规模过小,市场容量太小,细分工作烦琐,成本耗费大,获利小,就不值得去细分。因此,市场在很多情况下不能无限制地细分下去,避免造成规模上的不经济。市场细分必须要把握一个前提条件,即细分出的子市场必须有足够的需求水平,是现实可能中最大的同质市场,值得企业为它制订专门的营销计划,只有这样,企业才可能进入该市场,才可能有利可图。

(三)可衡量原则——目标市场容量定量化

指细分的市场是可以识别和衡量的,亦即细分出来的市场不仅范围明确,而且对其容量大小也能大致做出明确的判断。企业选择细分市场的依据变量应该是可以识别、可以定量化的。应该能够用数据来描述细分市场中消费者的一些购买行为特征、勾廓细分市场的边界;能够用数据来表达和判断市场容量的大小。否则,既会使得细分市场边界模糊,准确划分很困难或无效划分,又会使得无法有针对性地制定营销战略。有些细分变量,如具有"依赖心理"的青年人,在实际中是很难测量的,以此为依据细分市场就不一定有意义。

(四)可操作性原则——经营运作的前提

企业能够以自身的资源占有能力、营销运作及管理控制能力,运用科学的方法对市场进行深入的调研分析,正确认识评估市场营销的宏观环境和微观环境,制定和灵活实施产品策略、价格策略、分销策略、促销策略,去影响和引领细分市场中的消费欲望、消费行为,并为之提供新的需求。

(五)对营销策略反应的差异性

指各细分市场的消费者对同一市场营销组合方案会有差异性反应,或者说对营销组合方案的变动,不同细分市场会有不同的反应。如果不同细分市场顾客对产品需求差异不大,行为上的同质性远大于其异质性,此时,企业就不必费力对市场进行细分。另一方面,对于细分出来的市场,企业应当分别制定出独立的营销方案。如果无法制定出这样的方案,或其中某几个细分市场对是否采用不同的营销方案不会有大的差异性反应,便不必进行市场细分。

四、市场细分的程序与方法

(一) 市场细分的程序

美国市场学家麦卡锡提出细分市场的一整套程序,这一程序包括7个步骤。

(1) 选定产品市场范围,即确定进入什么行业,生产什么产品。产品市场范围应以顾客的需求确定而不是以产品本身特性来确定。例如,某一房地产公司打算在乡间建造一幢简朴的住宅,若只考虑产品特征,该公司可能认为这幢住宅的出租对象是低收入顾客,但从市场需求角度看,高收入者也可能是这幢住宅的潜在顾客。因为高收入者在住腻了高楼大厦之后,恰恰可能向往乡间的清静,从而可能成为这种住宅的顾客。

(2) 列举潜在顾客的基本需求。比如,公司可以通过调查,了解潜在消费者对前述住宅的基本需求。这些需求可能包括:遮风避雨、安全、方便、宁静、设计合理、室内陈设完备、工程质量好等等。

(3) 了解不同潜在用户的不同要求。对于列举出来的基本需求,不同顾客强调的侧重点可能会存在差异。比如,经济、安全、遮风避雨是所有顾客共同强调的,但有的用户可能特别重视生活的方便,另外一类用户则对环境的安静、内部装修等有很高的要求。通过这种差异比较,不同的顾客群体即可初步被识别出来。

(4) 抽掉潜在顾客的共同要求,而以特殊需求作为细分标准。上述所列购房的共同要求固然重要,但不能作为市场细分的基础。如遮风避雨、安全是每位用户的要求,就不能作为细分市场的标准,因而应该剔出。

(5) 根据潜在顾客基本需求上的差异方面,将其划分为不同的群体或子市场,并赋予每一子市场一定的名称。例如,西方房地产公司常把购房的顾客分为好动者、老成者、新婚者、度假者等多个子市场,并据此采用不同的营销策略。

(6) 进一步分析每一细分市场需求与购买行为特点,并分析其原因,以便在此基础上决定是否可以对这些细分出来的市场进行合并,或作进一步细分。

(7) 估计每一细分市场的规模,即在调查的基础上,估计每一细分市场的顾客数量、购买频率、平均每次的购买数量等,并对细分市场上产品竞争状况及发展趋势做出分析。

(二) 市场细分的方法

企业在运用细分标准进行市场细分时必须注意以下问题:

(1) 市场细分的标准是动态的,是随着社会生产力及市场状况的变化而不断变化的。如年龄、收入、城镇规模、购买动机等都是可变的。

(2) 不同的企业在市场细分时应采用不同标准。因为各企业的生产技术条件、资源、财力和营销的产品不同,所采用的标准也应有区别。

(3)企业在进行市场细分时,可采用一项标准,即单一变量因素细分,也可采用多个变量因素组合或系列变量因素进行市场细分。

下面介绍几种市场细分的方法。

(1)单一因素法,即选用某一单个因素进行市场细分。1978年,资生堂公司在日本对化妆品市场进行调查以后,依据年龄因素,把潜在消费者分为4类:一类是15~17岁的女孩子,讲时髦,好打扮,对化妆品的需要意识很强烈,但购买的往往是单一的化妆品;第二类是18~24岁的姑娘,对化妆品很关心,并采取积极的消费行为,只要中意,价格再高也在所不惜,往往成套购买化妆品;第三类是25~34岁的青年妇女,多数已婚,对化妆品的需求心理和消费行为虽然有所变化,但化妆仍然是她们的生活习惯;第四类是35岁以上的妇女,分为积极派和消极派,但也显示了对单一化妆品的需要。这样就区分出了4个不同的细分市场。

(2)综合因素法。运用两个以上的因素同时从多个角度进行市场细分。比如,依据收入、家庭规模和车主年龄3个因素细分轿车市场,可以得到36(3×3×4)个不同的细分市场(图6-1),这种方法适合于消费者需求差别较为复杂的情况,要从多方面去分析、认识消费者的特点。

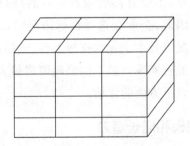

图6-1 综合因素分析法

(3)系列因素法。也用两个以上因素但是根据一定顺序逐次细分市场。细分的过程也就是一个比较、选择细分市场的过程,下一阶段的细分在上一阶段选定的细分市场中进行。例如,日本的黄樱酒酿造公司,依据以下思路进行市场细分:①依据地理标准对消费者分类,他们选中了日本关东地区;因为关西地区已有许多日本名酒,如"滩之名酒""伏见名酒"等品牌已有较大影响;关东地区尚无名酒品牌,许多人在酒店要酒时,只以"一级酒""二级酒"的称呼代之,没有特别指定某种酒的习惯,同时,关东地区属于日本首都圈,人口比较集中,约3 000万人,同其他地区相比亦占有较大优势。②依据消费者的年龄分类,"黄樱"选择了中年人士——他们通常是酒的爱好者、消费的主力。虽然在日本市场,威士忌、葡萄酒、白兰地等大量流入,但是日本烧酒也甚为流行。他们认为这个年龄层今后仍然是"黄樱"的支持者。③"黄樱"又用心理标准对中年人士喝酒追求的利益再次细分……最终确定了自己的目标市场(图6-2)。

图 6-2 黄樱酒细分市场的方法

第二节 目标市场选择

一、目标市场及其评估

企业的目标市场是企业营销活动所要满足的市场需求,是企业决定要进入的市场。企业的一切营销活动都是围绕目标市场进行的。选择和确定目标市场,是企业制定营销战略的首要内容和基本出发点,不仅直接关系着企业的经营成果以及市场占有率,而且还直接影响到企业的生存。因此,企业在选择目标市场时,必须认真评价目标市场的营销价值,从市场潜力、竞争状况以及本企业的资源条件、营销能力和营销特点全面分析评估,再研究是否值得去开拓,能否实现以最小的消耗取得最大的营销成果。一般来说,企业考虑进入的目标市场应作以下方面的评估:

(一)有一定的市场规模和增长潜力

要评估细分市场是否有适当规模和增长潜力,适当规模是与企业规模和实力相适应的。较小的市场对于大企业,不利于充分利用企业生产能力;而较大市场对于小企业,则小企业缺乏生产能力来满足较大市场的有效需求或难以抵御较大市场的激烈竞争。增长的潜力是要有尚未满足的需求,有充分发展的潜力。

(二)细分市场结构有足够的市场吸引力

吸引力主要是从获利的角度看市场长期获利率大小。市场可能具有适当规模和增长潜力,但从利润立场来看不一定具有吸引力。波特认为有 5 种力量决定整个市场或其中任何一个细分市场的长期的内在吸引力。细分市场可能具备理想的规模和发展特征,然而从赢利的观点来看,它未必有吸引力。

(三)符合企业的目标和资源

某些细分市场虽然有较大吸引力,但不能推动企业实现发展目标,甚至分散企业的精力,使之无法完成其主要目标,这样的市场应考虑放弃。另一方面,还应考虑企业的资源条件是否适合在某一细分市场经营。只有选择那些企业有条件进入、能充分发挥其资源优势的市场作为目标市场,企业才会立于不败之地。因此企业选择目标市场必须考虑:①是否符合企业的长远目标,如果不符合就只能放弃;②企业是否具备了在该市场获胜所需的技术和资源,如企业的人力、物力、财力等,如果不具备,也只能放弃。但是仅拥有必备的力量是不够的,还必须具备优于竞争者的技术和资源,具有竞争的优势,才适宜进入该细分市场。

二、目标市场模式选择

企业在对不同细分市场评估后,就必须对进入哪些市场和为多少个细分市场服务做出决策。一般来说,可采用的目标市场模式有 5 种(图 6-3)。

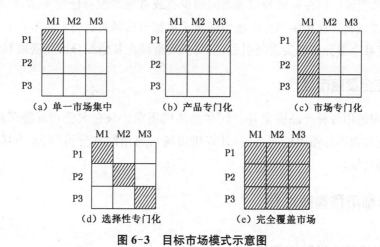

图 6-3 目标市场模式示意图

(一)单一市场集中

最简单的方式是公司选择一个细分市场集中营销。大众汽车公司集中经营小汽车市场,通过密集营销,公司更加了解本细分市场的需要,并树立了特别的声誉,便可在该细分市场建立巩固的市场地位。另外,公司通过生产、销售和促销的专业化分工,也获得了许多经济效益。如果细分市场补缺得当,公司的投资便可获得高报酬。但密集市场营销比一般情况风险更大。

(二)产品专门化

用此法集中生产一种产品,公司向各类顾客销售这种产品。例如显微镜生产商向大学实验室、政府实验室和工商企业实验室销售显微镜。公司准备向不同的顾客群体销售不同种类的显微镜,而不去生产实验室可能需要的其他仪器。公司通过这种战略,在某个产品方面树立起很高的声誉,但如果产品(显微镜)被一种全新的显微技术代替就会产生危机。

（三）市场专门化

市场专门化是指专门为满足某个顾客群体的各种需要而服务。例如公司可为大学实验室提供一系列产品，包括显微镜、示波器、化学烧瓶等。公司专门为这个顾客群体服务，而获得良好的声誉，并成为这个顾客群体所需各种新产品的销售代理商。但如果大学实验室突然经费预算削减，就会减少从这个市场专门化公司购买仪器的数量，这也会产生危机。

（四）选择性专门化

采用此法选择若干个细分市场，其中每个细分市场在客观上都有吸引力，并且符合公司的目标和资源。但在各细分市场之间很少有或者根本没有任何联系，然而每个细分市场都有可能赢利。这种多细分市场目标优于单细分市场目标，因为这样可以分散公司的风险，即使某个细分市场失去吸引力，公司仍可继续在其他细分市场获取利润。

（五）完全覆盖市场

是指公司想用各种产品满足各种顾客群体的需求。只有大公司才能采用完全市场覆盖战略，例如像国际商用机器公司（计算机市场）、通用汽车公司（汽车市场）和可口可乐公司（饮料市场）。

三、目标市场策略选择

（一）无差异市场营销策略

无差异市场营销策略是指企业将产品的整个市场视为一个目标市场，用单一的营销策略开拓市场，即用一种产品和一套营销方案吸引尽可能多的购买者。无差异营销策略只考虑消费者或用户在需求上的共同点，而不关心他们在需求上的差异性。可口可乐公司在20世纪60年代以前曾以单一口味的品种、统一的价格和瓶装、同一广告主题将产品面向所有顾客，就是采取的这种策略（图6-4）。

无差异营销的理论基础是成本的经济性。生产单一产品，可以减少生产与储运成本；无差异的广告宣传和其他促销活动可以节省促销费用；可以减少企业在市场调研、产品开发、制定各种营销组合方案等方面的营销投入。这种策略对于需求广泛、市场同质性高且能大量生产、大量销售的产品比较合适。

无差异市场营销策略一般适用于垄断产品、专利产品、新产品的导入期且市场同质性高或供不应求的产品。对于大多数企业、大多数产品来说并不一定合适。①消费者的需求客观上千差万别并不断变化，一种产品长期为所有消费者和用户所接受非常罕见。②当众多企业如法炮制，都采用这一策略时，会造成市场竞争异常激烈。同时在一些小的细分市场上消费者需求得不到满足,这对企业和消费者都是不利的。③易于受到竞争企业的攻击。当其他企业针对不同细分市场提供更有特色的产品和服务时,采用无差异策略的企业可能会发现自己的市场正在遭到蚕食,但又无力有效地予以反击。正由于这些原因,世界上一些曾经长期实行无差异营销策略的大企业最后也被迫改弦更张,转而实行差异性营销策略。被视为实行无差异营销典范的可口可乐公司,面对百事可乐、七喜等企业的强劲攻势,也不得不改变原来的策略,一方面向非可乐饮料市场进军,另一方面针对顾客的不同需要推出多种类型的新可乐。

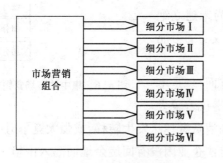
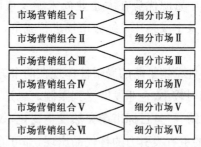

图 6-4　无差异市场营销策略　　图 6-5　差异性市场营销策略

(二) 差异性市场营销策略

差异性市场营销策略是将整体市场划分为若干细分市场,针对每一细分市场制定一套独立的营销方案。比如,服装生产企业针对不同性别、不同收入水平的消费者推出不同品牌、不同价格的产品,并采用不同的广告主题来宣传这些产品,就是采用的差异性营销策略。江苏森达集团,组织设计、销售、生产部门人员到全国各地进行市场调查,发放问卷数十万张,对收回的问卷进行综合分析,针对消费者对皮鞋的价格、风格、款式的不同要求进行市场细分,并制定了集团的产品分流战略:男女鞋分流、风格分流、档次分流、市场分流等,以满足不同层次、不同地域的消费需求。1998 年,森达皮鞋市场占有率达到 31.9%(图 6-5)。

差异性营销策略的优点是小批量、多品种,生产机动灵活、针对性强,使消费者需求更好地得到满足,由此促进产品销售。另外,由于企业是在多个细分市场上经营,因此在一定程度上可以减少经营风险;一旦企业在几个细分市场上获得成功,有助于提高企业的形象及提高市场占有率。

差异性营销策略的不足之处主要体现在两个方面:①增加营销成本。由于产品品种多,管理和存货成本将增加;由于企业必须针对不同的细分市场发展独立的营销计划,会增加企业在市场调研、促销和渠道管理等方面的营销成本。②可能使企业的资源配置不能有效集中,顾此失彼,甚至在企业内部出现彼此争夺资源的现象,使拳头产品难以形成优势。

(三) 集中性市场营销策略

实行差异性营销策略和无差异营销策略,企业均是以整体市场作为营销目标,试图满足所有消费者在某一方面的需要。集中性营销策略则是集中力量进入一个或少数几个细分市场,实行专业化生产和销售。实行这一策略,企业不是追求在一个大市场角逐,而是力求在一个或几个子市场占有较大份额(图6-6)。

集中性营销策略的指导思想是:与其四处出击收效甚微,不如突破一点取得成功。这一策略特别适合于资源力量有限的中小企业。中小企业由于受财力、技术等方面因素的制约,在整体市场可能无力与大企业抗衡,但如果集中资源优势在大企业尚未顾及或尚未建立绝对优势的某个或某几个细分市场进行竞争,成功的可能性更大。

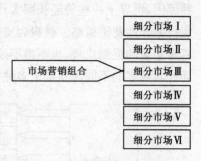

图6-6 集中性市场营销策略

集中性营销策略的局限性体现在两个方面:一是市场区域相对较小,企业发展受到限制。二是潜伏着较大的经营风险,一旦目标市场突然发生变化,如消费者趣味发生转移,或强大竞争对手的进入,或新的更有吸引力的替代品出现,都可能使企业因没有回旋余地而陷入困境。因此,采用该战略时必须密切注意市场动向,做好充分的应变准备。

小 资 料

企业根据市场情况所采取的市场策略

1. 可乐公司早期只生产5美分一瓶的可乐,后来发现小孩喝不完一瓶,于是很多家庭主妇不再为自己的孩子购买可口可乐。公司发现这一状况后又生产了3美分一瓶的可乐,将原有容量降低一半,3美分可乐上市后受到了孩子和家庭主妇的青睐。

2. 商店卖的都是右手使用的工具。德国一家文具公司分析这个现象:①有些工具左撇子用不了;②德国人11%是左撇子;③左撇子希望买到合心意的工具。于是开了间左撇子工具公司,生意兴隆。

3. 2004年,"他她饮品"的市场细分方法很独特,在此之前,国内饮料界的市场细分主要采用按年龄段分类的方法,或是按照饮品的品种来分类,或按功能分类。而"他她饮品"的细分方法却跳出了这种思路:横向切开,按男女来分。

四、影响目标市场策略选择的因素

(一) 企业的资源能力

企业的资源能力主要包括企业的人力、物力、财力等,这是选择目标市场的首要因素。如果企业的资源雄厚,人力、物力、财力充裕,则可采用差异性或无差异性市场营销策略。反之,如果企业的资源薄弱,人力、物力、财力不足,则实行集中性市场策略为宜。

例如,国内的不少企业,由于资源条件相对还很薄弱,如想在市场上占有一席之地,则宜采用集中性市场营销策略为上。

(二) 产品性差异

这是指产品自然属性的差异和消费者对产品需求选择的程度。一般来说,自然品质差异较小的产品,消费者对其产品特征的感觉相似程度较高,购买时的选择性较低,就可以采取无差异性营销策略。反之,品质差异性大、选择性强的产品,则宜采用差异性或集中性营销策略。

(三) 产品生命周期

企业应随着产品所处的寿命周期阶段的变化采取不同的营销策略。一般来说,企业的新产品处在投放市场的导入期宜采取无差异性营销策略,或针对某一特定细分市场实行集中性市场营销策略,以便提高产品的知名度,探测市场需求和潜在顾客情况,也有利于节约市场开发费用。当产品进入成长期和成熟期以后,竞争者增多时,应采取差异性营销策略,以应付竞争或开拓新的市场,延长产品生命周期。当产品进入衰退期后,企业为了集中力量对付竞争者,则宜采用集中性市场营销策略。

(四) 竞争者的策略

一般来说,企业所采用的营销策略应与竞争对手有所区别。当竞争对手采取无差异性市场策略时,本企业应实行差异性市场策略;而当竞争对手采用差异性市场战略时,本企业应考虑实行更深一层的差异性或集中性市场策略。当然,这只是一般原则,操作中还应根据竞争对手的力量和市场的具体情况而定。

(五) 市场特点

市场特点主要是指消费者需求偏好等方面的类似程度。如果某市场消费者的需求偏好大致相同,宜在该市场采用无差异性市场策略;反之,如果消费者的需求偏好差异较大,则宜采用差异性或集中性市场策略。根据目标市场各个消费者群的需求特点,分别设计几种不同的或特定的产品与营销组合。

目标市场的进入方式有:以技术优势挺进市场;借助企业原有的声誉挺进市场;填补空白,大胆全面地挺进市场收购现成的企业(是进入目标市场最为快捷的方式之一);以内部发展的方式进入市场;合作进入市场等。企业进入市场的时间选择也很重要,过早或过晚切入市场对企业经营都不利。尤其是季节性强或具有特定消费对象的产品,适时视情况切入市场会收到事半功倍的效果。

(六) 目标市场的道德选择

市场目标有时会引起争议。公众关注对容易被侵入群体(例如孩子)的不公平的营销者手段,或有弱点的群众(如城市贫民),或促销潜在的有害产品,当这些问题被涉及时,营销者需要负起社会责任。

第三节　市场定位

一、市场定位的概念

所谓市场定位,是指在目标市场中为产品找到一个与其他竞争产品相比,具有明确、独特而又恰当的位置。也就是说,市场定位要根据所选定目标市场上的竞争者产品所处的位置和企业自身条件,从各方面为企业和产品创造一定的特色,塑造并树立一定的市场形象,以求在目标顾客群中形成一种特殊的偏爱。企业认识和了解不同的消费者群,选择其中的一个或几个作为准备进入的目标市场,并针对该目标市场的特点制定和实施适当的营销组合方案,以满足目标消费者的需求。而企业通过对市场进行细分(Segmenting)、确定目标市场(Targeting)、进行市场定位(Positioning)(也称 STP 战略),决定营销组合策略,是企业营销成败的关键(图 6-7)。

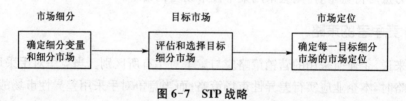

图 6-7　STP 战略

企业营销定位可分为产品定位、市场定位、企业定位和竞争定位等。市场定位的关键是找空子,那么你所要寻找的那个空隙必须是消费者心智中的空隙。这一市场空隙,只有与消费者心中的空隙吻合起来,才有可能获得营销的成功。市场定位不是一成不变的,要适时而动,因势而变。市场与战场一样风云变幻,市场定位要根据市场的变化而变化,对于产品和企业多元化的定位,应在每个细分市场中找到制胜点,防止事业范围的盲目扩张。否则,"城门失火,殃及池鱼",原有的事业也会受其拖累。

小资料

中国在奥运会上的"特殊定位"

如果单以"国家"的角度来看,其实,中国是最懂得运用"定位策略"的国家。在近几届奥运会上,中国健儿频频摘金,为全球华人挣足了面子。1996 年亚特兰大奥运会,中国攻下了 16 枚金牌排名第四;2000 年悉尼奥运会,中国更上一层楼,摘下了 28 枚金牌,名列全球第三;2004 年雅典奥运会则是摘下了 32 枚金牌,名列全球第二,使我国体育真正进入第一军团。特别是在希腊举行的 2004 年雅典奥运会上,共有 202 个国家(或地区),10 500 位顶尖选手,角逐 301 个项目的金牌,竞争之激烈可想而知。不可否认,东方人与西方人的体型先天上就有些差距,东方人灵巧,西方人高大,因此,中国摘金的定位是专攻西方人的弱项——"不够灵巧",换句话说,也就是主攻"灵巧、技术含量高"的项目,如跳水(8 金)、游泳(32 金)、射击(17 金)、体操(18 金)、乒乓球(4 金)、羽毛球(5 金);其次是攻取限制体型、分级分量的项目,如举重(15 金)、柔道(14 金)。今天,中国在奥运会上能够大放光芒,除了教练、选手及相关单位的努力之外,最大的功劳首推中国体育局正确地使用"市场区隔"和"定位策略",以中国人的灵巧和技术优势,在奥运会上为中国选手创造了新的"市场空间"。中国在奥运会上的伟大成就即是定位策略的成功案例之一,也非常值得企业界学习借鉴和研究。

二、市场定位流程

市场定位流程是指企业在调查研究的基础上,明确潜在的竞争优势、选择本企业的竞争优势和定位战略以及显示独特的竞争优势的方案策划。

(一)明确潜在竞争优势

(1)竞争者的定位状况。在市场上顾客最关心的是产品的属性和价格,因此,企业第一应该明确竞争者在目标市场上的定位,第二要正确衡量竞争者的潜力,判断其有无潜在竞争优势,据此进行本企业的市场定位。

(2)目标顾客对产品的评价标准。即要了解顾客对其购买的产品的最大偏好和愿望,以及他们对产品优劣的评价标准,作为定位的依据。

(3)明确竞争的优势。竞争优势产生于企业为顾客创造的价值,顾客愿意购买的就是价值。竞争优势有两种基本类型:一是成本优势;二是产品差异化,能提供更多特色以满足顾客的特定需要。

(二)选择相对竞争优势

经过分析,企业会发现许多潜在的优势,然而并不是每一种优势都是企业能够利用的,企业要善于发现并利用自身存在或创造出来的相对竞争优势。相对竞争优势是企业能够比竞争者做得更好的工作或在某方面胜过竞争者的能力,它可以是现有的,也可以是潜在的。

选择相对竞争优势可以采用比较方法,创造自己的竞争优势,据此进行本企业的市场定位。例如,以生产中低档手表为主的丹东手表工业公司,认识到自己无力与大企业名牌手表相抗衡,提出"走下铁路上公路,离开城市到农村"的营销战略,树立起适合农村消费者偏好的产品形象,选择了自己的竞争优势,确立了自己的市场定位。

(三) 显示独特的竞争优势

选定的竞争优势不会自动地在市场上显示出来,企业要进行一系列活动,使其独特的竞争优势进入目标顾客的眼球。企业应通过自己的理念识别系统、行为识别系统和视觉识别系统,向顾客表明自己的市场定位。要做到这一点,必须进行创新策划,强化本企业及其产品与其他企业及其产品的差异性。主要突出以下几点:①创造产品的独特优势;②创造服务的独特优势;③创造人力资源的独特优势;④创造形象的独特优势。

三、市场定位的策略

(一) 迎头定位策略

迎头定位策略又称"针锋相对"定位策略,指企业选择在目标市场上与现有的竞争者靠近或重合的市场定位,要与竞争对手争夺同一目标市场的消费者。实行这种定位策略的企业,必须具备以下条件:

(1) 能比竞争者生产出更好的产品。
(2) 该市场容量足以吸纳两个以上竞争者的产品。
(3) 比竞争者有更多的资源和更强的实力。

小资料

美国可口可乐与百事可乐是两家以生产销售碳酸型饮料为主的大型企业。可口可乐自1886年创建以来,以其独特的味道扬名全球。二战后,百事可乐采取了针锋相对的策略,专门与可口可乐竞争。半个多世纪以来,这两家公司为争夺市场而展开了激烈竞争,而他们都以相互间的激烈竞争作为促进自身发展的动力及最好的广告宣传,百事可乐借机得到迅速发展。1988年,百事可乐荣登全美十大顶尖企业榜,成为可口可乐强有力的竞争者。当大家对百事可乐—可口可乐之战兴趣盎然时,双方都是赢家,因为喝可乐的人越来越多,两家公司都获益匪浅。

(二) 避强定位策略

避强定位也叫填补空隙策略,指企业尽力避免与实力较强的其他企业直接发生竞争,寻找新的尚未被占领的但又为许多消费者所重视的市场进行定位。例如"金利来"进入中国内地市场时就是填补了男士高档衣物的空位。通常在两种情况下适用这种策略:一是这部分潜在市场即营销机会没有被发现,在这种情况下,企业容易取得成功;二是许多企业发现了这部分潜在市场,但无力去占领,这就需要有足够的实力才能取得成功。

小资料

在金融业兴旺发达的香港,"银行多过米铺"这句话毫不过分。在这一弹丸之地,各家银行使出全身解数,走出了一条利用定位策略突出各自优势的道路,使香港的金融业呈现出一派繁荣景象。

汇丰银行定位于分行最多、实力最强、全港最大的银行,是实力展示式的诉求。20世纪90年代以来,为拉近与顾客的情感距离,新的定位立足于"患难与共,伴同成长",旨在与顾客建立同舟共济、共谋发展的亲密朋友关系。

恒生银行定位于充满人情味、服务态度最佳的银行,通过走感情路线赢得顾客心。突出服务这一卖点也使它有别于其他银行。

渣打银行定位于历史悠久、安全可靠的英资银行。这一定位树立了可信赖的"老大哥"形象,传达了让顾客放心的信息。

中国银行定位于有强大后盾的中资银行,这一定位直接针对有民族情结、信赖中资的目标顾客群。

(三) 重新定位策略

企业对已经上市的产品实施再定位就是重新定位策略。采用这种策略的企业必须改变目标消费者对其原有的印象,使目标消费者对其建立新的认识。一般情况下,这种定位目的在于摆脱困境,重新获得增长与活力。例如,美国强生公司的洗发液由于产品不伤皮肤和眼睛,最初定位于婴儿市场,当年曾畅销一时。后来由于人口出生率下降,婴儿减少,产品逐渐滞销。经过分析,该公司决定重新将产品定位于年轻女性市场,突出介绍该产品能使头发松软、富有光泽等特点,再次吸引了大批年轻女性。自行车——传统定位:代步工具,20世纪50年代美国年产销400万辆,后下降为年产销130万辆。重新定位:健身休闲用品,并增加品种类型和花色。橘汁——传统定位:维生素C保健饮品(保健功能)。新定位:消暑解渴、提神、恢复体力的饮品。

四、产品定位方法

(一) 特色定位法

根据特定的产品属性来定位。产品属性包括制造该产品时采用的技术、设备、生产流程以及产品的功能等,也包括与该产品有关的原料、产地、历史等因素。如龙井茶、瑞士表等都是以产地及相关因素定位,而一些名贵中成药的定位则充分体现了原料、秘方和特种工艺的综合。

(二) 利益定位法

根据需要满足的需求或所提供的利益来定位。这里的利益包括顾客购买产品时追求的利益和购买企业产品时能获得的附加利益,产品本身的属性及消费者获得的利益能使人们体会到它的定位。如大众汽车"气派",丰田车"经济可靠",沃尔沃车"耐用",而奔驰是"高贵、王者、显赫、至尊"的象征,奔驰的电视广告中较出名的广告词是"世界元首使用最多的车"。如手机市场中,摩托罗拉向目标消费者提供的利益点是"小、薄、轻",而诺基亚则宣称"无辐射"。如无铅皮蛋、不含铅的某种汽油等将其定为不含铅,间接地暗示含铅对消费者健康不利。这种定位关键是要突出本企业产品的优势和特点,及其对目标顾客有吸引力的因素,从而在竞争者中突出自己的形象。

(三) 用途定位法

根据产品使用场合及用途来定位。例如,"金嗓子喉宝"专门用来保护嗓子,"丹参滴丸"专门用来防治心脏疾病。为老产品找到一种新用途,是为该产品创造定位的好方法。尼龙从军用到民用,便是一个最好的用途定位例证。小苏打一度被广泛用作家庭的刷牙剂、除臭剂和烘烤配料等,现在国外开始把它作为冰箱除臭剂、调味汁和肉卤的配料、夏令饮料的原料之一等。如防晒霜被定位于防止紫外线将皮肤晒黑晒伤,而保持和补充水分的润肤霜则被定位于防止皮肤干燥。

(四) 使用者定位法

根据使用者的类型来定位。企业常常试图把某些产品指引给适当的使用者即某个细分市场,以便根据该细分市场的需求塑造恰当的形象。康佳集团针对农村市场的"福临门系列彩电",充分考虑农民消费者的需求特殊性,定位为质量过硬、功能够用、价位偏低,同时增加了宽频带稳压器等配件产品。如强生公司将其婴儿洗发液重新定位于常常洗头而特别需要温和洗发液的年轻女性,使其市场占有率由3%提高至14%。

(五) 竞争定位法

根据竞争者来定位。可以接近竞争者定位,如康柏公司要求消费者将其个人电脑与IBM个人电脑摆在一起比较,企图将其产品定位为使用简单而功能更多的个人电脑;也可远离竞争者定位,如七喜将自己定位为"非可乐"饮料,从而成为软饮料的第三巨头。

(六) 档次定位法

不同的产品在消费者心目中按价值高低有不同的档次。对产品质量和价格比较关心的消费者来说,选择在质量和价格上的定位也是突出本企业形象的好方法。企业可以采用"优质高价"定位和"优质低价"定位。在"各种家电产品价格大战"如火如荼的同时,海尔始终坚持不降价,保持较高的价位,这是"优质高价"的典型表现。

(七) 形状定位法

根据产品的形式、状态定位。这里的形状可以是产品的全部,也可以是产品的一部分。如"白加黑"感冒药、"大大"泡泡糖都是以产品本身表现出来的形式特征为定位点,打响了其市场竞争的一炮。

(八) 消费者定位法

按照产品与某类消费者的生活形态和生活方式的关联定位。以劳斯莱斯为例,它不仅是一种交通工具,而且是英国富豪生活的一种标志。90 多年来,劳斯莱斯公司出产的劳斯莱斯豪华轿车总共才几十万辆,最昂贵的车价格高达 34 万美元。

(九) 感情定位法

运用产品直接或间接地冲击消费者的感情体验而进行定位。如"田田口服液"以"田田珍珠,温柔女性"为主题来体现其诉求和承诺,由于"田田"这一品牌名称隐含"自然、清纯、迷人、温柔"的感情形象,因而其感情形象的价值迅速通过"温柔女性"转为对"女性心理"的深层冲击。"田田"这一女性化特质的品牌名称,明确将一种感情形象的价值倾向作为其产品定位的出发点,并以此获得了市场商机。

(十) 文化定位法

将某种文化内涵注入产品之中,形成文化上的品牌差异,称为文化定位。文化定位可以使品牌形象独具特色。如万宝路引入"男性文化"因素,改换代表热烈、勇敢和功名的红色包装;用粗体黑字来描画名称,表现出阳刚、含蓄和庄重;并让结实粗犷的牛仔担任万宝路的形象大使,强调"万宝路的男性世界"。不断塑造强化健壮的男子汉形象,终于使万宝路香烟的销售和品牌价值位居世界香烟排名榜首。

(十一) 附加定位法

通过加强服务树立和加强品牌形象,称为附加定位。对于生产性企业而言,附加定位需要借助于生产实体形成诉求点,从而提升产品的价值;对于非生产性企业来说,附加定位可以直接形成诉求点。例如,"海尔真诚到永远"是海尔公司一句响彻全球的口号。

市场定位实际上是一种竞争策略,是企业在市场上寻求和创造竞争优势的手段,要根据企业及产品的特点、竞争者及目标市场消费需求特征加以选择。实际营销策划中往往是多种方法结合运用。

课后案例

益达木糖醇:保护牙齿,"两粒吃才好"。
大众甲壳虫:小就是好。
艾维斯(Avis):"艾维斯在租车行业是第二位"。
铁达时:"不在乎天长地久,只在乎曾经拥有"。
喜力(Heineken):"使人心旷神怡的啤酒"。

可口可乐:"菲佣的眼泪"。

强生:关注"背奶妈妈"。

肯德基:中餐标准化活动。

思考:分析以上产品如何定位。

营销实训

一、实训目的、要求

通过实训,要求学生能够依据市场状况,进行初步的STP分析。

二、实训主要内容

(1) 细分物流行业消费者。

(2) 根据物流行业消费者细分结果,选择目标市场。

(3) 进行市场定位。

三、实训准备

学生以校园周边为范围划分区域,走访各物流公司以及物流业消费者。

四、实训资料

本地物流企业及物流业消费者相关资料。

五、实训操作步骤

第一步:根据范围划分小组,每组确定要走访的区域和时间。

第二步:制定与物流业相关的调查问卷。

第三步:按照划分的小组对相关物流企业和消费者进行走访。

第四步:对于收集的信息进行汇总和整理。

第五步:按照具体的细分变量对所访问的区域进行STP策划。

第六步:制作相关PPT,课上分小组进行展示。

第七步:教师对学生的展示进行点评,学生互相讨论。

六、实训成果

物流业市场STP方案。

第七章 产品策略

学习目标

1. 理解产品整体概念的内涵；
2. 把握产品组合基本内容及产品组合策略；
3. 分析产品生命周期各阶段特征及其相应的营销策略；
4. 了解品牌与包装的概念及作用；
5. 掌握品牌与包装策略实践运用。

引导案例

农夫山泉

农夫山泉是海南养生堂公司于1997年推出的瓶装纯净水产品。当时，中国水市场已经经过了十多年的发展历程，生产企业有近千家，市场竞争相当激烈。娃哈哈和乐百氏自1995年开始，先后由儿童饮品延伸到纯净水，并在较短时间内逐步确立了领导者的地位。面对潜力巨大、竞争激烈、领导者品牌强势占领的瓶装水市场，农夫山泉为了尽快切入市场，并占有一席之地，采取了整体产品的差异化战略，在产品的口感、类别、水源、包装、品牌、价格等方面都与娃哈哈和乐百氏形成明显的差异，一举获得成功，有效地达到了企业的营销目标。

在口感上，一句"农夫山泉有点甜"的广告词就明确地点出了水的甘甜清冽，一下子就区别于乐百氏的"27层过滤"的品质定位和娃哈哈"我的眼中只有你"所营造的浪漫气息，与当年七喜作为"非可乐"推出有异曲同工之妙，给消费者留下深刻的印象，占据了消费者的心理空间。

在水源上，农夫山泉强调"千岛湖的源头活水"水源的优良。同时利用千岛湖作为华东著名的山水旅游景区和国家一级水资源的保护区所拥有的极高的公众认同度，提高其产品质量的认同度和品牌知名度。

在品牌上，"农夫"二字给人们以淳朴、敦厚、实在的感觉，"农"相对于"工"远离了工业污染，"山泉"则给人以回归自然的感觉，迎合了人们返璞归真的心理需求。比起某些小儿用品痕迹十分明显的名称,其品牌适应性更强,覆盖面更广,品牌形象更为鲜明。

在包装上,农夫山泉选用运动瓶盖,并且同率先推出运动瓶盖的上海老牌饮料正广和更棋高一着地进行广告宣传,突出运动瓶盖的特点。在广告中,农夫山泉把运动盖解释为一种独特的带有动作特点和声音特点的时尚情趣,选择中学生这一消费群体作为一个切入点;"课堂篇"广告中"哗扑"一声和那句"上课时不要发出这种声音"的幽默用语,让人心领神会,忍俊不禁,使得农夫山泉在时尚性方面远远超出了其他品牌,也使人们对农夫山泉刮目相看,产生了浓厚的兴趣。

正是由于农夫山泉在整体产品的多个要素上别出心裁,一进入市场就强有力地显示了其清新、自然的特性,赢得了消费者的青睐。从1997年4月生产第一瓶纯净水到1998年,其市场占有率就在全国占到第三位,仅次于娃哈哈和乐百氏。

第一节 产品整体概念及产品分类

市场营销以满足市场需要为中心,而市场需要的满足只能通过提供某种产品或服务来实现。因此,产品是市场营销的基础,其他的各种市场营销策略,如价格策略、分销策略、促销策略等,都是以产品策略为核心展开的,与产品相关的营销决策直接影响着企业的生死存亡。

一、产品整体概念

菲利浦·科特勒对产品的定义为:产品是能够提供给市场以满足人们需要和欲望的任何东西。产品在市场上包括实体产品、服务、体验、事件、人物、地点、财产、组织、信息和创意。

从现代市场营销的角度看待产品,就满足消费者需要来说,作为整体产品必须包括以下几个部分(图7-1):

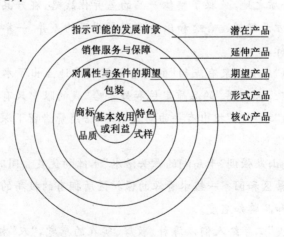

图7-1 整体产品概念的5个层次

（1）核心产品。核心产品是指向购买者提供的基本效用或利益。消费者购买商品并不是为了获得产品本身，而是为了获得能够满足某种需求的使用价值。如消费者购买洗衣机，并不是为了拥有这种机器物品本身，而是为了获得清洗、洁净衣物和安全的效用。核心产品是消费者追求的最基本内容，也是他们所真正要购买的东西。因此，企业在设计开发产品时，必须首先界定产品能够提供给消费者的核心利益，以此作为立足点。

（2）形式产品。形式产品是核心产品所展示的全部外部特征，即呈现在市场上的产品的具体形态或产品核心功能、效用借以实现的外在形式，主要包括品牌商标、包装、款式、颜色、特色、质量等。即使是纯粹的服务产品，也具有相类似的形式上的特点。产品的基本效用必须通过特定形式才能实现，市场营销人员应该努力寻求更加完善的外在形式来满足顾客的需要。

（3）期望产品。期望产品是指顾客在购买该产品时期望得到的与产品密切相关的一系列属性和条件。比如，旅馆的住客期望得到整洁的床位、洗浴香波、浴巾、衣帽间的服务等。由于大多数旅馆都能满足旅客的一般期望，因此旅客在选择档次条件大致相同的旅馆时，通常不是选择哪家旅馆能够提供所期望的产品，而是根据哪家旅馆就近和方便而定。

（4）延伸产品。延伸产品是指消费者在取得产品或使用产品过程中所能获得的除产品基本效用和功能之外的一切服务与利益的总和，主要包括运送、安装、调试、维修、产品保证、零配件供应、技术人员与操作人员的培训等，它能给消费者带来更多的利益和更大的满足。延伸产品来源于对消费者需要的深入认识。消费者购买商品的根本动机是满足某种需求，但这种需求是综合性的、多层次的，企业必须提供综合性的产品和服务才能满足其需要。特别是随着现代社会科学技术飞速发展，企业的生产和经营管理水平不断提高，不同企业提供的同类产品在核心利益、形体产品和期望产品上越来越接近，因此延伸产品所提供的附加价值的大小在市场营销中的重要性就越来越突出，已经成为企业差异化策略赢得竞争优势的关键因素。正如美国市场营销学者西奥多·李维特所指出的："未来竞争的关键不在于企业能生产什么产品，而在于其产品提供的附加价值：包装、服务、广告、用户咨询、消费信贷、及时交货、仓储以及人们以价值来衡量的一切东西。"

（5）潜在产品。潜在产品是指产品最终会实现的全部附加价值和新转换价值，是附加产品服务和利益的进一步延伸，指明了产品可能的演变给顾客带来的价值。潜在产品是吸引顾客购买非必需品、非渴求品最重要的因素。比如人们购买保险产品，在购买的当时并未得到可即刻实现的利益，而是一种承诺，即未来可以实现的理赔收益。

在现代营销环境下，企业销售的不仅仅是单纯的功能，而必须是产品整体概念下的一个系统。在竞争日益激烈的市场环境下，扩大附加产品，即产品给顾客带来的附加利益，已经成为企业市场竞争的重要手段。

树立产品整体观念，有利于企业抓住消费者的核心利益，把握自己的产品策略，从各个层面上满足顾客的需求。较大程度地满足消费者的需求是企业的产品始终保持较高的市场占有率和利润率的重要保证。没有产品整体概念，就不能建立现代营销观念。固守传统的产品概念，忽视消费者对一种产品的多样化的需求，就不可能获得经营上的成功。

小资料

什么是产品？

小王和小许都是市场营销专业优秀的大学毕业生，他们同时报名参加了某著名品牌化妆品(中国)公司营销业务员的招聘活动。经过激烈的竞争，两人脱颖而出，成为众多参加应聘人员中的佼佼者。他们的表现令公司的人力资源总监非常满意，但是也给他的抉择带来了难题，因为公司只招聘一个人。总监将这个情况汇报给了公司的老总，老总对总监说：这个事情好办，你通知他们二人明天到公司的旗舰店来参观。

第二天，小王和小许以及总监三人准时来到该公司的旗舰店，他们看到在店里面，除了工作人员以外，还有一位长者在等待着他们。这时，店里来了一位女顾客问：有某某品牌的护肤品吗？营业员立即迎上前去回答说：有！而且还主动、详细地介绍了该品牌护肤品的功能、用法和应注意的问题等。这位女士听了营业员的讲解以后，脸上露出了满意的笑容，并购买了这种化妆品。

等该顾客走后，那个长者问小王和小许：那位顾客到这里来买了什么？小王立即回答说：她买了公司生产的美白润肤霜。长者接着问道：这是她要买的东西吗？小王思索了片刻回答说：是的，她要买的美白润肤霜已经买到了。长者又问道：还有别的什么吗？小王一时无语。这时在旁边一直未说话的小许说：她还同时购买了公司的品牌和服务，但更重要的其实她最想买的是"年轻和美丽"，这是她购买化妆品的根本目的所在。听到这里，那个长者微笑着对总监低声说了几句话，就离开了。总监的脸上露出了笑容，对小许说："你被录取了。"

二、产品分类

在市场营销中要根据不同的产品制定不同的营销策略，而要做到科学地制定有效的营销策略，首先必须对产品进行科学的分类。根据产品的不同特征、特点，可以按不同的标准进行分类。产品分类的方法主要有以下几种。

（一）消费品的分类

个人及家庭生活所需要的消费品种类繁多，通常按消费者的购买习惯可划分为4类：

1. 便利品

是指消费者经常购买，希望能在需要时即可买到，而且不愿意花时间去比较品牌、价格的产品和服务。便利品还可以细分为日用品(如食品、肥皂、牙膏等)、冲动购买品(如糖果、玩具、杂志等)、急用品(下雨时的雨伞、停电时的蜡烛和手电筒等)3类。

2. 选购品

是指消费者在购买之前要经过仔细比较、认真挑选才会决定购买的产品,如家具、家用电器、服装等。选购品挑选性强,因此经营者要提供大量的花色、品种以备购买者挑选。此外,还应拥有经过培训的销售人员来为顾客提供咨询和服务。

3. 特殊品

是指具有某种独特性能或消费者对其牌子、标记有特殊认识的产品。对这些产品大部分消费者愿意做出特殊的购买努力,多花时间与精力去购买,如特殊品牌和式样的小汽车、高保真音响以及具有特殊收藏价值的邮票、钱币等。经营此类商品,网点应该更集中,并要做好售后服务工作。

4. 非渴求品

指消费者不知道或者虽然知道但没有兴趣购买的产品,如墓地、百科全书等。非渴求品的特殊性决定了对它需要加强广告、推销等营销手段,刺激消费,使消费者对它产生购买欲望。

(二) 产业市场产品的分类

产业市场的产品通常比消费品复杂得多,因此其市场营销活动比消费品需要更多的专业知识。由于产业市场购买者的购买规模、使用方式、业务性质均有很大不同,因此产业市场的产品分类也有不同,一般分为原材料与零件、资本项目、物料及服务3类。

1. 原材料与零件

原材料与零件是指完全进入产品制造过程,最终要转化到生产者所生产的成品中去的产品。它又分为原料(如煤、原油、小麦、棉花等)、材料和零件(如棉纱、面粉、生铁、橡胶等)。

2. 资本项目

资本项目是指在生产过程中长期发挥作用、能为多个生产周期服务、单位价值较高、其价值是逐渐地、分次地转移到所生产的产品中去的劳动资料。它分为主要设施(如办公室、厂房、各种机床、锅炉等)、附属设备(如各种手工工具、计算器、推货车等)两类。

3. 物料及服务

物料及服务是维持企业生产经营活动所必需但其本身完全不进入生产过程的产品。物料又分为一般用的物料(如润滑油、燃料、纸张等)和维修物料(如油漆、钉子等)。作为生产资料的服务包括维修服务(如清洁、修理、保养等)和咨询服务(如法律咨询、业务咨询、管理咨询、广告策划等)。

第二节 产品组合策略

一、基本概念

产品组合(Product Mix or Product Assortment)是指企业生产或经营的全部产品线和产品项目的有机组合方式,又称产品结构。

产品线(Product Line)指一组密切相关的产品,又称产品系列或产品品类。所谓密切相关,指这些产品或者能够满足同种需求;或者必须配套使用,销售给同类顾客;或者经由相同的渠道销售;或者在同一价格范围内出售。

产品项目(Product Item)指在同一产品线或产品系列下不同型号、规格、款式、质地、颜色或品牌的产品。例如百货公司经营金银首饰、化妆品、服装鞋帽、家用电器、食品、文教用品等,各大类就是产品线;每一大类里包括的具体品牌、品种为产品项目。

企业产品组合可以从宽度、长度、深度和关联度4个维度进行分析。在此以表7-1所显示的产品组合为例加以阐述。

(一)产品组合的广度

产品组合广度又称产品组合的宽度,指企业生产经营的产品线的数量。大中型的多元化经营的企业集团产品组合的广度较宽,而专业化的企业和专营性商店生产和经营的产品品类较少,产品组合的广度较窄。表7-1所显示的产品组合广度为4条产品线。

(二)产品组合的长度

产品组合长度指企业生产经营的全部产品线中所包含的产品项目总数,即产品线的总长度。表7-1所示的产品项目总数是18,这就是产品线的总长度。每条产品线的平均长度,即企业全部产品项目数除以全部产品线所得的商,在此表中是4.5(18/4),说明平均每条产品线中有4.5个品牌的商品。企业产品的项目总数越多,产品线就越长,反之则越短。

表7-1 某百货公司的产品组合

	服 装	皮 鞋	帽 子	针织品
产品线的长度	休闲装	男凉鞋	制服帽	卫生衣
	女西装	女凉鞋	登山帽	卫生裤
	男休闲装	男皮鞋	礼帽	汗衫背心
	女休闲装	女皮鞋	女帽	
	风雨衣		童帽	
	儿童服装			

（三）产品组合的深度

产品组合的深度指企业生产经营的每条产品线中，每种产品品牌所包含的产品项目的数量。一个企业每条产品线中所包含的产品品牌数往往各不相等，每一产品品牌下又有不同的品种、规格、型号、花色的产品项目。例如，百货公司的休闲装有9种规格，那么它的深度就是9；专业商店经营的产品品类较少，但同一产品种类中规格、品种、花色、款式较为齐全，产品组合的深度较深。

（四）产品组合的关联度

产品组合的关联度又称产品组合的密度或相关性，指企业生产和经营的各条产品线的产品在最终用途、生产条件、销售渠道及其他方面相互联系的密切程度。表7-1中该百货公司4条产品线都是人们的穿着用品，产品的最终用途相同，可以通过相同的分销渠道销售，其关联度较为密切。

一般而言，实行多元化经营的企业，因同时涉及几个不相关联的行业，各产品之间相互关联的程度较为松散；而实行专业化经营的企业，各产品之间相互关联的程度则较为密切。

企业产品组合的广度、长度、深度和关联度不同，就构成不同的产品组合。分析企业产品组合，具体而言就是分析产品组合的广度、长度、深度及关联度的现状、相互结合运作及发展态势。一般情况下，扩大产品组合的广度，有利于拓展企业的生产和经营范围，实行多元化经营战略，可以更好地发挥企业潜在的技术、资源及信息等各方面优势，提高经济效益，还有利于分散企业的投资风险；延伸产品线的长度，使产品线充裕丰满，使企业拥有更完全的产品线，有助于扩大市场覆盖面；加强产品组合的深度，在同一产品线上增加更多花色、品种、规格、型号、款式的产品，可以使企业产品更加丰富多彩，满足更广泛的市场需求，提升产品线的专业化程度，占领同类产品更多的细分市场，增强行业竞争力；加强产品组合的相关性，可以强化企业各条产品线之间的相互支持，协同满足消费者，有利于资源共享，降低成本，可以使企业在某一特定的市场领域内增强竞争力和市场地位，赢得良好的企业声誉。因此，产品组合策略也就是企业根据市场需求、营销环境及自身能力和资源条件，对自己生产和经营的产品从广度、长度、深度和关联度4个维度进行综合选择和调整的决策。

二、产品组合策略

分析产品组合，既包括分析企业每一项产品所处的市场地位及其在企业经营中的重要程度，也包括对各个不同产品项目的相互关系和组合方式的分析，其最主要的目的在于弄清在不断变化的市场营销环境中，企业现有的商品组合与企业的总体战略、营销策略的要求是否一致，以根据内、外部环境的要求对现有的企业产品组合进行调整。

企业在调整和优化组合时,根据不同情况,可以选择如下策略:

(一) 扩大产品组合

包括拓展产品组合的宽度和增强产品组合的深度。前者是在原产品组合中增加1条或几条产品大类,扩大经营产品范围;后者是在原有产品大类内增加新的产品项目。当企业预测现有产品大类的销售额和利润额在未来一段时间内有可能下降时,就应考虑增加新的产品类型,或加强其中有发展潜力的产品。当企业打算增加产品特色,或为更多的子市场提供产品时,则可选择在原有产品大类内增加新的产品项目。

一般而言,扩大产品组合,可使企业充分地利用人、财、物资源,分散风险,增强竞争能力。

(二) 缩减产品组合

当市场繁荣时,较长、较宽的产品组合会为许多企业带来较多的赢利机会。但当市场不景气或原料、能源供应紧张时,缩减产品反而可能使总利润上升。这是因为从产品组合中剔除了那些获利很小甚至不获利的产品大类或产品项目,使企业集中力量发展获利多的产品大类和产品项目。通常情况下,企业的产品大类有不断延长的趋势,主要原因如下:

(1) 生产能力过剩迫使产品大类经理开发新的产品项目。

(2) 经销商和销售人员要求增加产品项目,以满足顾客的需要。

(3) 产品大类经理为了追求更高的销售和利润增加产品项目。

但是,随着产品大类的延长,设计、工程、仓储、运输、促销等市场营销费用也随之增加,最终将会减少企业的利润。在这种情况下,需要对产品大类的发展进行相应的遏制,删除那些得不偿失的产品项目,使产品大类缩短,提高经济效益。

(三) 产品延伸

每一个企业的产品都有其特定的市场定位。产品延伸策略指全部或部分地改变企业原有产品的市场定位,具体做法有向下延伸、向上延伸和双向延伸3种。

(1) 向下延伸。指企业原来生产高档产品,后来决定增加低档产品。企业采取这种策略的主要原因是:①企业发现其高档产品的销售增长缓慢,因此不得不将其产品大类向下延伸;②企业的高档产品受到激烈的竞争,必须用进入低档产品市场的方式来反击竞争者;③企业当初进入高档产品市场是为了树立其质量形象,然后再向下延伸;④企业增加低档产品是为了填补空隙,使竞争者无机可乘。

企业在采取向下延伸策略时会遇到一些风险,如:①企业原来生产高档产品,后来增加低档产品,有可能使名牌产品的形象受到损害,所以,低档产品最好用新的商标,不要用原先高档产品的商标;②企业原来生产高档产品,后来增加低档产品,有可能会激怒生产低档产品的企业,导致其向高档产品市场发起反攻;③企业的经销商可能不愿意经营低档产品,因为经营低档产品所得利润较少。

(2)向上延伸。指企业原来生产低档产品,后来决定增加高档产品。主要理由是:①高档产品畅销,销售增长较快,利润率高;②企业估计高档产品市场上的竞争者较弱,易于被击败;③企业想使自己成为生产种类全面的企业。

采取向上延伸策略也要承担一定风险,如:①可能引起生产高档产品的竞争者进入低档产品市场,进行反攻;②未来的顾客可能不相信企业能生产高档产品;③企业的销售代理商和经销商可能没有能力经营高档产品。

(3)双向延伸。即原定位于中档产品市场的企业掌握了市场优势以后,决定向产品大类的上、下两个方向延伸,一方面增加高档产品,另一方面增加低档产品,扩大市场阵地。

(四)产品大类现代化

在某些情况下,虽然产品组合的宽度、长度都很恰当,但产品大类的生产形式却可能已经过时,这就必须对产品大类实施现代化改造。例如,某企业还停留在20世纪六七十年代的生产水平,技术性能及操作方式都较落后,这必然使产品缺乏竞争力。如果企业决定对现有产品大类进行改造,产品大类现代化策略就会首先面临这样的问题:是逐步实现技术改造,还是以最快的速度用全新设备更换原有的旧设备,并用充足的时间重新设计他们的产品大类?而快速现代化策略虽然在短时期内耗费资金较多,却可以出其不意,击败竞争对手。这些都是要认真加以权衡的。

第三节 产品生命周期

一、产品生命周期的含义

产品生命周期是指产品从进入市场到退出市场的周期变化过程。产品的生命周期不是指产品的使用寿命,而是指产品的市场寿命。营销学者通常认为,产品的市场生命周期要经历4个阶段——市场导入期、市场成长期、市场成熟期和市场衰退期,如图7-2。

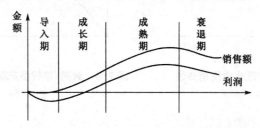

图7-2 产品生命周期曲线

导入期：是指新产品刚进入市场的时期。往往表现为销售量增长缓慢，由于销售量小，产品的开发成本又高，所以新产品在导入期只是一个成本回收的过程，利润一般是负的。

成长期：是产品已开始为大批购买者所接受的时期。往往表现为销售量的急速上升。由于销售量的上升和扩大，规模效应开始显现，产品的单位成本下降，于是新产品的销售利润也就开始不断增加。

成熟期：由于该产品的市场已趋于饱和，或已出现强有力的替代产品的竞争，销售量增速开始趋缓，并逐步趋于下降。由于此时产品为维持市场而投放的销售成本开始上升，产品的利润也开始随之下降。

衰退期：由于消费者的兴趣转移，或替代产品已逐步开始占领市场，产品的销售量开始迅速下降，直至最终退出市场。

二、特殊的产品生命周期

（一）风格型

风格型是一种存在于人类的基本生活中但特点突出的表现方式。风格一旦产生，可能会延续数代，根据人们对它的兴趣而呈现出一种循环再循环的模式，时而流行，时而又可能并不流行。产品生命周期曲线如图7-3所示。

（二）时尚型

时尚型是指在某一领域里，目前为大家所接受且欢迎的风格。时尚型的产品生命周期特点是刚上市时很少有人接纳（称之为独特阶段），但接纳人数随着时间慢慢增多（模仿阶段），终于被广泛接受（大量流行阶段），最后缓慢衰退（衰退阶段），消费者开始将注意力转向另一种更吸引他们的时尚。产品生命周期曲线如图7-4所示。

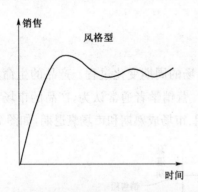
图7-3 风格型产品生命周期曲线

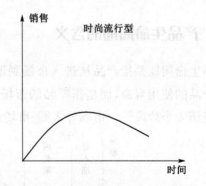
图7-4 时尚/流行型产品生命周期曲线

（三）热潮型

热潮型是一种来势汹汹且很快就吸引大众注意的时尚，俗称时髦。热潮型产品的生命周期往往快速成长又快速衰退,主要是因为它只是满足人类一时的好奇心或需求,所吸引的只限于少数寻求刺激、标新立异的人,通常无法满足更强烈的需求。产品生命周期曲线如图 7-5 所示。

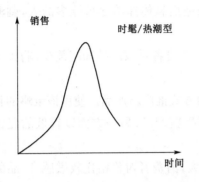

图 7-5　时髦/热潮型产品生命周期曲线

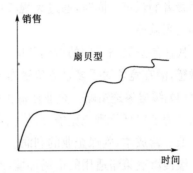

图 7-6　扇贝型产品生命周期曲线

(四)扇贝型

扇贝型产品生命周期主要指产品生命周期不断地延伸再延伸,这往往是因为产品创新或不时发现新的用途。产品生命周期曲线如图 7-6 所示。

三、产品生命周期各阶段的策略

(一)导入期的营销策略

新产品在刚刚推出市场时,销售量增长缓慢,往往可能是无利润甚至亏损,其原因是:生产能力未全部形成,工人生产操作尚不熟练,次品、废品率高,增加了成本。加上消费者对新产品有一个认识过程,不会立刻都接受它。该阶段企业的基本策略应当是突出一个"快"字,以促使产品尽快进入成长期。具体操作上一般可选择以下几种策略:

(1)快速撇脂策略。企业以高价格高促销的方式推广新产品。高价是为了迅速使企业收回成本并获取高的利润。高促销是为了尽快打开销路,使更多的人知晓新产品的存在。高促销就是要通过各种促销手段,增强刺激强度。除了大规模的广告宣传外,也可以利用特殊手段诱使消费者试用。如通过赠送样品,将新产品附在老产品中免费赠送等等。

快速撇脂策略适用的市场环境:绝大部分消费者还没有意识到该新产品,知道它的人有强烈的购买欲望而不大在乎价格,产品存在着潜在的竞争对手,企业想提高产品的声誉。

(2)缓慢撇脂策略。企业以高价格低促销的方式推广新产品。主要目的是为了撇脂最大的利润。高价可迅速收回成本加大利润,低促销又可减少营销成本。

缓慢撇脂策略适用的市场环境:市场规模有限,消费者中的大多数已对该产品有所了解,购买者对价格不是很敏感,潜在的竞争对手少。

(3) 快速渗透策略。企业以低价格高促销的方式推广新产品。这一策略的目的是为了获得最高的市场份额。所以,新产品的定价在一个低水平上确定,以求获得尽可能多的消费者的认可。同时,通过大规模的促销活动把信息传递给尽可能多的人,刺激起他们的购买欲望。

快速渗透策略适用的市场环境:市场规模大,消费者对该产品知晓甚少,购买者对价格敏感,潜在竞争对手多且竞争激烈。

(4) 缓慢渗透策略。企业用低价格低促销的方式推广新产品。使用该策略的目的一方面是为了以低价避免竞争,促使消费者尽快接受新产品;另一方面以较低的促销费用来降低经营成本,确保企业的利润。

缓慢渗透策略适用的市场环境:产品市场庞大,消费者对价格比较敏感,产品的知名度已经较高,潜在的竞争压力较大。

(二) 成长期的营销策略

新产品经受住了市场的严峻考验,就进入了成长阶段,这一阶段的特点是:销售量直线上升,利润也迅速增加。由于产品已基本定型,废品、次品率大大降低,销售渠道也已疏通,所以产品经营成本也急剧下降,产品的销售呈现出光明的前景。在这一阶段的后期,由于产品表现出了高额的利润,促使竞争对手逐步加入,竞争趋于激烈化。这一阶段,企业应尽可能维持销售的增长速度,同时突出一个"好"字,把保持产品的品质优良作为主要目标,具体策略有:

(1) 改进产品品质。从质量、性能、式样、包装等方面努力加以改进,以对抗竞争产品,还可以从拓展产品的新用途着手以巩固自己的竞争地位。

(2) 扩展新市场。使产品进一步向尚未涉足的市场进军。在分析销售实绩的基础上,仔细寻找出产品尚未到达的领域,作重点努力,同时,扩大销售网点,方便消费者购买。

(3) 加强企业与产品的定位。广告宣传由建立产品知名度逐渐转向建立产品信赖度,增加宣传产品的特色,使其在消费者心目中产生与众不同的感觉。

(4) 调整产品的售价。产品在适当的时候降价或推出折扣价格,这样既可以吸引更多的购买者参加进来,又可以阻止竞争对手的进入。

在这一阶段,企业往往会面临高市场占有率和高利润的抉择。因为两者似乎是矛盾的,要获取高的市场占有率势必要改良产品、降低价格、增加营销费用,这会使企业的利润减少。但是如果企业能够维持住高的市场占有率,在竞争中处于有利的地位,将会有利于今后的发展,放弃了眼前的利润,将可望在成熟期阶段得到补偿。

(三) 成熟期的营销策略

产品的销售增长速度在达到顶点后将会放慢下来,并进入一个相对的稳定时期,这一阶段的特点是产品的销量大、利润大、时间长。在成熟期的后半期,销量达到顶峰后开始下跌,利润也逐渐下滑。

这一阶段的基本策略是突出一个"优"字。应避免消极的防御,而要采取积极的进攻策略,突出建立和宣传产品的特定优势,以增加或稳定产品的销售。具体做法有:

(1) 扩大市场。市场销售量＝某产品使用人数×每个使用者的使用率。

扩大使用人数,企业可以通过争取尚未使用者、争取竞争对手的顾客这两种方法来增加其产值。

提高使用率,企业同样可以用两种方法来增加它的值:促使使用者增加使用次数、增加产品每次的使用量。

(2) 改进产品。改进产品是为了吸引新的购买者和扩大现有使用者的队伍。企业通过对产品的改良,使顾客对产品产生新鲜感,从而带动产品的销售。改进产品也是对付竞争对手的一个有效措施。产品的改进应主要在质量、性能、特色、式样上下工夫。

(3) 改进营销组合。企业的营销组合不是一成不变的,它应该随着企业内外部环境的变化而作出相应的调整。产品的生命周期到了成熟阶段,各种内外部条件发生了重大的变化,因而营销组合也就要有一个大的调整。这是为了延长产品的成熟期,避免衰退期的早日到来。实际上,企业要使上述两个策略取得成功,不依靠营销组合的改进也是很难做到的,所以,改进营销组合是和扩大市场、改进产品策略相辅相成的。

(四) 衰退期的营销策略

这一阶段的特征是销售额和利润额开始快速下降,企业往往会处于一个微利甚至于无利润的境地。

在衰退阶段,企业的策略应建立在"转"的基础上。产品的衰退是不可避免的,因此,到了这时,企业应积极地开发新产品,有计划地使新产品的衔接圆满化;另一方面,针对市场形势,既保持适当的生产量以维护一部分市场占有率,又要做好撤退产品的准备。这时,企业应逐渐减少营销费用,如把广告宣传、销售促进等费用都降到最低,以尽量使利润不致跌得太厉害。

第四节　品牌策略

一、品牌的定义

品牌是指一种名称、名词、标记、符号或图形设计,或是它们的组合运用,其目的是借以辨认某个销售者或某群销售者的产品或劳务,并使其区别于竞争对手。品牌中可以读出来的部分叫做品牌名称。品牌中不发声但可识别的符号、色彩、图形、字母等叫做品牌标记。

经过注册获得专用权的品牌叫做商标。一般注册商标标明"注册商标""注册第××号商标""Registered Trade Mark"等。

品牌包括商标。商标是一个法律名词,指的是企业对某个品牌名称和品牌标志的专用权,其他企业都不能仿效使用。因此,商标本质上是受法律保护的品牌或是品牌的一部分。

品牌作为特定企业及其产品的形象标识,具有以下6个层次的涵义:

(1) 属性:是指品牌所代表的产品或企业的品质内涵,它可能代表着某种质量、功能、工艺、服务、效率或位置。

(2) 利益:从消费者的角度看,他们并不是对品牌的属性进行简单的接受,而是从自身的角度去理解各种属性对自身所带来的利益,所以品牌在消费者的心目中往往是不同程度的利益象征,消费者会以品牌所代表的利益大小来对品牌做出评价。

(3) 价值:品牌会因其所代表的产品或企业的品质和声誉而形成不同的等级层次,从而在顾客心目中形成不同的价值,同时它也体现了企业在产品设计和推广中的某种特定的价值观。

(4) 文化:品牌是一种文化的载体,其所选用的符号本身是一种显在文化,它可使人们产生同其文化背景相应的各种联想,从而决定其取舍。品牌所代表的产品或企业本身所具有的文化特征,也会在品牌中体现出来,被人们理解和认同,这是品牌的隐含文化。

(5) 个性:好的品牌应具有鲜明的个性特征,其不仅在表现形式上能使人们感到独一无二、新颖突出,而且会使人们联想到某种具有鲜明个性特征的人或物,这样才能使品牌产生有效的识别功能。

(6) 用户:一种产品的品牌往往还暗示着购买或使用该品牌产品的消费者类型,因为它往往会是某些特定的顾客群体所喜欢和选择的,从而使某些品牌成为某些特定顾客群体的角色象征。群体之外的人使用该品牌的产品会使人感到惊讶。这也就是使用者同品牌所代表的价值、文化与个性之间的适应性。

在以上6个方面中,品牌的价值、文化和个性是品牌的深层内涵和品牌中最持久的部分,是一个特定的品牌最不易被他人模仿的东西。公众可以从以上6个方面识别的品牌为深度品牌,否则为肤浅品牌,只有深度品牌才能充分发挥品牌的作用。企业在进行品牌决策时,必须注意品牌的一整套含义,必须注意对品牌深层次含义的策划。

任何企业对于树立品牌的意义都不应忽视。一方面,好的品牌是企业的无形资产。一个好的品牌实际上代表了一组忠诚的顾客,这批顾客会不断地购买本企业的产品,形成企业稳定的顾客群,确保了企业销售额的稳定,形成企业的无形资产。另一方面,品牌具有扩散效应,当一种品牌赢得消费者的认可和好评后,企业即可利用消费者的"晕轮效应"成功地推出系列产品,扩展产品线。消费者因为认可前面的产品,从而爱屋及乌,很可能习惯性地接受该企业推出的其他产品。

二、品牌的作用

（一）将企业的产品与竞争者产品区别开来

品牌是企业产品的象征和标志。消费者通过品牌将企业的产品与竞争者的产品区别开来，对于企业来说，这形成了企业产品与竞争者产品的相对差异性，从而使得企业可以制定一个相对差异的价格；对于消费者来说，通过选择某个品牌的产品并进而形成品牌忠诚，可以在一定程度上降低购买的认知风险，减少精力和时间的耗费。

（二）保护企业的无形资产

品牌，特别是知名品牌，是企业的一项极其重要的无形资产，品牌中的商标通过法律注册后就会受到法律的保护，这样一方面可以避免其他企业对企业品牌的模仿和假冒，另一方面也提高了消费者购买的信心。

（三）降低企业营销的难度

企业可以通过创建知名品牌，赢得市场竞争优势。这是因为，一方面消费者很大程度上会选择熟悉的知名品牌，从而增加企业推广其品牌的迫切性；另一方面产品自身的特征会影响品牌的美誉度，这就促使企业努力提高产品性能以满足消费者的需要。

（四）增值功能

知名品牌能够给企业带来差别于竞争者的独特优势，从而使得企业在市场上赢得溢价。企业的超额利润就是品牌的增值功能。当然，品牌本身作为企业的一项无形资产，也会随着品牌知名度和美誉度的不断提升而得到很大的提高。

三、品牌策略

可供企业选择的产品品牌策略主要包括以下6种：

（一）品牌有无策略

企业首先要对是否创建品牌做出抉择。产品是否使用品牌要视企业产品的特征和战略意图来定，大多数产品需要通过品牌塑造来提升其形象，但有些产品则没有必要塑造品牌，这包括：①大多数未经加工的原料产品，如棉花、矿砂等；②同质化程度很高的产品，如电力、煤炭、木材等；③某些生产比较简单、选择性不大的小商品，如小农具；④临时性或一次性生产的产品。这类产品的品牌通常效果不大，因此企业不塑造品牌反而可以为企业增加利润。

（二）品牌使用策略

企业在决定了使用品牌之后，还要决定如何使用品牌。企业通常可以在3种品牌使用策略之间进行选择，它们包括：①制造商品牌策略。企业创立品牌，从而赋予产品更大的价值，并从中获得品牌权益。②经销商品牌策略。实力强大的经销商会倾向于树立自己的品牌，而实力弱小无力塑造品牌的小企业则通过OEM来盈利。有一部分大企业也会把这种业务当作自己重要的利润来源，这是由于渠道实力的逐渐增强所导致的。③混合策略。企业对自己生产的一部分产品使用制造商品牌，而对另外一部分产品则使用中间商品牌。这种策略可以使企业获得上述两种策略的优点。

（三）统分品牌策略

如果企业决定使用自己的品牌，那么还要进一步在使用单一品牌和使用多品牌之间做出抉择。

（1）统一品牌策略。企业对所有产品均使用单一的品牌。例如，海尔集团的所有家电均使用海尔品牌。单一品牌策略可以使企业的品牌效益最大化，使不同的产品都享受到品牌所带来的声誉，并建立企业对外统一的形象。但单一品牌也可能由于某些产品的失败而受损。

（2）个别品牌。企业对不同的产品使用不同的品牌。这种策略避免了品牌由于个别产品失败而丧失声誉的危险，同时有助于企业发展多种产品线和产品项目，开拓更广泛的市场。这种策略的主要缺点是品牌过多，不利于发挥营销上的规模性。这种策略适用于那些产品线很多、产品之间关联性小的企业。

（四）品牌延伸策略

品牌延伸策略是指企业利用已有的成功品牌来推出新产品的策略。例如，百事可乐公司在碳酸饮料取得成功之后，又推出了服装、运动包等产品。这种策略可以借助于成功品牌的声誉将新产品成功地推向市场，节约了企业市场推广的费用，但新产品的失败可能给原有品牌的声誉带来影响。

（五）多品牌策略

多品牌策略是指企业为一种产品设计两个或两个以上的品牌。这种策略的主要优势在于：

（1）可以占据更多的货架空间，从而减少竞争者产品被选购的机会。

（2）可以吸引那些喜欢求新求异而需要不断进行品牌转换的消费者。

（3）多品牌策略可以使企业发展产品的不同特性，从而占领不同的细分市场。

（4）发展多种品牌，可以促进企业内部各个产品部门和产品经理之间的竞争，提高企业的整体效益。例如,宝洁公司的洗发水就拥有潘婷、海飞丝、飘柔等不同的品牌。

(六)品牌重新定位策略

由于消费者需求和市场结构的变化,企业的品牌可能丧失原有的吸引力。因此,企业有必要在一定的时期对品牌进行重新定位。在对品牌进行重新定位的时候,企业需要考虑以下两个问题:

(1)将品牌从一个细分市场转移到另外一个细分市场所需要的费用,包括产品质量改变费、包装费及广告费等。

(2)定位于新位置的品牌的盈利能力。盈利能力取决于细分市场上消费者人数、平均购买力、竞争者的数量和实力等。

第五节 包装策略

一、包装的概念和作用

正如俗语所说:"佛要金装,人要衣装。"商品也需要包装,再好的商品,也可能因为包装不适而卖不出好价钱。据有关统计,产品竞争力的30%来自包装。而随着人们生活水平的提高,对精神享受的要求也日益增长,在激烈的市场竞争中,包装对于顾客选择商品的影响越来越明显。包装是商品的"无声推销员",其作用除了保护商品之外,还有助于商品的美化和宣传,激发消费者的购买欲望,增强商品在市场上的竞争力。

(一)包装的概念

产品包装有两层含义:一是指产品的容器和外部包扎,即包装器材;二是指采用不同形式的容器或物品对产品进行包装的操作过程,即包装方法。在实际工作中,二者往往难以分开,故统称为产品包装。

(二)包装的作用

产品的包装最初是为了在运输、销售和使用过程中保护商品,而随着市场经济的发展,在现代市场营销中产品的包装作为产品整体的一部分,对产品陈列展示和销售日益重要,甚至许多营销人员把包装(Package)称为4P's后的第5个P。

一般来说,包装具有以下作用:

(1)保护商品。保证商品的内在质量和外部形状,使其从生产过程结束到转移至消费者手中,甚至被消费之前的整个过程中,商品不致损坏、散失和变质。包装是直接影响商品完整性的重要手段。特别是对于易腐、易碎、易燃、易蒸发的商品,如果有完善的包装,就能很好地保护其使用价值。过去由于我国的企业对包装不够重视,包装技术落后,由此每年造成的损失数以百亿计,令人触目惊心。根据中国包装技术协会的统计,我国每年因包装不善所造成的经济损失在150亿元以上,其中70%是由运输包装造成的。如水泥的破包率为15%～20%,每年损失300万吨;玻璃的破损率平均为20%,每年损失高达4.5亿元。另据外贸部门统计,由于出口商品包装落后,每年使国家至少减少10%的外汇收入。

(2) 便于储运。商品的包装要便于商品的储存、运输、装卸。如液体、气体、危险品,如果没有合适的包装,商品储运就无法进行。包装还要便于消费者对商品的携带。

(3) 促进销售。包装可谓是商品"无声的推销员"。通过包装,可以介绍商品的特性和使用方法,便于消费者识别,能够起到指导消费的作用。通过美观大方、漂亮得体的包装,还可以极大地改善商品的外观形象,吸引消费者购买。世界上最大的化学公司——杜邦公司的营销人员经过周密的市场调查后,发明了著名的杜邦定律,即63%的消费者是根据商品的包装和装潢而进行购买决策的;到超级市场购物的家庭主妇,由于精美包装和装潢的吸引,所购物品通常超过她们出门时打算购买数量的45%。由此可以看出,包装是商品的"脸面"和"衣着",作为商品的"第一印象"进入消费者的视野,影响着消费者购买与否的心理决策。

(4) 增加利润。商品的包装是整体商品的一个重要组成部分。高档商品必须配以高档次的包装,精美的包装不仅能美化商品,还可以提高商品的身价。同时,由于包装降低了商品的损耗,提高了储存运输装卸的效率,从而增加了企业利润。我国许多传统的出口产品因包装问题给人以低档廉价的感觉,形成"一流产品、二流包装、三流促销、四流价格"的尴尬局面。精明的外商往往将产品买走后,只需换上精美的包装,就能使商品显得高档雅致,从而身价陡增,销路大开,外商赚取一大笔钱。

二、包装设计的原则

(一) 执行国家的法律、法规

申请专利的包装设计,是作为知识产权受法律保护的。企业好的包装应尽早申请专利,避免被侵权。

包装作为"无声的推销员",有介绍商品的义务。我国保护消费者权益的法律法规规定一些商品的包装上必须注明商品名称、成分、用法、用量以及生产企业的名称、地址等;对食品、化妆品等与群众身体健康密切相关的产品,必须注明生产日期和保质期等。

(二) 美观大方,突出特色

商品包装在保证安全功能、适于储运、便于携带和使用外,还应该具有美感。美观大方的包装能够给人以美的感受,有艺术感染力,从而成为激发消费者购买欲望的主要诱因。因此,商品包装设计要体现艺术性和产品个性,有助于实现产品差异化,满足消费者的某种心理要求。上个世纪初鲁德先生以其女友的裙子造型为依据设计出的可口可乐玻璃瓶,就是神来之笔的成功之作。

(三)保护生态环境

随着消费者环保意识的增强,在包装的材料运用以及包装设计上要注意保护生态环境。努力减轻消费者的负担,节约社会资源,禁止使用有害包装材料,实施绿色包装战略。

(四)心理、文化适应

销往不同地区的商品,要注意使包装与当地的文化相适应。尤其在国际市场营销中要特别注意,切忌出现有损消费者宗教情感、容易引起消费者反感的颜色、图案和文字。消费者对商品包装的不同偏好,直接影响其购买行为,久而久之还会形成习惯性的购买心理。因此在商品包装的造型、体积、重量、色彩、图案等方面,应力求与消费者的个性心理相吻合,以取得包装与商品在情调上的协调,并使消费者在某种意象上去认识商品的特质。

(五)包装与产品本身相适宜

包装要力求经济实用,不同档次的商品配以不同的包装。要做到表里如一,既要防止"金玉其中,败絮其外",更应防止"金玉其外,败絮其中"。避免过度包装。

三、包装策略类型

商品包装在市场营销中是一个强有力的竞争武器,良好的包装只有同科学的包装策略结合起来才能发挥其应有的作用,因此企业必须选择适当的包装策略。可供企业选择的包装策略有以下几种:

(一)类似包装策略

是指企业所生产经营的各种产品在包装上采用相同的图案、色彩或其他共有特征,从而使整个包装外形相类似,使公众容易认识到这是同一家企业生产的产品。

这种策略的主要优点是:①便于宣传和塑造企业产品形象,节省包装设计成本和促销费用。②能增强企业声势,提高企业声誉。一系列格调统一的商品包装势必会使消费者受到反复的视觉冲击而形成深刻的印象。③有利于推出新产品,通过类似包装可以利用企业已有的声誉,使新产品能够迅速在市场上占有一席之地。即借助已成功的产品带动其他产品。

类似包装适用于质量水平档次类同的商品,不适于质量等级相差悬殊的商品,否则,会对高档优质产品产生不利影响,并危及企业声誉。其弊端还在于,如果某一个或几个商品出了问题,会对其他商品带来不利影响。

(二) 分类包装策略

是指企业依据产品的不同档次、用途、营销对象等采用不同的包装。比如把高档、中档、低档产品区别开来,对高档商品配以名贵精致的包装,使包装与其商品的品质相适应;对儿童使用的商品可配以色彩和卡通形象等来增强吸引力。

(三) 综合包装策略

综合包装又称多种包装、配套包装,是指企业把相互关联的多种商品置入同一个包装容器之内一起出售。比如工具配套箱、家庭用各式药箱、百宝箱、化妆盒等。但要注意,在同一个包装物内必须是关联商品。如牙膏和牙刷组合包装、一组化妆品组合包装等。

这种策略为消费者购买、携带、使用和保管提供了方便,又利于企业带动多种产品的销售,尤其有利于新产品的推销。

(四) 再利用包装策略

再利用包装又称多用途包装,是指在包装容器内的商品使用完毕后,其包装并未作废,还可继续利用。可用于购买原来的产品,也可用作其他用途。比如啤酒瓶可再利用,饼干盒、糖果盒可用来装文具杂物,药瓶作水杯用,塑料袋作手提包用等。

这种策略增加了包装物的用途,刺激了消费者的消费欲望,扩大了商品销售,同时带有企业标志的包装物在被使用过程中可起到广告载体的作用。

这种商品的包装不仅与商品的身价相适应,有的还可作为艺术品收藏。

(五) 附赠品包装策略

这是目前国际市场上比较流行的包装策略,在我国市场上现在运用也很广泛。这种策略是指企业在某商品的包装容器中附加一些赠品,以吸引购买的兴趣,诱发重复购买。比如儿童食品的包装中附赠玩具、连环画、卡通图片等,化妆品包装中附有美容赠券等。有些商品包装内附有奖券,中奖后可获得奖品;如果是用累积获奖的方式,效果更明显。

(六) 更新包装策略

是指企业为克服现有包装的缺点,适应市场需求,而采用新的包装材料、包装技术、包装形式的策略。

在现代市场营销中,商品的改进也包括商品包装的改进,这对商品的销售起着重要作用。有的商品与同类商品的内在质量近似,但销路却不畅,可能就是因为包装设计不受欢迎,此时应考虑变换包装。

推出富有新意的包装,可能会创造出优良的销售业绩。如把饮料的瓶装改为易拉罐装、把普通纸的包装改为锡纸包装、采用真空包装等。

(七) 容量不同的包装策略

是指根据商品的性质、消费者的使用习惯,设计不同形式、不同重量、不同体积的包装,使商品的包装能够适应消费者的习惯,给消费者带来方便,刺激消费者的购买。比如以前四川人在销售其"拳头"产品——榨菜时,一开始是用大坛子、大篓子将其商品卖给上海人;精明的上海人将榨菜倒装在小坛子后,出口日本;在销路不好的情况下,日本商人又将从上海进口的榨菜原封不动地卖给了香港商人;而爱动脑子、富于创新精神的香港商人,以块、片、丝的形式分成真空小袋包装后再返销日本。从榨菜的"旅行"过程中,各方商人都赚了钱,但是靠包装赚"大钱"的还是香港商人。而如今四川榨菜的包装已今非昔比,大有改观,极大地刺激市场需求,企业的利润也大幅度增长。

课后案例

五粮液的产品策略

四川省宜宾五粮液集团有限公司,坐落于万里长江第一城——中国白酒之都宜宾。前身是明初时期沿用下来的 8 家酿酒作坊在 20 世纪 50 年代初联合组建的"中国专卖公司四川省宜宾酒厂",1959 年正式命名为"宜宾五粮液酒厂",1998 年改制为"四川省宜宾五粮液集团有限公司"。公司现有职工 5 万多名,占地 12 平方公里。截至 2015 年底,公司总资产达到 825.28 亿元,全年实现销售收入 652.51 亿元、利税 149.6 亿元;荣列中国企业 500 强第 205 位、中国制造业企业 500 强第 96 位。五粮液品牌价值已达 875.69 亿元,连续 22 年保持白酒制造行业第一。

公司始终坚持"发展才是硬道理"的战略思想,坚持"为消费者而生而长"的核心价值观,坚持"创新求进,永争第一"的企业精神,通过"三步走"战略、"两次创业"历程,不仅成为全球规模最大、全国生态环境最佳、产品品质最优、古老与现代完美结合的酿酒圣地、中国酒业大王,而且在现代包装、现代物流、现代机械制造、高分子材料等诸多领域占领高端,是具有深厚文化底蕴的国有特大型现代企业集团。公司建有国家级企业技术中心和博士后科研工作站,被批准为国家新型工业化产业示范基地全国白酒标准化技术委员会浓香型白酒分技术委员会秘书处承担单位和首批国家商标战略实施示范企业,是唯一三次获得国家质量管理奖,唯一获得全国食品工业科技进步优秀企业八连冠特别荣誉奖、当代中国建筑艺术展创作艺术成就奖,率先获得全球卓越绩效奖、中国酒业功勋奖、中国商标(创新类)国际金奖的白酒企业。2015 年,公司更是一举囊括"世博金奖产品""百年世博 百年金奖""最受海外华人喜爱白酒品牌"等多项大奖,续写了"百年金牌不倒"的辉煌。

纵观五粮液的发展历史，中庸文化一直起着主导作用。五粮液作为一种高度数饮料，在人际交往中起着非常重要的沟通和联系作用，但饮酒少则怡情，多则误事，故饮酒必须适宜。五粮液以此将中庸作为自己的文化精神，讲究饮酒"不多不少刚刚好"，人际交往把握分寸，求得人与人之间的和谐、友谊。中庸文化深入五粮液的骨髓，凡事讲求恰到好处，无过也无不及。

中庸文化注重大多数人的感受，力求得到大多数人的认同，与极端的两极保持相同的距离，做到适度、适中、适时，既不偏激也不特殊。五粮液虽然贵为"国酒"，但是在产品的定位上，仍然保持着适度、适中，并没有那种高高在上的感觉，针对不同顾客的喜好和消费能力，生产不同的产品，做到市场上产品的和谐，避免高端产品一边倒的局面，这样既满足了高端客户的需求，也能满足中低端顾客一饱口福的愿望，为五粮液的产品树立一个良好的口碑。

五粮液的这种产品定位，进一步完美地诠释了中庸文化的内涵、和谐、可持续发展的思想。因为面对国内这样一个巨大的市场，结合国情和社会发展现状，大部分的人购买力有限，所以五粮液不可能只针对高端顾客，而放弃剩余的大部分市场。但是为了凸显五粮液的品牌，虽然针对中低端市场产品的价格较低，但是从品质、包装、口感上都保持着五粮液的醇厚和高档，让这些客户真正享受到了物美价廉。

可以说，五粮液的产品定位不偏不倚，做到了"中者"和"庸者"的完美结合，以此获得酒品市场的天下。

思考题：
1. 五粮液是如何理解产品概念的？五粮液取胜的秘诀是什么？
2. 你认为我国企业在"产品观"上存在哪些主要问题？该如何解决？

营销实训

一、实训目的、要求

通过实训，要求学生能够为背景企业选择品牌策略，决定包装定位，选择包装策略。

二、实训主要内容

（1）背景企业产品品牌策划。

（2）背景企业产品包装策划。

三、实训准备

学生先收集现有企业的经典产品品牌策划、产品包装策划。

四、实训资料

经典策划方案。

五、实训操作步骤

第一步：决定背景企业的品牌化决策，即是否实行品牌化。

第二步:决定背景企业的品牌使用者决策,即决定使用谁的品牌。

第三步:为背景企业选择品牌名称,即家族品牌决策。

第四步:为背景企业进行品牌再定位。

第五步:决定背景企业产品包装的主要功能。

第六步:决定背景企业产品的包装定位,即根据产品品牌形象、产品定位、企业形象决定包装设计和包装材料选择。

第七步:选择包装策略。

六、实训成果

品牌策划方案。

第八章 价格策略

学习目标

1. 理解价格的涵义,了解影响定价的主要因素;
2. 掌握定价的一般方法;
3. 熟悉定价的基本策略,了解价格变动反应及价格调整;
4. 灵活运用定价策略开展营销活动。

引导案例

案例一 沃尔玛的奇迹

沃尔玛公司是由萨姆·沃尔顿创立的,他于1945年在美国的一个小镇开设了第一家杂货店,1962年正式启用沃尔玛的企业名称,1970年沃尔玛公司股票在纽约证券交易所挂牌上市,经过40多年的奋斗,成为全球最大的零售业王国,在2000年《财富》杂志全球500强排行榜上排名第二位。沃尔玛成功的一个重要原因,就是推行了"低价销售,保证满意"的经营理念。走进沃尔玛的大门,映入眼帘的首先是"天天平价,始终如一"的标语,就连沃尔玛的购物袋上印的也是这句话。为了保证天天平价,沃尔玛首先争取低廉进价。沃尔玛避开了一切中间环节直接从工厂进货,其雄厚的经济实力使其具有强大的议价能力。其次,完善的物流管理系统使其大大降低了成本,加速了存货周转,成为天天低价的最有力的支持。第三,营销成本的有效控制。沃尔玛对营销成本的控制非常严格——其广告开支、商品损耗比其他零售巨头少得多,而每平方英尺销售额却高得多。

案例二 画家卖画

在比利时的一间画廊里,一位美国画商正和一位印度画家在讨价还价,争辩得很激烈。其实,印度画家的每幅画底价仅在10~100美元之间。但当印度画家看出美国画商购画心切时,对其所看中的3幅画单价非要250美元不可。美国画商对印度画家敲竹杠的宰客行为很不满意,吹胡子瞪眼睛要求降价成交。印度画家也毫不示弱,竟将其中的一幅画用火柴点燃,烧掉了。美国画商亲眼看着自己喜爱的画被焚烧,很是惋惜,随即又问剩下的两幅画卖多少钱。印度画家仍然坚持每幅画要卖250美元。从对方的表情中，印度画家看出美国画商还是不愿意接受这个价格。这时，印度画家气愤地点燃火柴，竟然又烧了另一幅画。至此，酷爱收藏的画商再也沉不住气了，态度和蔼多了，乞求说："请不要再烧最后一幅画了，我愿意出高价买下。"最后，竟以800美元的价格成交。

第一节　影响营销定价的因素

价格与人们的日常生活息息相关：吃、穿、住、行都要涉及价格。虽然现在企业间的竞争已逐渐由价格竞争转向非价格竞争，但是在企业的市场营销活动中，价格仍是一个很重要的因素。

一、价格的涵义

（一）价格的涵义

对于生产者来说，商品的价值是其在生产这个商品时所耗费的社会必要劳动时间。因此，用一定量的货币来表示这些凝结在商品中的价值就是商品的价格。在通常情况下，企业的生产（包括经营）成本一般由工资、利息、租金和正常利润四部分构成，因此商品在市场上的价格只等于这四部分之和时企业才会盈利；但有时，不同的企业价格的构成也有所不同，以下是生产领域、流通领域和服务领域的价格构成状况。

生产领域：商品价格＝生产成本＋税金＋利润

流通领域：商品价格＝商品进价＋流通费用＋利润＋税金

消费领域：商品价格＝服务成本＋税金＋利润

但对消费者而言，商品的价值等于他们从商品中获得的满足。如果所付的价格能够使他们预期的要求得到满足，他们便认为商品"值"那么多，否则就是"不值"或"不合算"。因此，价格是外在的、具体的和确定的量，而价值是内在的、模糊的和不确定的量。

可见，价格是商品价值的货币表现。这一概念包含3层涵义：第一，商品的价格与其价值是正比关系；第二，商品的价格与货币的价值是反比关系；第三，商品的价格与其价值总是不相等的，但会围绕着价值上下波动。

（二）价格与市场供求

商品的价格是市场上调节供求关系的"一只看不见的手"。当一种商品供不应求时，价格就要上升，从而促进供给的扩大，减少需求的增加；供过于求时，价格又会下降，从而促进增加需求，减少供给。由于价格同供求关系的这种因果关系，在市场上一种商品价格的涨落又成为企业了解供求状况的信息。

价格的涨落必然影响商品供给和需求的数量。因此,它成为企业营销手段,当商品供过于求或同行竞争激烈时,便降低价格,以减少供给,扩大销售;反之,当供不应求或需提高商品品位时,便提高价格,以增加供给,控制需求。

(三) 差价与比价

在市场上,同样的商品最终只能有一个价格。当一种商品同时有数家企业共同生产(或经营)时,不管最初彼此的价格有何不同,最后总会趋向一致,如果谁的价格过高,它的商品就会售不出去,价格过低又会遭受不必要的损失。很多商品虽然有差别,但是在消费或生产、流通过程中有关联,因此彼此的价格会互相影响。比如在替代品之间,两种商品的价格须有一个合适的比例,如果一种商品的价格过高,其市场份额就会被另一种商品取代;在相关商品之间,一种商品价格过高也会影响另一种商品的销售量。这时,相关商品的价格之间需要形成较为稳定的比例,我们称之为比价。

有些商品生产过程中会改变形态,产生增殖,在流通过程中经过一系列转变又会增加附加效用。因此,当商品停留在不同环节时,其价格会因其价值和效用的不同而形成差异,后一道环节的价格总比前一道环节的价格要高,以体现其增加的价值和效用。我们把同一种商品在不同环节价格上的差异称为差价,差价对于商品的转卖或流通有重要的意义。

小资料

松下走出营销困境

松下公司的两个新产品附属插头和双灯用插头刚投向市场就备受欢迎。

为了迅速打开局面,松下幸之助与吉田签订总代理合约。吉田负责总经销,松下负责生产并从吉田那里取得3 000日元保证金。

松下立即将资金用于扩大生产规模,月产量剧增。东京的电器制造商因此联合起来,不惜血本,大幅降价,致使松下的双灯插座几近到了无人问津之境。吉田于是赶到松下住处,交涉减价事宜。松下为难极了。要减价,先得从出厂价减起,可出厂价如何减得下来? 不得已,松下与吉田解除了合约。怎么办呢? 松下决定自己抓销售。

松下走上大阪的大街。走了数家电器经销店后,他发现一个惊人而有趣的事实:经销商要求减价的部分,与吉田商店批发的毛利大约相等。也就是说,松下的双灯插座的出厂价不变,取消总经销的中间环节,经销商的零售价格与其他厂家双灯插座的零售价大体接近。松下一家挨一家拜访经销商,说明与吉田解约的原因,提出为制造商直接批发。经销商都表示欢迎。其中一位经销商说:"松下君,说来是你不应该。你生产这么好的东西,却交给吉田一店包揽,真是莫名其妙。如果直接批发,我们今天就买你的东西。"

真是出乎意料的顺利,积压的双灯插座全部被销售出去。

二、影响价格的因素

(一)内部因素

1. 定价目标

企业的定价目标规定了其定价的水平和目的。某一个产品的定价目标最终取决于企业的经营目标。一般来说,企业定价目标越清晰,价格越容易确定。而价格的设定,又都影响到利润、销售收入以及市场占有率的实现,因此,确定定价目标是制定价格的前提。

在定价之前,企业必须对产品总战略做出决策。如果企业已经审慎地选择好目标市场和市场定位,那么确定营销组合战略,包括价格,便是一件相当容易的事了,因此,定价战略在很大程度上取决于市场定位决策。

同时,企业可以寻找附加目标。企业对它的目标越清楚,就越容易制定价格。一般来说,企业的目标有:维持生存、现期利润最大化、市场份额领导和产品质量领导4种。

如果市场对企业的能力要求很高,竞争很激烈,消费者的欲望又不断地变化,此时企业往往把生存作为自己的主要目标。为了使工厂运转,企业可以制定比较低的价格,以便增加需求。在这种情况下,生存比利润更重要。只要价格能够补偿可变成本和一般固定成本,企业就能继续留在行业中。但是生存只是一个短期目标。就长期来说,企业必须学会怎样增加价值或者怎样面对倒闭。

许多企业把现期利润最大化作为他们的定价目标。他们估计不同价格所对应的需求和成本,然后选择能够产生最大现期利润、现金流动和投资回报的价格。总之,企业要的是现期财务成果,而不是长期的业绩。其他企业想取得市场份额领导地位,他们相信拥有最大市场份额的企业会享有最低的成本和最高的长期利润。为了成为市场份额的领导者,这些企业把价格尽可能地定低。

企业或许会决定取得产品质量领导地位,这一般要求制定较高的价格来补偿较高的性能质量以及市场调研和开发成本。

企业还可以用价格来实现其他许多具体目标。它可以制定较低的价格以防止竞争者进入市场,或者定价与竞争者保持一致以稳定市场。定价可以保持转售商的忠诚和支持,或者防止政府干预。价格还可以临时调低,来刺激对商品的需求或吸引更多的顾客走进零售商店。一种产品的定价可能有助于企业产品系列中其他产品的销售。因此,在帮助企业实现各级目标的过程中,定价会发挥十分重要的作用。

> **小资料**

企业的定价策略

　　通用汽车公司决定生产一种新跑车,以便和欧洲跑车在高收入细分市场中竞争,这就意味着通用汽车公司应该制定一个较高的价格。汽车旅馆和红屋顶旅馆的市场定位都是:为喜欢节约的旅客提供经济房间;这一定位要求制定较低的价格。

　　惠普公司集中开发高质量、高价格的便携式计算器这一高端市场。皮特尼·鲍尔斯公司同样也为自己的传真设备制定了产品质量领导战略。当夏普、佳能和其他竞争者在低价传真机市场中以每台500美元展开激烈竞争的时候,皮特尼·鲍尔斯公司以大公司为目标市场,每台传真机的定价约为5 000美元。其结果是皮特尼·鲍尔斯公司取得了大约45%的大公司传真机市场。

　　康柏电脑公司把这一程序叫做"设计适合定价"。康柏电脑公司在经受对手多年低价进攻之后,用这种方法研制出非常成功的低价普洛里尼个人电脑产品系列。先通过市场营销部门设定目标价格,并由管理部门制定盈利目标,然后由普洛里尼设计组决定为实现目标价格应花多少成本。从这一关键计算出发,其他事情比照进行。为了实现目标成本,设计组和负责新产品不同部分的企业部门,以及零部件和材料的外部供应商进行热烈商讨。康柏工程师设计出零部件需求更少更简单的机器,制造部门动员工厂降低生产成本,供应商提供质量可靠且价格符合要求的配件。通过实现目标成本,康柏电脑公司得以设定目标价格并建立理想的价格定位。其结果是,普洛里尼的销售和利润迅猛增长。

　　强生控制系统公司是一家办公大楼气候控制系统生产商。许多年来该公司一直用最初价格作为基本的竞争工具。修理坏了的系统不仅昂贵、费时间,而且危险。顾客不得不关掉整幢大楼中的暖气或空调,切断许多电线,而且还有触电的危险。强生控制系统公司决定改变战略。它设计了一种全新的系统,叫迈特西斯。修理这种新系统,顾客只需拔出旧的塑料组件,换上新的就可以了,根本不需要工具。迈特西斯的成本高于老系统的成本,因此顾客最初的支付价格较高,但是新系统的安装和维修费用却降低了。尽管迈特西斯的要价较高,但是新的迈特西斯系统在第一年内就创造了5亿美元的销售收益。

2. 营销组合战略

　　价格只是企业用来实现营销目标的营销组合工具中的一种。价格决策必须和产品设计、销售和促销决策相配合,才能形成一个连续有效的营销方案。对其他营销组合变量所做的决策会影响定价决策。例如,靠许多转售商来支持促销产品的生产者,将不得不在价格中设定较大的转售商利润差额。

　　企业经常先制定定价策略,然后再依据制定的价格来决策其他营销组合。在这里,价格是一个相当重要的产品定位因素,可以用来定义产品的市场、竞争以及设计。许多企业采用一种叫做目标成本设定的有效战略武器来支持这一价格定位战略。通常的价格制定程序是,先设计一种新产品,然后决定它的成本,最后问:"我们能够卖多少钱?"目标成本设定则完全反过来做:先设定目标成本,然后再往回走。

有的企业则没有着重强调价格,而是采用其他营销工具进行非价格定位。经常的情况是,最好的战略并不是制定最低的价格,而是使市场营销提供差异化,从而能够设定更高的价格。因此,营销人员在定价时必须考虑到整个营销组合。如果产品是根据非价格图表来定位的,那么有关质量、促销和销售的决策就会极大地影响价格。如果价格是一个重要的定位因素,那么价格就会极大地影响其他营销组合因素的决策。但是,即使产品以价格为特色,营销人员也需要牢记,顾客很少只依据价格就做出购买行为。相反,顾客寻找能够带给他们最大价值的产品,这些价值的表现形式就是支持价格之后所能得到的利益。

3. 产品成本

成本核算是定价行为的基础。企业要保证生产经营活动,就必须通过市场销售收回成本,并在此基础上形成盈利。产品成本是企业制定价格时的最低界限,即所谓成本价格。低于成本价格出售产品,企业不可避免地要产生亏损,时间一长,企业的营销就难以为继。在市场竞争中,产品成本低的企业就拥有制定价格和调整价格的主动权和较好的经济效益;反之,就会在市场竞争中处于不利地位。

成本是企业能够为其产品设定的底价。企业想设定一种价格,既能够补偿所有生产、分销和直销产品的成本,又能够带来可观的收益率。许多企业努力奋斗,为的是成为本行业中的低成本生产商。低成本的企业能设定较低的价格,从而取得较高的销售量和利润额。

企业的成本有两种形式:固定成本和可变成本。固定成本指那些不随生产或销售水平变化的成本。例如,企业必须支付每月的租金、暖气费、利息、管理人员的薪金,以及其他开支。可变成本直接随生产水平发生变化,每台个人电脑都包括电脑芯片、电线、塑料、包装及其他投入成本。每台电脑上,这些成本都趋向一致。它们被叫做可变成本,是因为其总量会随着生产的电脑数而变化。总成本是指在任何生产水平下固定成本和可变成本之和。管理部门希望制定的价格至少能够补偿在既定生产水平下的生产总成本(见图8-1)。

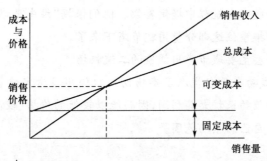

图8-1 产品成本示意图

企业必须审慎地监督好成本。如果企业生产和销售产品的成本大于竞争者,那么企业将不得不设定较高的价格或减少利润,从而使自己处于竞争劣势。

小资料

美国公司靠价格取胜

西南航空公司开辟新航线的战略是寻找机票十分昂贵而提供的服务水平又不高的航空市场。利用这一空当,西南航空公司则以较低的价格、较高的服务水准打入并占领这个市场,拓宽自己的市场范围。

每当西南航空公司进入一个新的航空客运市场与其他航空公司竞争时,其机票仅相当于原来航空公司机票价格的1/3或1/5,比汽车的费用价格还低。西南航空公司在圣地亚哥和萨拉门托又增开一条新航线时,这条航线上其他公司的单程机票价格为279美元,而西南航空公司的机票价格则为59美元,而且没有任何附加条件,如果是订购的话,价格比59美元还低。这样一来,使得许多商务人员大大增加了出差次数,再也不用考虑旅费问题了。西南航空公司的航班每天也由10次增加到15次。公司营销部经理戴维德·莱德利解释说:"这样,因公出差的商务人员可以早晨坐飞机出差,签完合同后,下午坐飞机回来继续工作,如果因种种原因错过了航班,你不必再等4个小时才能乘坐下次航班,你只需等45分钟或1小时就可以乘坐西南航空公司的下次航班。"

西南航空公司的机票价格只是其他航空公司机票价格的1/3或1/5,为什么仍获得可观的利润呢?其关键在于成本的节约。

第一,只使用一种型号的飞机。他们使用的飞机全部是波音747,这就大大减少了培训飞行员、机械师和服务人员的费用。

第二,更有效率地使用登机通道。他们没有采用中心对讲系统,而是采用点到点系统,登机系统很少被闲置不用。

第三,提高飞机的使用效率。西南航空公司的飞机在机场加油、检修及再载客的停留时间大约是15~20分钟,而其他公司在机场的平均逗留时间为40分钟。

第四,减少管理费用,降低营运开支。因为该公司的航程大部分是1小时到1.5小时的短途航程,所以一般不在航程中提供餐饮。他们根据"谁先来谁先坐"的原则安排座位,这样预订机票和安排座位这部分费用就节省下来了。

第五,尽量使用一些主要城市费用低廉的二流机场。

西南航空公司的成功在于它找准了市场切入口使用渗透定价策略迅速占领特定的市场,并通过对成本的节约来扩大其利润,因而能以较低的价格、较高的服务水准打入并占领这个市场,拓宽了自己的市场范围。

4. 产品差异性

所谓产品差异性是指产品具有独特的个性,拥有竞争者不具备的特殊优点,从而与竞争者形成差异。产品差异性不仅指实体本身,而且包括产品设计、商标品牌、款式和销售服务方式的特点。拥有差异性的产品,其定价灵活性较大,可以使企业在行业中获得较高的利润。这是因为:一方面,产品差异性容易培养重视的顾客,使顾客产生对品牌的偏爱,而接受企业定价;另一方面,产品差异性可抗衡替代品的冲击,使价格敏感性相对减弱。

5. 企业的销售能力

可以从两方面来衡量企业的销售力量对定价的影响。一方面,企业销售能力差,对中间商依赖程度大,那么企业最终价格决定权所受的约束就大;另一方面,企业独立开展促销活动的能力强,对中间商依赖程度小,那么企业对最终价格的决定权所受约束就小。

(二) 外部因素

影响企业定价的外部因素主要包括市场性质、消费者需求、政府力量和竞争者力量。

1. 市场性质

与成本决定价格的下限相反,市场和需求决定价格的上限。消费者和工业购买者都会在产品或服务的价格与拥有产品和服务的利益之间做一番权衡比较。因此,在设定价格之前,营销人员必须理解产品价格与产品需求之间的关系。销售者定价的自由程度随不同的市场类型发生变化。经济学家总结出了4种市场类型——完全竞争市场、垄断竞争市场、寡头市场和完全垄断市场,每一种类型都提出了一种不同的定价挑战。

在完全竞争的情况下,市场由众多进行均质商品交易,如小麦、铜、金融证券等的购买者和销售者组成。没有哪个购买者或销售者有能力来影响现行市场价格。销售者无法将价格定得高于现行价格,因为购买者能以现行价格买到产品,而且要多少就有多少。销售者的定价也不能低于市场价格,否则销售者将一无所获。在完全竞争的市场中,市场营销调研、产品开发、定价、广告及促销活动几乎没有什么作用或者根本不发挥作用。因此,在这些市场中的销售者没有必要在营销战略上花许多时间。

在垄断竞争情况下,市场由众多按照系列价格而不是单一市场价格进行交易的购买者和销售者组成。系列价格产生的原因是购买者看到销售者产品之间的差异,并且愿意为这些差异支付不同的价格。销售者努力地开发不同的市场供应,以便适合不同顾客细分市场的需要。除了价格之外,销售者还广泛地采用品牌、广告和直销来使他们的市场区分开来。由于存在众多的竞争者,因此和少数几个制造商控制的市场相比,在垄断竞争市场中,企业较少受到竞争者营销策略的影响。

在寡头市场情况下,市场是由几个对彼此的定价和营销策略高度敏感的销售者组成。产品可能均质(钢、铝)或非均质(汽车、电脑)。市场中销售者很少,因为新的销售者很难进入。每个销售者对竞争者的战略和行动都很警觉。如果一家钢铁公司将价格砍掉10%,购买者很快便会转向这位供应商,其他钢铁生产者必须以降低价格或增加服务来做出反应。寡头垄断者从来也不能确定通过减价能得到哪些永久性的东西。相反,当一个寡头垄断者抬高价格时,它的竞争对手或许并不会跟着抬高价格。该寡头垄断者于是不得不取消涨价,否则便会面临把顾客丢给竞争者的风险。

在完全垄断的情况下,市场只存在一个销售者,该销售者可以是政府垄断者,或私人受控垄断者,或私人非控垄断者,这3种情况下的定价各不相同。政府垄断者可以有各种定价目标。它可以设定低于成本的价格,因为该产品对于无力支付整个成本的购买者很重要。或者设定的价格只用来抵补成本,或者用来创造良好的收益,甚至还可以抬高价格来减少消费。对于受控的垄断者,政府允许企业设定"公平收益率",并允许企业维持或在必要时扩展经营。非控垄断者可以自由设定价格,只要市场承受得住即可。但是它们并不总是设定最高限度的价格,这有许多原因,如不想引来竞争、想凭低价更快地进入市场,或者害怕政府管制等。

表8-1 不同市场性质价格决定因素比较分析表

市场性质	决定价格的因素	企业影响力
完全竞争	市场供求	无
垄断竞争	特色、消费心理	有
寡头垄断	定位、竞争企业、特色	有
完全垄断	政府管制和部分管制	有

2. 消费者需求

对企业产品定价的影响可以从以下3个方面反映出来:

(1)实际支付能力。企业的产品定价应充分考虑消费者愿意并且能够支付的价格水平,它决定企业产品在市场中的价格上限。

(2)需求强度。指消费者想获得某种商品的欲望程度。消费者对某一产品的需求强度大,则其价格的敏感性差,反之则价格敏感性强。在这里我们常用需求价格弹性来区分需求强度,需求价格弹性简称为价格弹性或需求弹性,是需求量变化的百分比除以价格变化的百分比。需求价格弹性反映需求量对价格的敏感程度,以需求变动的百分比与价格变动的百分比之比值来计算,以"1"为区隔。关于这一点有以下3种情况:

① 需求价格弹性 $E_d=1$:等比变化,称为单一弹性。在这种情况下,价格变动对销售总收入影响不大。企业定价时,可选择实现预期盈利率为价格,或市场通行价格,同时配合其他营销策略。主要是日用品。企业通常采用通行价格。

② 需求价格弹性 $E_d>1$:弹性充足。主要是化妆品、家电等商品,消费者有较大选择余地。企业定价时,适宜采用降价和偏低定价、薄利多销的策略来刺激需求。提价时则要特别慎重。

③ 需求价格弹性 $E_d<1$:缺乏弹性。主要是生活必需品、厂家占主导地位或完全由商品供应者控制市场的商品。这时,薄利不能多销。企业在保证质量的前提下,适当调高价格,可增加利润,又不会影响销售。如药品。

(3) 需求层次。不同需求层次的消费者对同一产品的需求强度不同,因而对其价格的敏感性亦有所差异,一般来讲,高需求层次的消费者对价格的敏感性较低,反之则相反。而对于高需求层次的市场定位,则应采取高价格定价策略与之相适应。

3. 政府力量

在当今市场经济舞台上,政府扮演着越来越重要的角色。作为国家与消费者利益的维护者和代表者,政府力量渗透到企业市场行为的每一个角落。在企业定价方面的政府干预,表现为一系列的经济法规,如西方国家的《反托拉斯法》《反倾销法》和我国的《反不正当竞争法》等等,在不同方面和不同程度制约着企业的定价行为。这种制约具体地表现在企业的定价种类、价格水平等方面。因此,企业的价格政策必须遵循政府的经济法规。

4. 竞争者力量

影响企业定价的另一个外部因素是竞争者的成本、价格以及竞争者对该企业定价可能做出的反应。一个正在考虑一台佳能照相机的消费者会把佳能的价格和质量与其竞争产品如尼康、米诺塔的价格和质量进行比较。此外,企业的定价战略会影响企业面对的竞争的性质。如果佳能采取高价格、高利润的战略,它就会引来竞争。而低价格、低利润的战略可以阻止竞争者进入市场或者把他们赶出市场。

企业的定价无疑要考虑竞争者的定价水平,在市场经济中,企业间的竞争日趋激烈,竞争方式多种多样,其中最原始、最残酷的就是价格竞争,竞争的结果可能是整个行业平均利润的降低。尽管如此,处于竞争优势的企业往往拥有较大的定价自由,而处于竞争劣势的企业则更多地采用追随性价格政策,所以,企业产品的定价无时不受到其竞争者的影响和制约。

营销心得

从"豆你玩"到"蒜你狠"

"蒜你狠""豆你玩""姜你军"以及"猪你涨"是时下中国流行的一句时髦用语,形容大蒜、绿豆、生姜以及猪肉等农产品价格一路飙升,超出合理范围。大蒜价格居高不下,"炒"蒜者日益增多。在短短半月时间,从之前的6元一斤猛蹿到10元一斤,在部分城市的超市里,甚至卖出了12元一斤的高价,比上好的五花肉还要贵。

2009年以来,大蒜、绿豆、玉米等农产品价格大幅上涨。这一轮农产品接力般的涨价潮,在网络上也催生了一系列的网络热词——"蒜你狠、豆你玩"。而继"房奴"后,网上出现了"菜奴",幽默的网友纷纷在论坛上大晒每日账本和省钱秘笈,引来无数网友的围观。

"豆你玩、蒜你狠"等网络词汇反映了人们日常生活用品集体呈现上升趋势、人们对此颇为关注和焦虑的心态。这"疯狂"的绿豆、大蒜引发出的"豆你玩""蒜你狠"风暴,根据市场学原理,我们可以从以下几个方面进行分析:

供求是决定价格的最重要因素。商品的需求量是由许多因素决定的,其中主要的因素有:商品的价格、消费者的收入水平、消费者的偏好和消费者对该商品的价格预期等等。

1. 关于商品的自身价格。一般来说,一种商品的价格越高,该商品的需求量就会越小。相反,价格越低,需求量就会越大。绿豆、大蒜作为一种商品,是许多食品的原料和调味剂。绿豆有消暑降压的功效,大蒜更是杀菌消毒预防甲型流感的良品。在多种原因作用下,绿豆、大蒜价格水涨船高。

2. 关于消费者的收入水平。当消费者的收入水平提高时,就会增加对商品的需求量,反之则减少。现在居民的生活水平都有所提高,像绿豆这种夏季消暑的必备品,以及大蒜这种调味品,肯定是生活当中必不可少的,需求量也就不断地上升。

3. 关于消费者的偏好。当消费者对某种商品的偏好程度增强时,该商品的需求量就会增加。春季是细菌快速繁衍和疾病多发期,大蒜特有的杀菌消毒功能得到了更多消费者的青睐。到了夏天,越来越多的人喜欢喝绿豆汤解渴消暑,在此种情况下,商品的需求量自然会上升。

4. 关于消费者对商品的价格预期。当消费者预期对某种商品的价格在未来下一期会上升时,就会增加对该商品的现期需求量。例如:曾有这么一个大伯,在看了养生大师张悟本的书后听信了他的养身神话,以为绿豆有那么多的好处,在未来一段时间价格一定会再上升的,自己就去超市以10元/斤的价格购买了200斤绿豆,打算一天吃一斤。也有一些不法商家灵敏地嗅到了商机,大量地收购、囤积商品,还捏造散布不实信息,哄抬价格,这种不正当的竞争使得绿豆价格在短期内涨得飞快。

第二节 定价的基本方法

在企业实际定价时,常常可能出现这么几种情况:第一,由于市场人员忽视成本,其定价决策仅仅使市场份额最大化,而不是利润最大化;第二,由于财务人员忽视消费者价值和购买动机研究,其定价忽略了固定成本的分摊;第三,由于没有收集到足够的有关竞争对手的信息而做出的定价决策,在短期内可能看起来不错,但一旦竞争者采取出乎意料的行动也就很危险了。

在一些公司,当一项价格决策已迫在眉睫,领导们才匆匆碰头,草率地做出决策。他们并未研究公司的成本如何受销售额的影响,也不与潜在顾客沟通,以便了解价格在他们的购买决策中所起的作用,更不去分析竞争对手以往的定价特点以及对本公司的定价可能做出的反应。美国许多著名大公司在定价上都犯过错误,如领导电子潮流的飞利浦公司、在信用卡市场独占鳌头的花旗银行以及几家统治美国航空业市场的航空公司就是如此。虽然它们为消费者创造了巨大价值,但是却往往不如同行业一些小公司那样具有持久和可观的获利性。

可见,好的定价决策需要成本、顾客和竞争者三方面的信息,这是定价成功与否的决定性因素,决策层必须全面分析成本、顾客及竞争因素 3 个相互关联的因素是如何影响产品定价的,但在实际定价时,往往又侧重于某一因素,于是便形成了成本导向定价法、需求导向定价法和竞争导向定价法 3 种类型的基本定价方法。

一、成本导向定价法

成本导向定价法,是以企业的生产或经营成本作为制定价格依据的一种基本定价方法。按照成本定价的性质不同,又可分为以下几种。

(一) 成本加成定价法

成本加成定价法是按产品单位成本加上一定比例的利润制定产品价格的方法。大多数企业是按成本利润率来确定所加利润的大小的。即:价格=单位成本+单位成本×成本利润率=单位成本×(1+成本利润率)。成本加成定价法是企业较常用的定价方法。

例 某汽车配件厂家,其固定资产为 50 万元,预计销售某类型的汽车配件为 9 万件,成本价为 20 元。若该厂家的期望利润为 20%,那么该汽车配件将如何订单价?

解 该汽车配件的单位产品成本
$$C = 20 + 5000000/90000 = 25.6 \text{ 元}$$
则单位产品价格
$$P = 25.6(1+20\%) = 30.7 \text{ 元}$$

成本加成法之所以被很多企业接受,是因为:

(1) 经营者对成本容易了解,把价格与成本挂钩,应用简便,企业不必因为需求发生了变化而经常调整价格。

(2) 如果同行业企业都普遍采用这种方法定价,市场价格会趋于相似,价格竞争就会因此而降到最低限度。

(3) 许多人觉得成本加成定价对购买者和经营者都比较公平,如果需求增加,经营者不会乘机加价,保护了消费者利益,但经营者可以获得一个公平的投资回报。

但这种定价方法也具有缺乏对市场竞争和供求变化的适应能力、不利于企业降低成本、定价的主观随意性较大等缺点。

(二) 目标成本定价法

目标成本定价法,是指以期望达到的目标成本为依据,加上一定的目标利润来制定价格的方法。目标成本是企业在充分考虑到未来生产经营主客观条件变化的基础上,为实现企业定价目标,谋求长远和总体利益而拟定的一种"预期成本",一般都低于定价时的实际成本。目标成本定价法适用于经济实力雄厚、生产和经营有发展前途的企业,尤其适宜于新产品的定价。其计算公式为

$$保本价格 = \frac{固定成本}{预计销售量} + 单位变动成本$$

或

$$= \frac{固定成本 + 总变动成本}{预计销售量}$$

$$目标利润价格 = \frac{固定成本 + 目标利润}{预计销售量} + 单位变动成本$$

例 某企业准备开发一种新产品,预测投产后年固定成本为30 000元,单位产品变动成本为20元,销售价格每件30元,对这种新产品进行市场调查后预测年销售量可达到4 000件。要求:

(1) 进行可行性分析;

(2) 如果可行,是否能实现目标利润20 000元?

解 (1) 根据资料求保本点:

$$Q = 30\,000/(30-20) = 3\,000(件)$$

预计销售量是4 000>3 000,所以有利润,可开发。

(2) 要实现目标利润20万元,按30元/件销售

目标利润销售量=(30 000+20 000)/(30-20)=5 000(件)>4 000

所以不能实现20 000元的目标利润。

例 某企业要接受400台订货,用户每台愿出价350元,产品固定费用为50 000元,单位产品变动费用为250元。试根据上述条件决策企业是否接受这批订货?

思考:如果接受后边际利润是多少?若不能接受,需改变什么条件才能使企业接受这批订货?

解 (1) 在企业的固定费用早已投入,或企业不需要新增加50 000元固定费用的情况下:

① 企业经营状况好:考虑机会成本(可谈判)

② 经营状况欠佳:只要有边际贡献,就可以接受订货,因为固定费用已支出。

(2) 在企业需要新增加固定费用的情况下:需分析该产品的市场前景

① 前景好:若企业本来就打算发展该产品,则可以接受订货。盈亏分析:

用户每台出价350元,平衡点订货量=50 000/(350-250)=500(台)

按用户订400台计算,平衡点价格=50 000/400+250=375(元)

② 若产品前景不好,没有发展前途,企业不打算开发此产品,则不应该接受订货。

目标成本作为一种"预期成本",虽然不是定价时的实际成本,但也不是人们主观臆想出来的,它是建立在对"量、本、利"关系科学测算的基础上,利用盈亏平衡分析的原理加以确定的。企业通过市场预测,在确定一种产品的可销价格以后,根据固定成本总额和单位产品平均变动成本,可以先测定保本量,即在销售量动态曲线上,价格减去单位产品变动成本的销售收入与产量的乘积余额正好补偿固定成本总额时的某一点,这个点称为盈亏平衡点。

采用目标定价法能保证企业按期收回投资,并能获得预期利润,计算也比较方便。但产品价格根据预计产量推算,并非一定能保证销量也同步达到预期目标。因此,企业必须结合自身实力、产品特点和市场供求等方面的因素加以调整。

(三) 变动成本定价法

变动成本定价法,又称边际贡献定价法,是指在变动成本的基础上,加上预期的贡献计算价格的定价方法。其计算公式为

$$价格 = 单位变动成本 + 边际贡献$$

所谓边际贡献,就是销售收入减去变动成本后的余额。单位产品的销售收入在补偿其变动成本之后,首先用于补偿固定成本费用。在盈亏平衡点之前,所有产品的累计贡献均体现为对固定成本费用的补偿,企业无盈利可言。在到达盈亏平衡点之后,产品销售收入中的累计贡献才是现实的盈利。所有产品销售收入中扣除其变动成本后的余额,不论能否成为企业盈利,都可视为是对企业的贡献,它既可以反映为企业盈利的增加,也可以反映为企业亏损的减少。从短期决策来看,企业增加生产只要能获得边际贡献就是有经济效益的,即所增加的那部分边际产量对提高企业经济效益是有贡献的,产量可一直增加到边际贡献等于零为止。

变动成本定价法通常使用于以下两种情况:① 当市场上产品供过于求企业产品滞销积压时,如坚持以总成本为基础定价出售,就难以为市场所接受,其结果不仅不能补偿固定成本,而且连变动成本都无法收回,此时,用变动成本为基础定价,可大大降低售价,对付短期价格竞争;② 当订货不足企业生产能力过剩时,与其让厂房和机器设备闲置,不如利用低于总成本但高于变动成本的低价来扩大销售,同时也能减少固定成本的亏损。

二、需求导向定价法

需求导向定价法,是以消费者对产品价格的接受能力和需求程度为依据制定价格的方法。它不以企业的生产成本为定价的依据,而是在预计市场能够容纳目标产销量的需求价格限度内确定消费者价格、经营者价格和生产价格。具体可以分为以下几种方法。

(一) 可销价格倒推法

可销价格倒推法,又称反向定价法,是指企业根据产品的市场需求状况,通过价格预测和试销、评估,先确定消费者可以接受和理解的零售价格,然后倒推批发价格和出厂价格的定价方法。其计算公式为

$$出厂价格 = 市场可销零售价格 \times (1 - 批零差价率) \times (1 - 销进差率)$$

采用可销价格倒推法的关键在于如何正确测定市场可销零售价格水平。测定的标准主要有:产品的市场供求情况及其变动趋势、产品的需求函数和需求价格弹性、消费者

愿意接受的价格水平、与同类产品的比价关系。测定的方法有：

（1）主观评估法。由企业内部有关人员参考市场上的同类产品，比质比价，结合考虑市场供求趋势，对产品的市场销售价格进行评估确定。

（2）客观评估法。由企业的外部有关部门和消费者代表，对产品的性能、效用、寿命等方面进行评议、鉴定和估价。

（3）实效评估法。以一种或几种不同价格在不同消费对象或区域进行实地销售，并采用上门征询、问卷调查、举行座谈会等形式，全面征求消费者的意见，然后判明试销价格的可行性。

按可销价格倒推法定价，具有促进技术进步、节约原料消耗、强化市场导向意识、提高竞争能力等优点，符合按社会需要组织生产的客观要求。

小资料

宜家产品策略：先定价，再设计

宜家的设计人员参考了所有宜家商店的销售记录，以及同类竞争产品的状况，按照"价格矩阵"设计产品，并且保证这个产品的价格是最有利于销售的，比如低于市场价格10%。宜家的邦格杯子，为了保持低价格，设计师必须充分考虑材料、颜色和设计等因素，如杯子的颜色选为绿色、蓝色、黄色或者白色，因为这些色料与其他颜色（如红色）的色料相比，成本更低；为了在储运、生产等方面降低成本，设计师把邦格杯子设计成了一种特殊的锥形，因为这种形状使邦格杯子能够在尽可能短的时间内通过机器，从而更能节省成本。后来宜家再次将这种杯子高度、杯把儿的形状做了改进，可以更有效地进行叠放，从而节省了杯子在运输、仓储、商场展示以及顾客家中碗橱内的占用空间。宜家的设计师采用奥格拉椅子复合塑料替代木材；后来，为了进一步降低成本，宜家将一种新技术引入了家具行业——通过将气体注入复合塑料，节省材料并降低重量，并且能够更快地生产产品。

宜家还发明了"模块"式家具设计方法（宜家的家具都是拆分的组装货，产品分成不同模块，分块设计。不同的模块可根据成本在不同地区生产；同时，有些模块在不同家具间也可通用），这样不仅设计的成本得以降低，而且产品的总成本也能得到降低。

（二）理解价值定价法

所谓理解价值，即消费者对某种产品价值的主观评判，它与产品的实际价值往往会发生一定的偏离。理解价值定价法，是指企业以消费者对产品价值的理解为定价依据，运用各种营销策略和手段，影响消费者对产品价值的认知，形成对企业有利的价值观念，再根据产品在消费者心目中的价值地位来指定价格的一种方法。有些营销学家认为，把买方的价值判断与卖方的成本费用相比较，定价时应侧重考虑前者。因为消费者购买产品时,总会在同类产品之间进行比较,选择那些既能满足消费需要,又符合其技术标准的产品。消费者对产品价值的理解不同,会形成不同的价格限度。如果价格刚好定在这一限度内,就会促进消费者购买。为此,企业定价时应对产品进行市场定位,研究该产品在不同消费者心目中的价格标准,以及在不同的价格水平上的销售量,并做出恰当的判断,进而有针对性地运用市场营销组合中的非价格因素影响消费者,使之形成一定的价值观念,提高他们接受价格的限度。然后企业拟订一个可销价格,并估算在此价格水平下产品的销量、成本和盈利状况,从而确定可行的实际价格。

小资料

凯特比勒公司的理解价值定价

凯特比勒公司是一家生产经营牵引机的公司,一般牵引机的价格均在2万美元左右,而该公司却卖2.4万美元。当顾客上门询问为何该公司的牵引机要贵4 000美元时,该公司的经销人员会给你算一笔账:

20 000美元是与竞争者同一型号机器的价格

+3 000美元是产品更耐用多付的价格

+2 000美元是产品可靠性更好多付的价格

+2 000美元是公司服务更佳多付的价格

+1 000美元是保修期更长多付的价格

28 000美元是上述应付价格的总和

-4 000美元是折扣

24 000美元是最后价格

经销人员使目瞪口呆的客户相信,他们付24 000美元,就能买到价值28 000美元的牵引机一台,从长远来看,购买这种牵引机的成本更低。

(三) 需求差异定价法

需求差异定价法,是指根据消费者对同种产品或劳务的不同需求强度制定不同的价格和收费的方法。价格之间的差异以消费者需求差异为基础,其主要形式有:

(1) 以不同的消费者群体为基础的差别定价。

(2) 以不同的产品式样为基础的差别定价。

(3) 以不同地域位置为基础的差别定价。

(4) 以不同时间为基础的差别定价。

按需求差异定价法制定的价格,并不与产品成本和质量的差异程度相应成比例,而是以消费者需求的差异为标准。一般应具有以下条件:①市场能够根据需求强度的不同加以细分,而且需求差异较为明显;②细分后的市场之间无法相互流通,即低价市场的消费者不可能像高价市场的消费者转手倒卖产品或劳务;③在高价市场中用低价竞争的可能性不大,企业能够垄断所生产经营的产品或劳务;④市场细分后所增加的管理费用应小于实行需求差异定价所得到的额外收入;⑤不会因价格差异而引起消费者的反感。

三、竞争导向定价法

竞争导向定价法,是以市场上竞争对手的价格作为制定企业同类产品价格主要依据的方法。这种方法适宜于市场竞争激烈、供求变化不大的产品,它具有在价格上排斥对手、扩大市场占有率、迫使企业在竞争中努力推广新技术的优点。一般可以分为以下几种具体方法。

(一) 随行就市定价法

随行就市定价法,即与本行业同类产品价格水平保持一致的定价方法。这种"随大流"的定价方法,主要使用于需求弹性较小或供求基本平衡的产品。在这种情况下,单个企业提高价格,就会失去顾客;而降低价格,需求和利润也不会增加。所以,随行就市成为一种较为稳妥的定价方法。它既可避免挑起价格竞争,与同行业和平共处,减少市场风险,又可补偿平均成本,从而获得适度利润,而且易为消费者接受。如果企业能降低成本,还可以获得更多的利润。因此,这是一种较为流行的定价方法,尤其为中小企业所普遍采用。

(二) 竞争价格定价法

竞争价格定价法,即根据本企业产品的实际情况及与竞争对手的产品的差异状况来确定价格。这是一种主动竞争的定价方法,一般为实力雄厚或产品独具特色的企业所采用。定价时,首先,将市场上竞争产品的价格与企业估算价格进行比较,分为高于、等于、低于3种价格层次;其次,将本企业产品的性能、质量、成本、产量等与竞争企业的产品进行比较,分析造成价格差异的原因;再次,根据以上综合指标确定本企业产品的特色、优势及市场地位,在此基础上,按定价所要达到的目标确定产品价格;最后,跟踪竞争产品的价格变化,及时分析原因,相应调整本企业的产品价格。

(三) 投标竞争法

投标竞争法,即在投标交易中,投标方根据招标方的规定和要求进行报价的方法。一般有密封投标和公开投标两种形式。主要适用于提供成套设备、承包建筑工程、设计项目、开发矿产资源或大宗商品订货等。

企业的投标价格必须是招标单位所愿意接受的价格水平。在竞争投标的条件下,投标价格的确定,首先要根据企业的主客观条件,正确地估算完成指标任务所需要的成本;其次要根据企业的主客观条件,正确地估算完成指标任务所需要的成本;再次要对竞争对手的可能报价水平进行分析预测,判断本企业中标的机会,即中标概率。企业中标的可能性或概率大小取决于参与投标竞争企业的报价状况。报价高,中标率小;报价低,则中标率大;报价过低,虽然中标的概率极大,但利润可能很少甚至亏损,对企业并非有利。因此,要想使报价容易中标且有利可图,企业就要以投标最高期望利润为标准定报价水平。所谓投标期望利润,就是企业投标报价预期可获得利润与该报价水平中标概率的乘积。

上述各种方法各有其优缺点,企业要根据实际情况选择运用。在实践中,有些企业过于强调成本导向,不能经常根据市场变化调整价格,忽视需求和竞争因素,忽视企业的市场定位,忽视价格制定与市场营销组合的其他要素的联系。这些做法都是不恰当的,应该把需求、竞争、成本综合起来考虑,选择恰当的方法定价。

第三节 定价策略与技巧

一、定价策略

定价策略,是指企业在特定的情况下,依据确定的定价目标,所采取的定价方针和价格对策。它是指导企业正确定价的一个行动准则,也是直接为实现定价目标服务的。由于企业生产经营的产品和销售渠道以及所处的市场状况等条件各不相同,所以应采取不同的定价策略。

(一) 新产品定价策略

新产品定价合理与否,关系到能否及时打开销路、占领市场和获得预期利润的问题,对于新产品以后的发展具有十分重要的意义。新产品定价策略有以下三种。

1. 取脂定价策略

取脂定价,又称"撇脂"定价,意为提取精华,快速取得利润。这是一种高价策略,即在新产品投放市场初期,利用消费者求新、求奇的心理动机和竞争对手较少的有利条件,以高价销售,在短期内获得尽可能多的利润。以后随着产量的扩大,成本的下降,竞争对手的增多,再逐步地降低价格。

采用取脂定价策略,必须具备4个基本条件:一是产品的质量和形象必须能够支持产品的高价格,并且有足够的购买者想要这个价格的产品;二是产品必须新颖,具有较明显的质量、性能优势,并且有较大的市场需求量;三是产品必须具有特色,在短期内竞争者无法仿制或推出类似产品;四是生产较少数量产品的成本不能够高到抵消设定高价格所取得的好处。这种策略的优点是:能够在短期内获得较高的利润,尽快收回投资,并掌握降低价格的主动权。缺点是:风险大,容易吸引竞争者加入,若产品不为消费者接受,会导致产品积压,造成亏损。因此,采取此策略时,要求企业对市场需求有较准确的预测。

> **小资料**
>
> **英特尔公司的取脂定价**
>
> 当英特尔率先研制出奔腾芯片时,单位定价约为 1 000 美元。其结果是电脑制造商对它们的第一台奔腾 PC 机的定价达到 3 500 美元甚至还要高,吸引的顾客仅仅是严肃的电脑使用者和商业购买者。但是,在导入期之后,英特尔将奔腾芯片的价格每年削减 30%,最后将奔腾 PC 机的价格降到一般家用电脑购买者所能承受的范围之内。通过这种方法,英特尔从不同的细分市场中撅取了最大限度的收益。

2. 渗透定价策略

渗透定价,也称"别进来"定价。这是一种低价策略,即在新产品上市初期,将产品价格定得低于人们的预期价格,给消费者以物美价廉的感觉,借此打开销路,占领市场。

渗透定价适用于资金实力雄厚、生产能力强、在扩大生产以后有降低成本潜力的企业,或者新技术已经公开,竞争者纷纷效仿生产和需求弹性很大,市场上已有代用品的中、高档消费品。这种策略的优点是:有利于吸引顾客,增强产品的竞争能力,使竞争者不敢贸然进入;有利于迅速打开产品销路,开拓市场。缺点是:低价利微,收回投资的时间较长,在产品生命周期和需求弹性预测不准的条件下具有一定的风险性。

3. 满意定价策略

满意定价,又称"均匀"定价。这是一种中价策略,即在新产品刚进入市场的阶段,将价格定在介于高价和低价之间,力求使买卖双方均感满意。

满意定价策略适用于需求价格弹性较小的日用生活必需品和主要的生产资料。这种策略既可以避免取脂定价因高价而带来的风险,又可消除渗透定价因低价而引起的企业生产经营困难,因而既能使企业获取适当的平均利润,又能兼顾消费者利益。

(二)折扣定价策略

折扣定价策略,也称差别价格策略,是指企业根据产品的销售对象、成交数量、交货时间、付款条件、取货地点以及买卖双方负担的经济责任等方面不同,给予不同价格折扣的一种策略。常用的折扣定价策略有以下几种。

1. 现金折扣

现金折扣,也称付款期限折扣,即对现金交易或按约定日期提前付款的顾客给予不同价格折扣。它是为鼓励买方提前付清货款而采用的一种减价策略,目的是为了加速资金周转,降低销售费用和经营风险。其折扣率的高低,一般由买方提前付款期间利息率的多少、提前付款期限的长短和经营风险的大小来决定。

> **小 资 料**

99美分商店和1元钱拍卖活动

美国有家"99美分商店",不仅一般商品以99美分标价,甚至每天还以99美分出售10台彩电,极大地刺激了消费者的购买欲望,商店每天门庭若市。每天按每台99美分出售10台彩电的损失不仅完全补回,企业还有不少的利润。

北京地铁有家每日商场,每逢节假日都要举办"1元拍卖活动",所有拍卖商品均以1元起价,报价每次增加5元,直至最后定夺。但这种由每日商场举办的拍卖活动由于基价定得过低,最后的成交价就比市场价低得多,因此会给人们产生一种"卖得越多,赔得越多"的感觉。岂不知,该商场用的是特殊定价术,它以低廉的拍卖品活跃商场气氛,增大客流量,带动了整个商场的销售额上升。

2. 批量折扣

批量折扣,即根据购买数量多少而给予不同程度的价格折扣。它是为了鼓励买方批量购买或集中购买一家企业的产品而采用的一种减价策略。一般来说,购买的数量或金额越大,给予的折扣也越大。批量折扣有一次折扣和累计折扣两种形式。

一次折扣是指按照单项产品一次成交数量或金额的多少,规定不同的价格折扣率。一般适用于能够大量交易的单项产品,用于鼓励买方大批量购买。

累计折扣是指在一定时期内购买一种或多种产品的数量或金额超过规定数额时,给予买方的价格折扣。折扣的大小与成交数量或金额的多少成正比。一般适用于单位价值较小、花色品种复杂、不宜一次大量进货的产品,以及大型机器设备和耐用消费品。

3. 交易折扣

交易折扣,也称功能性折扣,是指企业根据交易对象在产品流通中的不同地位和功能,以及承担的职责给予不同的价格优惠。对买方企业实行何种价格折扣,是以其在产品流通中发挥何种作用为依据的。为鼓励各类经营企业的积极性,各种折扣和差价应补偿其必要的流通费用,并提供合理利润。

4. 季节折扣

季节折扣,是指企业对于购买非应季产品或劳务的用户给予的一种价格优惠。一些产品常年生产、季节消费,宜采用此策略,目的在于鼓励买方在淡季提前订购和储存产品,使企业生产保持相对稳定,也减少因存货所造成的资金占用负担和仓储费用。

(三) 心理定价策略

心理定价策略,是指销售企业根据消费者的心理特点,迎合消费者的某些心理需要而采取的一种定价策略。这种策略主要适用于零售环节。常用的心理定价策略主要有如下几种。

1. 尾数定价策略

尾数定价,也称零头定价或缺额定价,即给产品定一个零头数结尾的非整数价格。大多数消费者购买产品,尤其是购买一般的日用消费品时,乐于接受尾数价格,如0.99元、9.98元等。消费者会认为这种价格经过精确计算,购买不会吃亏,从而产生信任感。同时,价格虽离整数仅相差几分或几角钱,但给人一种低一位的感觉,符合消费者求廉的心理愿望。这种策略通常适用于基本生活用品。

小资料

数字与价格调查

5元以下的商品,末位数为9最受欢迎;5元以上的商品,末位数为95效果最佳;百元以上的商品,末位数为98、99最为畅销。

美国、加拿大等国的消费者普遍认为单数比双数少,奇数比偶数显得便宜,在北美地区,零售价为49美分的商品,其销量远远大于价格为50美分的商品,甚至比48美分的商品也要多一些。日本企业却多以偶数,特别是"零"作结尾,这是因为偶数在日本体现着对称、和谐、吉祥、平衡和圆满。

2. 整数定价策略

整数定价与尾数定价正好相反,企业有意将产品价格定为整数,以显示产品具有一定质量。整数定价多用于价格较贵的耐用品或礼品,以及消费者不太了解的产品,对于价格较贵的高档产品,顾客对质量较为重视,往往把价格高低当作衡量产品质量的标准之一,所谓"一分价钱一分货",从而有利于销售。

3. 声望定价策略

声望定价即针对消费者"便宜无好货""价高质必优"的心理,对在消费者心目中享有一定声望、具有较高信誉的产品制定高价。不少高级名牌产品和稀缺产品,如豪华轿车、高档手表、名牌时装、名人字画、珠宝古董等,在消费者心目中享有极高的声望和地位,价格越高,心理满足的程度也越高。

4. 习惯定价策略

有些产品在长期的市场交换过程中已经形成了为消费者所适应的价格,成为习惯价格。企业对这类产品定价时要充分考虑消费者的习惯倾向,采用"习惯成自然"定价策略。对消费者已经习惯了的价格,不宜轻易变动。降低价格会使消费者怀疑产品质量是否有问题,提高价格会使消费者产生不满情绪,导致购买的转移,在不得不需要提价时,应采取改换包装或品牌等措施,减少抵触心理,并引导消费者逐步形成新的习惯价格。

5. 招徕定价策略

这是适应消费者"求廉"的心理,将产品价格定得低于一般市价,个别的甚至低于成本,以吸引顾客、扩大销售的一种定价策略。采用这种策略,虽然几种低价产品不赚钱,甚至亏本,但从总的经济效益看,由于低价产品带动了其他产品的销售,企业还是有利可图的。

> **小 资 料**

醉翁之意

珠海九洲城里有个 3 000 元港币的打火机,许多观光客听到这个消息无不为之咋舌。如此昂贵的打火机,该是什么样子呢?于是,九洲城又凭空增添了许多慕名前来一睹打火机"风采"的顾客。这个名曰"星球大战"的打火机看上去极为普通,它真值这个价钱吗?站在柜台前的观光者人人都表示怀疑,就连售货员对此亦未置可否地一笑了之。这个打火机被搁置在柜台里很长时间无人问津,但它旁边的 3 元港币一只的打火机却是购者踊跃。许多走出九洲城的游客坦诚相告:我原是来看那个"星球大战"的,不想却买了这么多东西。

无独有偶,日本京都滨松町的一家咖啡屋,竟然推出了 5 000 日元一杯的咖啡,就连一掷千金的豪客也大惊失色。然而消息传开,抱着好奇心理的顾客蜂拥而至,使往常冷冷清清的店堂一下子热闹了,果汁、汽水、大众咖啡等饮料格外畅销。

(四)差别定价策略

差别定价也称为价格歧视,是指企业以两种或两种以上不反映成本比例差异的价格来销售某种产品或服务。差别定价主要有以下形式:

1. 因顾客而异的差别定价

即企业将同一种产品或劳务以不同价格出售给不同的顾客。如电力部门对工商企业和居民用电分别制定了不同的价格。又如,由于消费者的商品知识、讨价还价能力及需求强度存在差异,因此商家可能将同样的服装以不同的价格卖给不同的消费者。

2. 因产品式样而异的差别定价

产品式样不同,价格也不同,但是价格的差异与它们之间的成本差异不成比例。如某超市"喜之郎"果冻布丁散装价格为每千克 15 元,但装在塑料玩具小背包或塑料玩具坦克里,600 克就标价 13 元和 18 元。

3. 因地点而异的差别定价

企业为处于不同位置的产品或劳务分别制定不同的价格,即使它们的成本费用没有任何差异。如剧院里的前座和后座的价格就有所不同。

4. 因时间而异的差别价格

企业为不同季节、不同日期甚至同一天内不同时间的产品或劳务制定不同的价格。如长途电话在不同的时间段收费不同;旅游业在淡季和旺季的收费也有所不同;洛杉矶至纽约的经济舱往返票价最便宜时仅 250 美元,最贵时达 1 500 美元以上。

企业实行差别定价应该具备一定的条件：①市场必须是能够细分的，并且各个细分市场要具备不同的需求强度；②以低价购买产品的顾客不可能将产品用高价转卖出去；③竞争者不可能在企业以较高价格销售产品的市场上以低价倾销产品；④细分市场和控制市场的费用不超过因实行差别定价所获得的额外收入；⑤实行的差别定价不会引起顾客的反感；⑥差别定价的形式不违法。我国《价格法》规定，"提供相同商品或服务，对具有同等交易条件的其他经营者实行价格歧视"属于不正当的价格行为。

小资料

微软的差别定价

微软将其"Office 95"套装软件的标准价格定为499美元，然后通过3种折扣形式进行差别定价。

第一，选择使用旧有系统的升级用户可得到200美元的折扣；

第二，根据时间不同进行差别定价，即年底前购买者将获得50美元的折扣；

第三，当前的微软客户可以另外获得40美元的折扣。

使得一个于年底前升级的当前微软用户的价格降低到209美元，是原来价格的42%。

二、调价策略

一种产品价格确定以后并非是固定不变的。随着市场环境的变化，企业常常会根据生产成本、市场供求和竞争状况对产品价格做出调整，通过降低价格或提高价格，使本企业的产品在市场上保持较理想的销售状态。

价格调整的方式，主要有以下两种：

（一）调高价格

1. 调高价格的原因

价格具有刚性，从长期来看，价格有不断上升的趋势。但在短期内，提高价格常会引起消费者和中间商的不满而拒绝或减少购买和进货，甚至本企业的销售人员都反对，一般只有在某些特殊情况下采用此策略。但是，成功的提价会极大地促进利润的增长。例如，如果企业的边际利润是销售额的3%，提价1%不至于影响销售量的话利润就增加33%。

（1）价格上调的一个主要原因就是通货膨胀或原材料价格上涨引起企业成本增加。企业无法自我消化增加的成本，只能通过提高售价才能维持正常的生产经营活动。成本上升使利润减少，这使企业经常反复提价。由于预期未来将继续发生通货膨胀，所以企业提价的幅度往往高于成本的增长。

（2）另一个导致价格上涨的因素就是产品供不应求，暂时无法满足市场需求。通过提高价格,可将产品卖给需求强度最大的顾客;也可以对顾客实行产品配额,或者双管齐下。

(3) 政策、法规限制消费或淘汰产品的税率提高也是调高价格一个不可忽视的因素。出于保护环境和合理使用稀缺资源的需要,政府对某些产品采用经济手段调控致使价格上升。

2. 调高价格的方法

企业可以用许多方法来调高价格,与增长的成本保持一致。调高价格的方法通常包括明调与暗调两种形式。明调即公开涨价,在将涨价的情况传递给顾客时,企业应避免形成价格欺骗的现象。企业必须用与顾客的交流活动来支持价格上涨,告诉顾客为什么价格将会被提高。企业销售人员应该帮助顾客找到节省的办法。暗调则是通过取消折扣、在产品线中增加高价产品、实行服务收费、减少产品不必要的功能等手段来实现,这种办法十分隐蔽,几乎不露痕迹。

只要有可能,企业应该考虑采用其他办法来弥补增加的成本和满足增加的需求,而不用提高价格的办法。例如,可以缩小产品而不提高价格,这是糖果生产商们经常采用的办法。或者可以用较便宜的配料来替代;或者除去某些产品特色、包装或服务;或者可以"拆散"产品和服务,去除和分散本应是一部分的定价因素。例如,IBM 现在提供的电脑系统培训和咨询服务是一项单独定价的服务。

(二) 调低价格

对企业来说,降低价格往往出于被迫无奈,但在下列情况下,必须考虑降价:

(1) **产品供过于求,生产能力过剩**。这时企业需要扩大业务,然而增加销售力量、改进产品、努力推销或采取其他可能的措施都难以达到目的,企业会放弃"追随主导者"的定价方法,即设定与主要竞争者相同的价格,采用攻击性减价的方法来提高销售量。但是,正如航空公司、建筑设备和其他行业近几年所取得的教训所显示的,在生产能力过剩行业减价会挑起价格战,因为竞争者都要设法保住自己的市场份额。

(2) **市场竞争激烈,产品市场占有率下降**。竞争者实力强大,占有明显优势,消费者偏好发生转移,本企业产品销量不断减少。美国有几个行业,如汽车、家用电器、手表和钢铁,都把市场份额丢给了日本竞争者,因为这些日本竞争者的产品质量更好、价格更低。美国企业采取了更有攻击性的定价行动来反击。例如,通用汽车公司在与日本竞争最激烈的西海岸,将其超小型汽车价格降低 10%。

(3) **生产成本下降,为挤占竞争对手市场**。这是一种主动降价行为,可能导致同行业内竞争加剧。条件是,必须比竞争对手有更强的实力。不管企业是从低于竞争者的成本开始,还是从夺取市场份额的希望出发,都会通过销售量的扩大进一步降低成本。博士伦采用攻击性的低成本、低价格战略,成为软性隐形眼镜竞争市场中的早期领导者。

(4) 企业转产,老产品清仓处理。在新产品上市之前,及时清理积压存货。

无论是降价还是提价,都应注意调整的幅度和频率,还要把握调整的时机,以取得预期的效果。同时,调整价格要符合政府的有关政策和法律,避免违反《价格法》《反不正当竞争法》和《消费者权益保护法》等法规而受到制裁。

价格是消费者最为敏感的要素,也是厂商最敏感的因素,商家调高了价格必然会带来很大的影响,这包括消费者方面的,也包括竞争者方面的。因此,分析这些影响然后做出相应的对策就变得尤为重要。

(三) 顾客对企业调价反应

顾客对企业调价反应,将直接影响产品的销售,对此企业应该高度关注,并进行分析预测,制定相应的策略。

(1) 顾客对企业降价的反应。顾客对企业降价做出的反应是多种多样的,有利的反应是认为企业生产成本降低了,或企业让利于顾客。不利的反应有:这是过时的产品,很快会被新产品代替;这种产品存在某些缺陷;该产品出现了供过于求;企业资金周转出现困难,可能难以经营下去;产品的价格还将继续下跌。

(2) 顾客对企业提价的反应。当企业提价时顾客也会做出各种反应,有利的反应会认为产品的质量提高,价格自然提高;或认为这种产品畅销,供不应求,因此提高了售价,而且价格可能继续上升,不及时购买就可能买不到;该产品正在流行等。不利的反应是认为企业是想通过提价获取更多的利润。顾客还可能会做出对企业无害的反应,如认为提价是通货膨胀的自然结果。

由于不同的产品需求价格弹性存在差异,因此不同产品的价格调整对顾客的影响是不同的。另外,顾客不但关心产品的买价,还关心产品的使用、维修费用。如一般的分体空调使用 3～5 年后都要加注氟利昂,而海信集团投资 100 万美元引进氟检测装置,保证了空调器终身不用加注氟利昂,这就降低了空调昂贵的维修使用费,使企业的产品能以较高的价格出售。

(四) 竞争者对企业调价的反应

在异质的产品市场上,企业和竞争者都可以通过对产品差异的垄断来控制产品价格,因此,企业调价的自由度和竞争者做出反应的自由度都很大。顾客做出购买决策时也不只是考虑价格因素,还要考虑各种非价格因素,如产品的质量、款式、顾客服务等,这些因素也减少了顾客对较小的价格差异的敏感性。

竞争者对企业调价的反应是很重要的。当产品供不应求的时候,竞争者一般都会追随企业的提价,因为这对大家都有好处,产品都能够在较高的价位上全部销售出去。因此,要准确地分析、预测竞争者对企业调价的可能反应,制定相应的策略,而不是随意地进行价格调整。当企业只面对一个主要竞争者时,可以从以下两方面来预测竞争者对企业调价做出的可能反应：

（1）假设竞争者用以前做出的既定模式来做出反应。在这种情况下，竞争者的反应是容易做出预测的。

（2）假设竞争者将企业的每次调价都看成挑战，并根据当时自身的利益做出反应。在这种情况下，企业必须确定竞争者的自身利益所在，调查竞争者当前的财务状况、生产能力和销售情况、顾客忠诚情况及经营目标。如果竞争者以维持和提高市场占有率为目标，它会在企业提价时保持价格不变，在企业降价时也追随降价；如果竞争者以当期最大利润为目标，那么在企业提高价格时也会提价，在企业降价时可能不降价，而采用加强顾客服务等非价格手段来进行竞争。

竞争者可能做出的反应，与竞争者对企业调价目的的判断有关。因此，企业在收集竞争者资料时，也要注意收集竞争者对企业调价的看法。

当企业面对的是几个竞争者的时候，就必须对每个竞争者可能做出的反应进行估计。如果他们的反应类似，那么只需要对其中一个典型的进行分析即可。而各个竞争者由于在生产规模、市场份额和经营战略等反面存在差异，做出的反应也各不相同，此时企业就应该对他们分别进行分析。一般来说，如果某些竞争者会追随企业调价，那么可以认为其他竞争者也会这样做。

（五）企业对竞争者调价的对策

在异质市场上，对于竞争者的调价，企业做出反应的自由度很大。而在同质产品市场上，企业如果认为提价有好处，也可以跟进；如果企业不提价，那么竞争者的价格最终也会降下来。而如果竞争者降价，企业也只能降价，否则顾客会转而去购买竞争者价格较低的产品。

1. 了解竞争者调价的相关信息

面对竞争者的调价，企业在做出反应前，应对下列问题进行调查和分析研究：①为什么竞争者要调价？②竞争者的调价是长期的还是临时的措施？③如果企业对此不做出反应，会对企业的市场占有率和利润产生什么影响？④其他企业对竞争者的调价是否会做出反应？这又会对企业产生什么影响？⑤对企业可能做出的每一种反应，竞争者和其他企业又会有什么反应？

2. 企业的应对策略

企业总是经常受到其他企业以争夺市场占有率为目的而发动的挑衅性的降价攻击。当竞争者的产品质量、性能等方面与企业的产品没有差异时，竞争者产品的降价有利于其市场份额的扩大。在这种情况下，企业可以选择的对策主要有：

① 维持原来的价格。如果企业认为降价会导致企业利润大幅减少，或认为企业顾客的忠实度会使竞争者市场份额的增加极为有限时，可以采取这一策略。但如果由于竞争者市场份额增加而出现其竞争信心增强、企业顾客忠实度减弱、企业员工士气动摇等情

况,那么这一策略可能会使企业陷入困境。

② 维持原价并采用非价格手段(如改进产品、增加服务)进行反攻。

③ 追随降价,并维护产品所提供的价值。如果企业不降价将会导致市场份额大幅度下降而要恢复原有的市场份额将付大更大代价,企业应该采取这个策略。

④ 提价并提出新品牌来围攻竞争对手的降价品牌。这将贬低竞争对手降价品牌的市场定位,提升企业原有的品牌定位,也是一种有效的价格竞争手段。

⑤ 推出更廉价的产品进行竞争。企业可以在市场占有率正在下降时,在对价格很敏感的细分市场上采取这种策略。

竞争者发动的价格竞争通常是经过周密策划的,留给企业做出反应的时间很短。因此,企业应该建立有效的营销信息系统,加强对竞争者有关信息的收集,以便对竞争者可能的调价行动做出正确的预测,同时还应建立应付价格竞争的反应决策模式,以便缩短反应决策时间。

课后案例

兄弟相残在所难免

2017年第十七届上海车展正式开幕了,作为变局之年第一个重大车展,2017年上海车展的行业示范意义十分重大。

作为自主品牌突破高端市场的又一个范本,WEY自2016年开始迅速成为汽车行业的关注焦点。今年上海车展,WEY终于抢在同期的领克前面,正式上市了旗下第一款车型——WEY VV7,虽然价格已经尘埃落定,但价格随之而来的,反而让人有些看不透哈弗及WEY品牌的新套路。WEY VV7到底预示了一个怎样的开始?

简单总结WEY VV7定价策略,就是全系豪华装备、走高性价比的路线,并且更多参照自身产品体系,基本不考虑与哈弗品牌的重叠问题。

与对手比较:WEY VV7的"格格不入"

随着消费升级,近年来自主品牌再次频繁冲击高端市场,传祺GS8与长安CS95分别通过进军中型SUV市场,意图打破自主品牌价格天花板。不过,WEY VV7与它们不同的是,它诞生于全新的高端品牌,从品牌规划、视觉设计、产品序列等诸多方面都是完全不同的新起点。

更为关键的是,WEY VV7拿出了一个十分具有同级杀伤力的价格区间。

在轴距与配置明显占优的前提下,WEY VV7的入门价格仅比两个对手高出了不到5%,而顶配车型不到19万元的价格,仅仅是对手中配车型的价格范围。

虽然按照长城以往的套路,不排除WEY VV7后续推出四驱车型的可能性。但整体来看,WEY VV7和对手相比并没有所谓的噱头和形象工程,价格跨度很小,全系车型都是为了走量而来。

一个有趣的现象:WEY VV7上市的前一天,领克宣布01车型以及之后生产的所有车型都将享受终身质保服务和免费道路救援服务,同时新车搭载的智能互联系统所产生的流量将终身免费。对比看来,WEY VV7的打法还是偏向于"传统化"的,吸引眼球的新亮点并不丰富。而这方面,或许成为WEY品牌未来需要重点加强的方向。

哈弗H7还卖吗

如果仅仅看轴距,WEY VV7的数据表现甚至超过了哈弗H8/H9,更不用说其车身尺寸几乎全面超越了哈弗H7。

更进一步看,WEY VV7同价位车型都要比哈弗H7配置高出一大截,再加上WEY设计、品质的全面提升,实在想不出消费者购买哈弗H7的理由,哈弗H7该如何存在,是否如长城轿车市场那般悄无声息的走向"消亡",值得后续关注。

不仅如此,未来定位于紧凑SUV的VV5很可能产生同样的问题,全新哈弗H6价格区间为11.88万～14.68万元,将来很有可能与VV5有所重叠。此外,未来规划的另一款车型(代号W03),按照既定思路也很有可能突破20万元,那么未来或许将很有可能和哈弗H8、H9重叠。

WEY与哈弗产品定位或将高度重叠,那么长城汽车如何让两个品牌实现1+1>2便成为长城汽车需要迫切思考的核心问题之一。在解决定位均衡之前,产品越多,就是越大的资源浪费。

哈弗H8、H9目前都没有换代计划披露,在没有全新产品技术突破的前提下,即使WEY品牌有意"让贤",客观上对于销量的影响也不大。当然也有一种可能,长城汽车或许会放弃哈弗H8、H9,避免内耗。

长城品牌高端化回归务实,从15万～20万元开始

未来WEY品牌还会进军电动车和无人驾驶汽车。而且在2017年年中,就会针对全新车型推出相应的PHEV插电混合动力版本。多样化发展,站在长城角度是件有利于健康发展的利好消息。但实现品牌高端化,还是要解决核心产品的销量突破。

目前来看,哈弗H8/H9的压力山大,两款车型第一季度累计销量之和也仅为4 063辆,如此边缘化的销量表现,是长城汽车及哈弗品牌冲击20万元以上高端市场的尴尬现状。

不过市场环境驱使,高端化已经是长城汽车战略层面的当务之急。毕竟中低端SUV细分市场竞争十分残酷,空间已经越发狭小,对于严重依赖SUV的长城汽车来说,高端化才是最合适的出路。

正是对于环境的理性判断,WEY一直在强调重点主攻15万～20万元区间,并不把20万元以上作为主销区间。TsingAuto认为,WEY的这种思路在当前是非常切合实际的。冲击高端化应该循序渐进,树立品牌形象与口碑之后,再行逐步价格、定位递进,20万元以上的突破不可操之过急。

小结:16万～18万元区间国内可以选择的SUV大概有50款左右。作为五十分之一,WEY VV7是定位最独特、全系配置最齐全的一款。但凭这些优势,就一定能够突围

吗？能给品牌后续车型打开良好销量开局吗？半年之后，有些谜底将会逐步揭晓。

（资料来源：《TsingAuto》，2017，有删改）

思考题：

1. 影响长城汽车定价的主要因素有哪些？
2. 作为一个消费者，当你面对16万元和18万元价格的轿车时，你首先会有什么样的印象？
3. 为什么WEY VV7会采取比较低的定价策略？

营销实训

一、实训目的、要求

通过实训，加深学生对于商品定价策略的认识和理解，并运用各种定价策略，为自己的模拟公司的商品制定合理的价格。

二、实训主要内容

(1) 定价策略的运用。

(2) 定价方法的运用。

(3) 价格调整的运用。

三、实训准备

学生先调研预订价产品主要的市场价格。

四、实训资料

目标产品价格相关资料。

五、实训操作步骤

第一步：选择模拟公司中预订价的产品。

第二步：制定定价程序，确定定价策略。

第三步：运用定价方法进行合理定价。

第四步：按照定价程序撰写相关的说明性文字。

第五步：模拟召开新闻发布会，公布产品价格。

第六步：根据其他小组产品定价进行讨论。

第七步：根据模拟公司经营情况进行价格调整并制定价格调整说明书。

第八步：对于本次模拟定价进行评议。

六、实训成果

产品定价文字说明稿、价格调整说明书、模拟公司产品定价评分表。

第九章
分销渠道策略

学习目标

1. 理解分销渠道的特征、功能与作用；
2. 识别分销渠道的各种类型；
3. 把握不同类型中间商的作用与类型；
4. 理解分销渠道的"长度""宽度"策略；
5. 明确渠道成员的选择及其管理；
6. 掌握分销策略运用的实践技能。

引导案例

汽车行业分销渠道模式

经过很多年的演变过程，目前中国汽车分销渠道模式可以归结为以下5种：

1. 直销模式：由汽车制造商及其下设的各地的销售机构，直接向最终用户销售汽车。

2. 总代理制模式：渠道模式流程为制造商→总代理→区域代理→下级代理商→顾客。进口汽车通常采用这种模式。

3. 区域代理制模式：渠道模式流程为制造商→区域总代理→下级代理商→顾客。这是最早采用的汽车渠道模式，不过目前已经很少有厂商使用这种模式。

4. 特许经销制模式：渠道模式流程为制造商→特许经销商→顾客。汽车制造商会发现区域代理制实施以后，很难对经销商的经销行为进行规范，导致市场价格混乱，所以1996年后，汽车渠道模式逐渐向特许经销制转变。

5. 品牌专卖制模式：渠道模式流程为制造商→专卖店→最终用户。品牌专卖制是从1992年才逐渐开始发展起来的，主要是通过提供整车销售、零配件供应、售后服务的专卖店和提供整车销售、零配件供应、售后服务、信息反馈的专卖店为表现形式。

第一节 分销渠道概述

一、分销渠道的含义

分销渠道,是指产品的流通渠道,为促使产品或服务能顺利通过市场交换过程,转移给消费者(用户)消费的一整套相互依存的组织。它是独立于生产和消费之外的流通环节,同时又是联结生产与消费的桥梁。可以从广义与狭义两个方面理解分销渠道。

广义上的分销渠道是对厂商销售的产品以及生产产品所需要的原料零件进行运输、仓储、分送、调剂的通道及相应为之服务的组织与环节。

狭义的分销渠道是指顾客购买商品的起点与场所,即商品所有权从厂家向商家、顾客转移的过程,期间经历了批发与代理等各种经销商、零售商等。也有不少商品不经过经销与零售等中间环节,直接销售给顾客。

在市场中,生产厂商为何愿意把企业全部或部分销售工作委托给营销中介机构呢?图 9-1 是营销中介机构的经济效果图,从中我们便可以直观地感受到营销中介机构的介入为生产企业带来的好处。

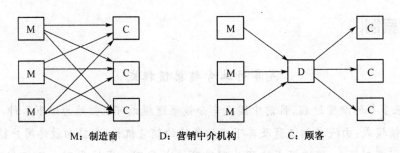

M:制造商　　　D:营销中介机构　　　C:顾客

图 9-1　营销中介机构经济效果图

从上图中我们可以得知:如果不使用营销中介机构,3 个制造商和 3 个顾客之间将发生总共 9 次交易行为,而使用了营销中介机构后,交易行为只有 6 次,节省了交易成本,因而后者更为经济、更有效率。

在实际的交易中,情况更为复杂。这是因为在产品从生产厂商向最终顾客或用户流动的过程中,不仅发生了产品实体的流动,还发生了其他多项与之相关的流动。

二、分销渠道的特点

1. 分销渠道是产品从起点到终点的通道

产品分销渠道不管是否经过中间环节,也不管经过几道中间环节,其起点是生产者,而终点是能最终实现产品价值的消费者或用户。完整的分销渠道,是指产品这种自始至终的流通过程,而非产品流通过程中的某一阶段。

2. 分销渠道是一个由不同企业或人员构成的整体

分销渠道的组织是由产品流通过程中的渠道成员组成的，这些渠道成员是产品流转所经过通道中的各类中介机构，其中包括生产者自身的销售机构，以及中间代理商、批发商、零售商和承担实体分配的储运商。正是通过这些中介机构网络，产品才能上市行销。处于分销渠道两端的生产者和消费者及各种职能的中介组织被统称为渠道成员，渠道成员可以是企业，也可以是个人，他们共同的职责是帮助制造商转移产品的所有权。

3. 分销渠道的途径是由产品流转环节衔接的

分销渠道是产品从生产者转移到消费者的途径，而这一途径是由各流转环节所衔接的。如某一生产商的产品，厂商销售机构卖给批发商，批发商又卖给零售商，消费者又从零售商购得产品，这就是某一产品的分销途径。由此看来，当渠道成员间发生购销活动时，产品流转的环节就彼此连接成一体，推动产品由生产者到消费者的流动，从而形成了产品分销的通道。

4. 分销渠道的分布呈现网络形态

分销渠道是由承担不同职能的渠道成员所构成的，这些成员分布于各个区域范围内，形成星罗棋布的网络状态，所以，到20世纪90年代中期，人们就把这种网状的分销渠道称为分销网络。著名的未来学家斯托夫认为，未来的市场，只不过是一个张开的网，谁掌握了网络，谁就掌握了市场。现代企业都十分重视分销网络建设，已经不是简单地从产品转移的通道去思考分销问题，而是从企业整个营销体系运作系统来构思渠道建设，从物流、现金流、信息流、所有权流来构思厂商与消费者（客户）之间的通道，从而提高企业整体运作能力，达到提高企业竞争力的目的。分销渠道的重要意义在于它所包含的轨迹构成了解营销活动效率的基础。现代企业的产品是否能及时销售出去，在相当程度上取决于分销途径是否畅通。

小资料

苹果手机在中国的渠道结构可以分为直营渠道、直供渠道以及分销渠道三部分，具体可以分为3个层次，第一层次是直营渠道，由苹果公司自行经营，一般设在一线城市的核心商圈；第二层次是直供渠道，由苹果公司直接供给产品，主要覆盖一、二线城市；第三层次是分销渠道，面向全国进行分销，其中苹果在运营商的营业厅销售，并不是由苹果直供，而是通过运营商终端公司（也有传统分销商）进行供给。

2016年9月8日，iPhone7销售的渠道除了直营店、三大运营商以外，电商渠道也加入了激烈的竞争中。包括天猫、京东商城、一号店、苏宁易购等在内的平台均开展了预约销售。其中，京东商城在放开预约通道后，iPhone7一天的预约量已经超过了30万台。iPhone7发布会刚刚开始，天猫就宣布了首发预约iPhone7的消息。此外，尽管补贴一降再降，运营商还是希望从中分得一杯羹，仅中国电信一家运营商的备货量大约150万部。

由此可见，一向高傲的苹果在面对市场压力时也不得不低头。就在刚刚过去的一个财季里,苹果公司在大中华区的营收下降了33%之多。为此,苹果公司CEO库克也在今年频频造访中国,与各方合作伙伴进行斡旋,这充分说明中国市场是苹果的重要一员。

此次新品发布,中国移动备货近80万部,在其他零售渠道备货上,迪信通较多,其次是苏宁、国美。目前,三大运营商针对iPhone7的合约套餐也基本制定完毕,从现金补贴变成了流量优惠。

最近两年,苹果公司为了更好地把控市场,并弥补运营商渠道带来的负面影响,逐渐缩减代理商渠道,在全国开除了多家直营店。最早引进苹果的方正世纪、佳杰科技、翰林汇、长虹佳华四家大的代理商,已经逐渐被苹果取消了总代理资格,或者主动退出了分销生意。

虽然苹果不再带来惊喜,维持现状稳步升级也是一种策略。现在,苹果公司线下的拓展已由巩固核心产品、开发周边商品及拓展上下层消费者等方式来完成。苹果手机既有iPhone SE满足中低端用户群,也有iPhone Plus大容量系列发掘高端用户。同时,付费配件的增多也会为公司带来不同的盈利渠道。

相对线下硬件产品,苹果线上市场发展更为迅猛。Apple Music两周内实现了106%增长,总用户数达到1 700万,目前下载量已达1 400亿次。在移动支付领域,苹果相对来说还是个新手,但是Apple Pay问世后72小时内用户便过百万。

(资料来源:陶力.21世纪经济报道,2016)

三、分销渠道的类型

(一) 直接渠道与间接渠道

1. 直接渠道

直接渠道也称"零层渠道",是生产者将其产品直接销售给消费者或用户,直接渠道是产业用品分配渠道中的主要类型。适用于以下情况:

(1) 产品用途单一,生产厂家根据用户的特殊需要组织加工和供应。

(2) 产品技术复杂,许多高技术产品的服务要求高,需一条龙服务体制。

(3) 产品用户集中,购买批次少、批量大。

(4) 鲜活食品、手工业制品等传统产业,邮购、电话电视购物、计算机网络销售等新兴服务业。

2. 间接渠道

是生产者将其产品通过中间商销售给消费者或用户,间接渠道是消费品分配的主要类型,也用于许多产业用品的销售。中间商在间接渠道中起着调节产销矛盾、提高营销效益的重要作用。根据中间商层次的多少,间接渠道可分为以下几种类型:

(1) 一层渠道。制造商和消费者(或用户)之间,通过一层中间环节,这在消费者市场是零售商,在产业市场通常是代理商或经纪人。

(2) 二层渠道。制造商和消费者(或用户)之间经过二层中间环节,这在消费者市场是批发商和零售商,在产业市场则可能是销售代理商与批发商。

(3) 三层渠道。在批发商和零售商之间,再加上一道批发,因为小零售商一般不可能直接向大批发商进货。

此外,还有层次更多的渠道,但较少见。

(二) 长渠道与短渠道

分销渠道的"长"与"短"取决于商品流通过程中经过的中间层次的多少,产品每经过一个直接或间接转移商品所有权的销售机构就称为一个流通环节或中间层次。在确定分销渠道的长短时,要注意下列问题:

(1) 在商品流通过程中,经过的环节或层次越多,营销渠道越长,反之则短。

(2) 一般认为,典型的市场营销渠道类型是:生产者—批发商—零售商—消费者(含两个中间层次)。

(3) 营销渠道的长与短只是相对而言,形式不同,而不决定谁优谁劣。

市场营销学中,根据中间商介入的层次,将分销渠道按级数划分为下列几种情况(见图 9-2):

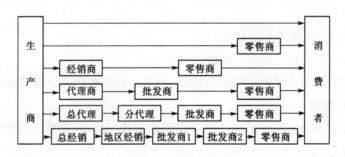

图 9-2 渠道的层级结构

(1) 零阶渠道(直接销售)是制造商将产品直接销售给最终消费者,中间不经过任何中间商的分销渠道类型。这种直销的主要方式有上门推销、邮销、互联网直销及厂商自设机构销售。直销是工业品销售的主要方式,大型设备、专用工具及需要提供专门服务的工业品,几乎都采用直销渠道。随着科学手段的完善,消费品直销渠道也得到长足发展。

(2) 一阶渠道(包括一级中间商)。在消费品市场上,中间商通常是零售商;而在工业品市场上,它可以是一个代理商或经销商。

(3) 二阶渠道(包括两级中间商)。消费品二阶渠道的典型模式是经由批发和零售两级转手销售。在工业品市场上,两级中间商大多是由工业品批发商和销售代理商组成。

(4) 三阶渠道(包含三级中间结构的渠道类型)。一些消费面宽的日用品,如肉类食品及包装方便面,需要大量零售机构营销,其中许多小型零售商通常不是大型批发商的服务对象。

一般来说，对制造商而言，渠道层级越多越难协调和控制，会给分销渠道的管理与控制带来许多不便。

（三）宽渠道与窄渠道

分销渠道的"宽"与"窄"取决于渠道的每个层次中使用同种类型中间商数目的多少，使用同种类型中间商数目多，渠道则宽，少则窄。根据分销渠道的宽与窄，可以把分销渠道的策略分为下列几种：

1. 密集分销策略

指生产厂家尽可能通过许多批发商、零售商推销其产品（宽渠道）。密集分销策略的重心是：

（1）扩大市场覆盖或快速进入一个新市场。

（2）使众多消费者和用户能随时随地买到这些产品。

密集分销策略适用于消费品中的便利品和产业用品中的供应品。

2. 选择分销策略

指生产厂家在某一地区仅通过几个精心挑选的最合适的中间商推销其商品。选择分销策略的重心是：

（1）着眼于市场竞争地位的稳固。

（2）维护本企业产品在该地区良好的信誉。

选择分销策略适用于消费品中的选购品、特殊品和所有新产品的试销阶段。

3. 独家分销策略

指生产厂家在某一地区仅通过一家中间商推销其产品，双方签订独家经销合同。独家分销策略的重心是：

（1）是控制市场及货源的竞争对策。

（2）彼此充分利用对方的商誉和经营能力增强自己的推销能力。

独家分销策略适用于消费品中某些技术性强的耐用消费品或名牌商品、产业用品中的专门用户的机械设备。

四、分销渠道的系统结构

传统渠道中生产企业和各个中间商彼此独立决策，购销交易建立在相互激烈竞争的基础上，因此联系松散，对象也不固定，这样虽保持了企业的独立性，但缺乏共同目标，影响整体效益。因此，现代渠道成员之间都采取不同程度的一体化经营或联合经营。一方面，大公司为了控制和占领市场，实行集中和垄断，往往采取一体化经营或联合经营的方式；另一方面，广大中小批发商和零售商为了在激烈的竞争中求生存与发展，也往往走联合经营的道路，形成了不同的渠道系统。

（一）垂直渠道系统

是由制造商、批发商和零售商形成的统一体，他们协商行动，对渠道的影响取决于谁的能量和实力最强。最强的一方或者拥有其他各方，或者给其他各方以特许权，或者领导这种营销系统的合作。由于商业趋于集中和垄断，竞争激烈，垂直营销系统有了新的发展。据统计，美国通过垂直渠道系统销售的消费品占消费品市场的64%。

垂直渠道系统可以解决渠道成员之间因不合作而产生的矛盾，主要有3种类型：

1. 公司系统

指一家公司拥有和统一管理若干工厂、批发机构和零售机构，控制分销渠道的若干个层次，甚至控制整个营销渠道，综合经营生产、批发、零售业务。分为两种：

（1）大工业公司。指拥有和统一管理若干生产单位和商业机构，采取工商一体化经营方式的公司。如美国火石轮胎和橡胶公司在利比里亚拥有橡胶种植园，在美国橡胶工业中心亚克朗、俄亥俄拥有轮胎工厂，其下属的批发机构和零售机构遍布美国。

（2）大零售公司。如美国零售业巨头沃尔玛、西尔斯、大西洋和太平洋茶叶、彭尼公司等，通常拥有和统一管理若干批发机构、工厂等，采取工商一体化经营方式，综合经营零售、批发、加工生产等业务。

由于这些公司规模足够大，这种渠道系统容纳了原属于不同所有权的企业，并使其社会分工转为同一所有权的内部分工，使矛盾冲突减少，协调性增强。

2. 合同系统

合同系统是以契约为基础的较为松散的联营关系，分为3种：

（1）特许经营系统

① 制造商、饮食公司或服务公司倡办的零售商特许经营系统——制造商、饮食公司或服务公司与零售商签订合同，授予经营其流行商标的产品或服务项目的特许权，以打开和控制其产品在某一地区的销售，双方共同受益。如：美国福特汽车公司、麦克唐纳公司（饮食公司）、肯德基炸鸡、罗玛达旅店等均享盛名。

② 制造商倡办的批发商特许经营系统——如美国可口可乐公司（制造商）与某些"装瓶者"（批发商）签订合同，授予在某一地区分装和广大零售商发运可口可乐的特许权，这是大制造商与独立批发商联营的百年不变的营销神话，而概括起来，只有两句话："简洁有效，直奔目标"和"严格复制，始终如一的执行力"。可口可乐的业务推广不外乎3种：强调所有渠道、所有售点的铺货率；使产品无处不在，随手可得；实现买得到、乐得买、买得起。

（2）批发商倡办的自愿连锁

由若干独立中小零售商为了与连锁商店这种大零售商竞争而自愿组成的联营组织，参加联营的各个中小零售商仍保持自己的独立性和经营特点，在采购中心的统一管理下统一进货但分别销售，实行"联购分销"，并有一个或一个以上独立批发商参加。如德国、英国和比利时的自愿连锁是由一个独立批发商和一群独立的中小零售商组织的,为了与大制造商、大零售商竞争,维护自己的利益。

(3) 零售商合作社

是由一群独立的中小零售商为了和大零售商竞争而联合经营的批发机构。如荷兰的中小零售商组成"采购联营组织",直接向国外订购货物,并有自己的仓库,实际上成了中小零售商联合经营的进口批发机构,瑞典的ICA是由5 000多家零售商联合经营的批发机构。美国的联合食品杂货商公司实际上也是一个零售商合作社。

3. 管理系统

指许多制造商由一个管理中心统筹市场营销规划,在促销、库存、运输、定价与成本控制、购销活动上与零售商建立协作关系。如蒙牛就指导客户进行市场开发、物流、铺货覆盖、整体建设、梯级奖励、价格管理、市场规模建设等,联想也把渠道成员纳入自己的规范、控制之下。从市场竞争的需要和企业长远利益来看,掌握渠道主动权具有十分重要的意义。

(1) 大企业在管理上处于支配地位,而不改变其他渠道成员的所有权性质。

(2) 大企业一方面提供资金融通、技术咨询、管理协作等优惠条件,以稳定和改善渠道关系;另一方面也以此为手段逐步控制整个营销渠道。

总之,组建垂直渠道系统,目的是力求利用协同效应原理,使资金周转加快,议价能力增加,物流综合治理取得显著的规模效益。

(二) 水平渠道系统

是指由两个或两个以上的独立公司统一他们的资源和计划来开发一个新的市场营销机会。这些公司缺乏资本、技能、生产或营销资源来独自进行商业冒险,或发现与其他公司联合开发可以产生巨大的协同作用。公司间的联合行动可以是暂时性的,也可以是永久性的,还可以创立一个专门公司,这被称为共生营销。在日本,许多小公司从一种叫做友好社的水平营销系统中得益,友好社将不同行业中的公司合并起来共同使用管理资源,以获得效益。

(三) 多渠道系统

是指一家公司利用两个或两个以上的渠道到达一个或几个细分市场。随着顾客细分市场和可能产生的渠道不断增加,越来越多的公司采用多渠道营销。蒂尔曼将多渠道零售组织定义为"所有权集中的多种经营商业帝国,通常由几种不同的零售组织组成,并在幕后实行分配功能和管理功能的一体化"。如J. C. 彭尼公司既经营百货商店,也开设大众化的商场和专业商店。

通过增加更多的渠道,公司可以得到3个重要的利益:增加市场覆盖面、降低渠道成本和更趋向顾客化销售。公司不断增加渠道是为了获得其当前的渠道所没有的顾客细分市场(如增加乡村代理商以达到人口稀少的地区农业顾客市场);或者,公司可以增加能降低向现有顾客销售成本的新渠道(如电话销售而不是人员访问小客户);或者,公司可以增加其销售特征更适合顾客要求的渠道(如利用技术型推销员销售较复杂的设备)。

关于多渠道系统是否会造成渠道成员之间的"不平等竞争"现在正在成为一个讨论的热点。但无论如何,渠道联合正在使企业从分散无序的游击战走向集约规模的阵地战。

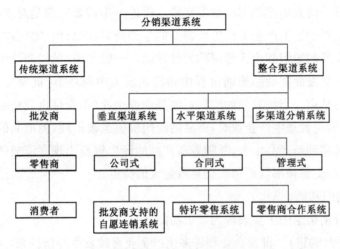

图9-3 分销渠道系统

第二节 中间商

一、中间商的概念

中间商是生产商的客户和合作伙伴,通常与生产商的营销力量构成企业的分销网络,中间商是指处于生产者和消费者之间、参与产品交换、促进买卖行为发生和实现的、具有法人资格的经济组织或个人,主要有批发商、零售商和代理商。生产商要想通过中间商建立分销网络,就必须对批发商、零售商和代理商组织形式及其特点进行分析研究。

二、中间商的类型

中间商是介于生产者与消费者之间专门从事商品流通活动的组织和个人。中间商可从多种角度进行划分,中间商按其在流通过程中所处的环节分为批发商和零售商,按中间商是否拥有所经营商品所有权划分,可分为经销商和代理商。

(一) 批发商和零售商

1. 批发商

(1) 批发商的概念

批发商是指供进一步转售或进行加工而买卖大宗商品的经济行为(交易行为),专门从事这种经济活动的商业企业叫批发商业企业(国外均称批发商)。从市场学角度看,衡量其是否属于批发商,关键看其购买动机和目的。一般来说,凡是其购买行为是为了进一步转卖或供其他商业用途的都是批发交易。供进一步转卖一般是对零售商而言,供进一步加工生产是对加工生产企业出售所需要的生产资料、原材料、零配件等而言,所以说凡是经营批发交易的组织和个人都统称为批发商。一般来说,批发商处于商品流通的起点和中间环节。批发商在商品流通过程中始终表现为中间环节,批发交易行为结束了,商品流通并没有结束。当批发商的购买对象是商业企业(不管是批发还是零售),商品还要继续流通;当购买者是生产企业时,商品的使用价值虽被消耗,但商品的价值却依赖于生产者的劳动转移到新产品中去,并随着新产品的诞生重新出现在流通领域。批发商与零售商相比,具有交易频率低而每次交易数量大的特点。

(2) 批发商的功能

批发商在分销渠道中主要表现为以下功能:

① 组织货源(购进)。批发企业和许多生产企业直接发生经济往来,工业企业的大部分产品,尤其是轻工业产品只有通过批发商的收购才能销售出去,即工业企业只有先卖才能再买,其再生产才能维持甚至扩大。从流通看,批发商的收购是市场商品流通的起点,它给商品的储存和销售、合理地安排市场供应提供了一个物质基础,所以组织货源、搞好收购是批发商的首要任务,购好才能销好。

② 储备商品(储存、存货)。社会产品离开生产过程进入流通领域,在它进入最终消费之前,必须停留在流通领域之中,形成必要的商品储存,而这种储存是商品流通不断进行的条件,流通领域蓄水池的职能主要由批发商来承担,这样合理的储存商品就成为批发商的重要任务。当然,这还应区分合理储存与商品积压的关系。存货一方面可以减轻生产者的资金负担;另一方面便于零售商随时根据市场需求变化进行购货,也减轻了零售商的存货负担。

③ 提供信息。批发商既接近市场又接近工业用户,有利于收集市场情报并及时将有关生产、技术产品的质量、市场需求动态的有关信息提供给生产企业。批发商往往还是经营方面的专家,联系面广,有条件向零售企业提供价格和有关基础性能等方面的信息,协助零售企业搞好陈列、推销,提高服务质量。

④ 商品调运(运输)。商品调运任务通常由批发商承担,批发商要及时、安全地把商品调运到消费地往往还要经过中转,因此,运输中有节省运输费用、走最短的运输路线、用较少的运输时间进行合理运输的问题,如何将商品源源不断地供应给众多的零售商的

确是个繁重的任务。

⑤ 商品分类(分级)。商品分类在流通过程中有两种：一是生产上工业分类；二是商业分类。工业分类具有品种单一、同种品种批量大的特点，这种分类适合于生产消费需要。商业分类具有品种多样、不同品种批量小的特点，它适应着消费市场需要。由于存在这两种不同形式的分类，二者之间又是矛盾的，这就需要批发企业进行商品的挑选、分装、编配和必要的加工。把商品从生产分类改为商业分类，以适应零售企业进货，适应个人消费需要。

⑥ 资金融通。资金融通指批发商向小型零售商开展的赊销业务，一方面可以有助于零售企业的正常销售和资金周转。另一方面减轻了生产企业的信贷风险。

西方企业又将批发商的任务分为8个方面，即：购买、销售、分割、运输、财务融通、仓库、风险负担、管理服务(咨询)。

(3) 批发商的类型

批发商按所经办商品是否拥有所有权可划分为3种主要类型：

① 买卖批发商。也叫商人批发商、独立批发商。对其所经营商品拥有所有权。买卖批发商按其经营商品范围可划分为：

a. 普通批发商。即一般批发商，这种批发商经营普通商品、一般货物，而且经营范围广、种类多，销售对象主要是普通日杂店、小百货店、五金商店、电器店、药店等。

b. 产品线批发商。它经营的商品仅限于某一类商品，且这一类商品的花色、品种、规格、厂牌都较齐全。

c. 专业商品批发商。它经营产品线中有限的几种产品项目，专业化程度高，主要同大零售商和专业零售商进行交易。生产资料商品专业批发商一般都专门经营技术性或需要销售后服务的工业品批发的批发销售。

② 商品代理商。商品代理商是指从事购买或销售或二者兼备的洽商工作，对商品没有所有权的商业单位和个人，其主要职能在于促成商品的交易，借此赚取佣金和报酬。在同一笔交易中，他们通常不同时代表买卖双方。

③ 制造商的营业部和销售机构。这是一种为制造商所有、专门经营其产品的批发销售业务的独立机构，与制造商是隶属和所有的关系。

2. 零售商

(1) 零售商的概念

零售商是指将所经营的商品直接出卖给最终消费者的个人或组织。作为生产和消费的中介，零售商处在中介地位靠近最终消费者的一端；在流通领域内，零售商处在商品运动的终点，商品经过零售便进入消费领域，实现商品价值。因此，其销售活动是在营业员和最终消费者之间单独、分散进行的，一般有特定的交易场所，各种商品与消费者直接见面，并随着商品的出售向消费者提供服务。

(2) 零售商的特点

① 零售商的销售对象是最终消费者。主要包括：消费者个人、家庭、从零售商购买商品用作消费的机关团体等。商品经过零售，便离开流通领域进入消费领域，实现商品价值。

② 零售商的交易较批发商频繁，且每次交易的量小。由于零售商的销售对象是最终消费者，所以作为个人和家庭的消费需要量较小，而购买次数却较为频繁。

③ 零售商的地区分布较批发商广，一般分散在全国各地广大最终消费者中间。这是由零售商所处的地位决定的，零售商是专门从事零售贸易、直接为广大最终消费者服务的单位，而各种商品的最终消费者分散在全国各地。

(3) 零售商的类型

零售商的类型可按不同的标准进行划分，这里只介绍几种典型的零售商组织形式。

① 专业商店。是一种专门经营一类或几类商品的商店。大体有专营钟表、食品、皮货、服装、毛织品、蔬菜等，有的只经营本行业商品，有的兼营其他行业的商品，但在消费上经营有连带性的商品都称为专业性商店（像筷子商店，不仅是经营筷子，饭桌上其他的餐具也都经营；又如礼品商店，既有床上用品，又有工艺品、灯具、皮箱等），这种商店将随商品经济的发展越来越多，越来越细。其特点是经营的商品种类上比较单一，专业性较强（系列少、项目多、深度大），具体的商品品种、花色、规格比较齐全，它有利于消费者广泛挑选。同时，也是研究消费者需求变化的典型场所。

② 百货商店（百货公司）。是一种大规模的经营日用工业品为主的综合性的零售商业企业，经营的商品类别（系列）多，同时每类商品（每条商品线）的花色、品种、规格齐全（项目多），实际上是许多专业商店的综合体。一般以大、中型居多，从日用品到食品，从工业品到土特产品，从低档、中档品到高档品都经营，综合性强，它又是高度组织化的企业，内部分设商品部或专柜，商品部相对独立（一般半独立核算），可自己负责商品进货业务，控制库存，安排销售计划。

③ 超级市场。是一种消费者自我服务、敞开式的自选售货的零售企业。它是二次世界大战后发展起来的，最先在欧美兴起。

超级市场一般经销食品和日用品为主，其特点主要是：a. 薄利多销，基本上不设售货员，经营中低档商品；b. 商品采用小包装，标明分量、规格和价格；c. 备有小车或货筐，顾客自选商品；d. 出门一次结算付款。

超级市场的规模，营业面积小的有 8 000 平方英尺（约合 180 平方米），最大的有18 000平方英尺（约合 1 620 平方米）。日本最大的大荣超级市场有 15 个店铺（不在一个地方），营业面积有 993 000 平方米。超级市场的经营范围，初期的超级市场以食品为主，兼售少量杂货；目前除上述外还兼营化妆品、文具、五金、服装等，多达七八千种，并向综合服务发展，增设停车场、咖啡馆、俱乐部、电影院以及银行、保险、邮政等各种服务设施，发展很快，日本的超级市场销售额已超过百货公司。超级市场的商品包装，目前还要代替售货员介绍商品，因此其包装具有介绍商品名称、用途、产地、用法、价格、分量及特点的功能,真正成了"无声的推销员"。超级市场的优点:省人(节省劳动力和劳务开支),省地(充分利用营业面积),省钱(节省投资),省时(不用排队,手续简便),干净(尤其是副食、蔬菜)。

小资料

沃 尔 玛

沃尔玛公司(Wal-Mart Stores,Inc.)(NYSE:WMT)是一家美国的世界性连锁企业,以营业额计算为全球最大的公司,其控股人为沃尔顿家族。总部位于美国阿肯色州的本顿维尔。沃尔玛主要涉足零售业,是世界上雇员最多的企业,连续三年在美国《财富》杂志世界500强企业中居首。沃尔玛公司有8 500家门店,分布于全球15个国家。沃尔玛在美国50个州和波多黎各运营。沃尔玛主要有沃尔玛购物广场、山姆会员店、沃尔玛商店、沃尔玛社区店4种营业态式。

④ 折扣商店。是二次世界大战之后兴起的有影响的零售企业,它也是一种百货公司,主要以低价竞销,重点经营,不限制营业时间,自助选购。40年代曾与百货商店有过激烈的竞争,出售商品以家庭生活用品为主,其特点是:a. 它出售的商品价格比一般商店低;b. 出售全国性牌号商品,保证质量;c. 采取自动式售货,很少服务;d. 店址不在闹市区;e. 设备简单,折扣商店明码标价,但出售时给予一定折扣。折扣商店经营的主要商品是家庭耐用商品,如洗衣机、电视机、收音机等。

⑤ 样本售货商店。这种商店,主要出售毛利高、周转快的名牌货,包括装饰品、电动工具、皮箱、皮包、摄影器材等。这种商店即有彩色样本,除本土实物照片之外,标有货号、价格以及折扣数,顾客可凭样本打电话订货,由商店送货到家,提取货款和运费。如果顾客需要取货,商店设有陈列室,把各种商品放在玻璃橱中,可供展览。20世纪60年代后期美国开始建立这种商店之后,成为最热门的零售方式之一。

⑥ 自动售货机。二次世界大战以后,自动机售货的商品不断增加,目前出售的商品已由香烟、软饮料、糖果报纸等,扩大到化妆品、唱片、磁带、袜子、胶卷等。在美国,自动售货机遍及各种场所,加油站、咖啡馆、火车餐车、娱乐场、学校、机关等常设有售货机,无人看管,只有工人定期巡回补货。自动售货的缺点是经营费用很高,机器需要经常保养和修理,所以自动售货的商品价格比正常零售价稍高一些,宜于采用自动售货的商品多半是人们信得过的名牌货,而且限于单价稳定、体积小、包装或容量标准化的商品。自动售货在日本还发展为自动吹风机、自动电话出租机。

⑦ 连锁商店。指的是在同一资本系统的统一管理之下,分设两个以上的商店。其经营业务在一定程度上受总店的控制,每一家商店都是这个集团的构成单位。一般总店控制范围有:a. 统一店名,对商店地点的选定、设施的提供、主要人员的安排和教育均由总店负责;b. 商品的采购、保管和广告由总店控制;c. 总店直接向厂家进货,发送

给各商店,并规定经理的销售权利。这种商店的主要特点是:其管理制度相当标准化。连锁组织中各家商店在计价、宣传推广以及售货方式上都有统一形象,使消费者无论走到哪里从视觉上首先感到是同一组织的连锁商店。一般来说,商店与工厂不同,单纯靠商店的大型化来提高销售效率不切实际,也不可能都有条件,竞争效果不一定好。而连锁商店规模适当,数量较多,分布面广,就能获得大规模经营的各种主要利益(好处):

a. 能提高和扩大商店规模经营的声誉。

b. 由于这类商店统一进货,又是直接与生产厂家或自身企业经营的工厂建立直接的产销关系,进货批量大,不经批发商转手,经营费用低,因此价格低,可以享受特别折扣,运输成本也低。

c. 在市场预测、存货、定价策略和宣传推广技术方面都有比较进步的管理办法,因而经济效益较高。

d. 由于总公司实行产销直挂,这样产品的质量、性能、包装、进货时间均可根据商店和顾客的要求设计和改进,以满足各方面的需要。其缺点是:由于集中进货、统一管理,各个商店往往缺乏因地制宜的灵活性。

这种商店在美国一般是指在同一资本系统下拥有很多家商店(通常在11家以上)才能称作连锁商店组织,有的叫"联销网",在英国叫"多支商店"。

⑧ 购物中心。其形式可分为两种:

a. 相当于商场的形式,设立在公共建筑物中由出售食品和日用品的零售商业组成。

b. 相当于商业街的形式,这类购物中心位于住宅区附近,有的位于市中心或交通枢纽。在这个区域内,商业中心一般是以百货商店和超级市场为主,此外,尚有各种类型的专业商店、食品店、饭菜馆、银行等形成一个区域性购买中心(我国称为零售商业群)。如日本位于大阪郊区的千里购物中心,就以百货商店和超级市场为主配以各种食品店、日用品店、专卖店、饭馆和娱乐场所,形成一个商业服务中心。

⑨ 协同营业百货商店。一些国家的产业资本家,自己不经营零售业务,而是在适当地点建造高层建筑或宽敞市场,专供小零售商租用,这些零售商协同营业起到了百货公司的作用,但是他们在组织上没有什么关系,协同营业商品品种齐全,各有特色。

小资料

家乐福(Carrefour)成立于1959年,是大卖场业态的首创者,是欧洲第一大零售商,世界第二大国际化零售连锁集团。现拥有11 000多家营运零售单位,业务范围遍及世界30个国家和地区。集团以三种主要经营业态引领市场:大型超市、超市以及折扣店。此外,家乐福还在一些国家发展了便利店和会员制量贩店。2004年集团税后销售额增至726.68亿欧元,员工总数超过43万人。2005年,家乐福在《财富》杂志编排的世界500强企业中排名第22位。2012年3·15晚会上,家乐福被曝将超过保质期限的食品再利用,甚至更改时间。

⑩ 特许代管组织。是与连锁店较相似的另一种组织形式,是近30年来与连锁商店竞争最激烈的经营方法。特许代管组织是由特许人、一家制造商、批发商或服务组织为一方,若干特许代管人(若干家批发商或零售商)为另一方,以契约式固定下来,独立经营、自负盈亏。特许代管组织形式在国外有3类:第一类是由制造商筹组的零售商特许代管,即生产厂主持组织零售商而构成的机构。这种组织有的是厂家为了能得到零售商的积极协助而提供一定资金,让零售商参加股份,以扶助零售商;也有的是由厂家组织自愿连锁商店,吸收零售商参加。日本的资生堂就属此类型,连锁商店84家营业面积62.5万平方米,年销售额达4 885亿日元。美国福特汽车公司有许多特许代管零售商,按照福特公司规定的销售方式和服务标准出售福特汽车。第二类是制造商筹组的批发商特许代管。如可口可乐公司,给不同市场的装瓶商以特许代管,这些装瓶商向可口可乐公司买进可口可乐晶,自己冲制,然后购买公司的瓶子装瓶后,向零售商出售瓶装可口可乐。第三类是服务性行业筹组的零售商特许代管,这种形式在快餐业、汽车出租业应用较多。此制度广泛流行美国,已有45万家。

(二) 经销商和代理商

1. 经销商

经销商泛指拥有商品所有权的批发商和零售商。其特点是:

(1) 拥有商品的所有权和经营权,独立自主地开展商品购销活动,独立核算,自负盈亏。

(2) 一般都有一定的营业场所和各种经营设施。

(3) 有独立的购买商品的流动资金。

(4) 承担商品的经营风险。

2. 代理商

代理商即商品代理商,不拥有所经营的商品的所有权,受委托人委托、代理商品采购或销售业务,从代办业务中取得一定数量的佣金。其特点是:本身不发生独立的购销行为,对产品不具所有权,不承担市场风险,有广泛的社会关系等。

按代理商与委托企业的业务联系的特点可分为企业代理商、销售代理商、寄售商和经纪人。

(1) 企业代理商。企业代理商是指受生产企业委托,签订销货协议,在一定区域内负责代销生产企业产品的中间商。企业代理商和生产企业间是被委托和委托的关系,其负责推销商品,履行销售商品业务手续,生产企业按销售额的一定比例付给其酬金。通常,生产企业在产品消费对象少而分布面广时,以及推销新产品、开拓新市场时,借助于企业代理商的帮助。

(2) 销售代理商。销售代理商是一种独立的经销商,代理制造商销售全部产品,并为制造商提供更多的服务。如设置产品陈列和负责广告全部费用等。资力雄厚的销售代理商还以票据或预付款等方式向制造商提供资金方面的帮助(可以不用先给钱)。此外，销售代理商还经常派人参观国内外各种展览会，进行市场调查和收集各种市场情报资料，供制造商参考。销售代理商实际上就是制造商的产品销售组织，它把自己的命运同制造商的发展联系在一起。

销售代理商是一种独立的中间商，受委托全权独家经销生产企业的全部产品。销售代理不受销售地区的限制，并对商品销售有一定的决策权。销售代理商实际上是生产企业的全权独家代理商，双方关系一经确定，生产企业自身不能再进行直接推销活动，而且同一时期只能委托一个销售代理商。正因为如此，销售代理商要对生产企业承担较多的义务。如：在代销协议中，一般规定在一定时间内的推销数量，还规定销售代理商不能同时代销其他企业的类似产品，并向生产企业提供市场调查预测情报，负责进行商品的陈列、广告等促销活动。

(3) 寄售商。寄售商是受委托经营现货代销业务的中间商。生产企业根据协议向寄售商交付产品，寄售商将销售后所得货款扣除佣金及有关销售费用后，再支付给生产企业。寄售商要自设仓库或营业场所，以便储存、陈列商品，使顾客能及时购得现货。因此，委托寄售商销售产品，对发掘潜在购买力、开辟新市场、处理滞销产品有较好的作用。

(4) 经纪人。经纪人也是一种代理商，大业务只是介绍买卖双方，帮助双方磋商交易，由委托一方付给佣金。他们同制造商没有固定的联系。今天代表这个制造商卖东西，明天又可能代表另一个制造商卖东西。有的经纪人还代表别人买东西，同其他代理商一样，对产品没有所有权，主要为买卖双方提供产品和价格的市场行情，协助双方进行货易谈判。由经纪人参加的销售渠道，在粮食、矿产品和基本化工原料市场上较常见，最常见的有食品经纪人、房地产经纪人、保险和证券经纪人。经纪人是既无商品所有权，又无现货，不承担风险，只在双方交易洽谈中起媒介作用的中间商。一般情况下，经纪人和买卖双方均无固定联系，成交后提取少量的佣金。

第三节　渠道的选择与管理

一、分销渠道的影响因素

生产者在发展其市场营销渠道时，须在理想渠道与可用渠道之间进行抉择。一般来说，新企业在刚刚开始经营时，总是先采取在有限市场上进行销售的策略，以当地市场或某一地区市场为销售对象，因其资本有限，只得采用现有中间商。而在一地区市场内，中间商的数目通常是很有限的，所以，到达市场的最佳方式也是可以预知的。问题是如何说服现有可用的中间商来销售其产品。

该新企业一旦经营成功,它可能会扩展到其他新市场。这家企业可能仍利用现有的中间商销售其产品,虽然他可能在不同地区使用各种不同的市场营销渠道。在较小市场,他可能直接销售给零售商,而在较大的市场,他必须通过经销商来销售其产品。总之,任何一个生产企业要想在经营上取得成功,就必须在了解营销环境的前提下,正确地选择其产品的销售渠道。企业使用哪种或哪几种销售渠道,不单取决于企业的主观愿望,还必须考虑以下因素。

(一) 产品因素

1. 产品的价格

一般来讲,产品的价格越低,销售渠道应越长、越宽;反之,产品价格越高,销售渠道应越短、越窄。例如,一些价格较低的大众化日用消费品和工业品中的标准件的销售,一般都要经多个批发商,再经零售商转至消费者手中;而一些价格较高的耐用消费品和工业品中的专用设备或机组,如汽车、飞机等则不宜经较多的中间商转手。

2. 产品生命周期

款式、花色多变,时尚程度较高,生命周期短的产品,如各种新式玩具和妇女时装,应选择较短、较宽的销售渠道,以减少中间层次;款式不易变化,产品生命周期长的产品,则可选择较长、较窄的销售渠道。

3. 产品的物理化学性质

易毁、易腐产品,应尽量避免多次转手;反复搬运,易造成严重的损失,所以应选择较短的销售渠道或直接渠道。如玻璃器皿、精密仪器、鲜鱼、鲜蛋、蔬菜等。物理化学性质比较稳定的产品可以考虑使用中间商或相对较长的渠道,如办公用品可以采用较长渠道供给用户。

4. 产品的体积和重量

体积过大或重量过重的产品,由于装卸、运输不便且运杂费较高,应尽量减少销售的中间环节,选择短渠道,如重型机械、大型设备等;体积小或重量轻的产品,可选择较长的渠道。

5. 产品的技术复杂性

产品技术复杂程度越高,对售前、售后服务要求越高,企业一般应选择较短的销售渠道或直接渠道。对于技术复杂性较强的耐用消费品,由于消费者分布广,一般不可能直接卖给消费者,往往需要通过中间商出售。为了加强维修服务工作,企业应对中间商进行培训和指导。对于技术性较强的工业品,企业要与用户直接面议质量、规格等要求,应采取直接式销售,不宜经过中间商。对通用性较大、技术服务要求低的产品,可采用间接销售渠道。

6. 产品的标准化程度

产品的标准化程度高、通用性强,可选择较长、较宽的销售渠道;而非标准化的专用性产品,则应选择较短、较窄的销售渠道。

7. 是否属于新产品

企业为了尽快打开新产品销路,取得市场占有率,往往不惜花费大量资金,多采用较短的销售渠道,甚至组成推销队伍直接向消费者出售产品。但是,在情况许可时,也应考虑利用原有的销售渠道。

(二) 市场因素

1. 顾客的数量

一般来说,顾客数量的多少决定市场的规模。市场规模大,就需要中间商提供服务;反之,市场规模小,则可由生产厂家直接销售给顾客。尤其是零星产品的销售,不宜由企业直接与消费者打交道。如生产专用锅炉及其配套产品的企业,因其买主对象比较集中,一般应由营销人员直接向顾客推销;化妆品的销售,因其顾客分布广泛,一般需要经过一些中间商。

2. 顾客分布状况

若顾客较为集中,宜选择较短、较窄的销售渠道;若顾客较为分散,则宜选择较长、较宽的销售渠道。生产资料因销售市场比较集中,可以考虑采用直接渠道。而消费品的销售则要视情况而定,对于像高级服装、高级家具这样一些高档消费品,一般集中在城市的少数地区,可由少数商店专营;对于一般的消费品,产品市场分散,可采用传统的销售渠道经批发商卖给零售商再转卖给消费者。

3. 顾客的购买行为习惯

对于不同的产品,顾客的购买习惯和购买量是存在差异的。对于购买量较少、购买频率较高的产品,应选择较长、较宽的销售渠道;而对购买量较多、购买频率较低的产品,应选择较短、较窄的销售渠道。企业应考虑和尊重消费者的购买习惯,使消费者能自由方便地选购他们认为最适合的商品。

4. 目标市场区域的范围大小

目标市场区域的范围较大,宜选择较长、较宽的销售渠道;目标市场区域的范围较小,宜选择较短、较窄的销售渠道。例如,产品若在全国范围内销售或要出口到几个国家,则要通过进出口代理商、批发商以及许多零售商进行销售;若产品销售的市场范围很小,只在当地销售,则生产企业通过直销即可。

(三) 企业自身因素

1. 企业资源

企业的资源包括企业的声誉、人力、财力、物力、技术、信息等方面。如果企业资源雄厚,则可供企业选择的渠道较多。可以自己组织推销队伍进行销售,可选择较短的销售渠道,可自由选择各类中间商,甚至可以建立自己的销售系统直接销售。如企业资源缺乏,产品的声誉尚未树立,则通常依赖中间商提供服务。

2. 销售管理能力

销售管理能力强的企业,有足够的销售力量,有丰富的产品销售经验,可以考虑采用短渠道来加强商品的销售。有的企业虽然在生产方面表现出了较强的能力,但自身销售力量不足,缺乏市场营销的经验和技巧,因而有必要通过中间商来销售商品。

3. 对销售渠道的控制能力

如果企业有较强的销售能力,能够控制商品的零售价格,把产品直接售给消费者或用户,可以选择较短的销售渠道。对市场情况了解与控制乏力的企业,可以采用较长渠道,但要与中间商协调配合,兼顾中间商自身的利益,否则,会影响渠道各环节之间的协调,给企业造成损失。

4. 企业对顾客的服务能力

如果企业有较强的服务能力,能为最终顾客提供较多的服务,则可选择较短的销售渠道,甚至直接对顾客进行销售;反之则可采用较长的销售渠道。

(四)政策环境因素

它主要是指政府的政策、法令和法律因素对渠道的影响。例如,政府做出集中采购的决定,对集团购买的产品生产和营销就应做相应改变。渠道成员的业务行为要与政府的政策、法令、法律条文及精神相吻合。凡是对政府环境因素置之不理的渠道成员,最终不得不在政府环境因素的压力下做出适应性调整。

二、分销渠道设计

渠道设计是指建立以前从未存在过的营销渠道或对已经存在的渠道进行变更的策略活动。设计一个渠道系统,要求建立渠道目标和限制因素,识别主要的渠道选择方案,并对它们做出评价。下面是进行渠道设计的一般步骤。

(一)分析服务产出水平

这是设计营销渠道的第一步,其目的是了解在其所选择的目标市场中消费者购买什么商品(What)、在什么地方购买(Where)、为何购买(Why)、何时买(When)和如何买(How)。营销人员必须了解为目标顾客设计的服务产出水平。影响渠道服务产出水平的有这样一些因素:

(1) 批量的大小。所谓批量是营销渠道在购买过程中提供给典型顾客的单位数量。一般而言,批量越小,由渠道所提供的服务产出水平越高。

(2) 渠道内顾客的等候时间。也即是渠道顾客等待收到货物的平均时间。顾客一般喜欢快速交货渠道,但是快速服务要求一个高的服务产出水平。

(3) 营销渠道为顾客购买产品所提供的方便程度,也就是空间便利的程度。如果顾客能够在他所需要的时候不需要花费很大的精力时间,就能获得所想要的产品或服务。

那么,我们认为这个渠道的空间便利程度是较高的。

(4) 营销渠道提供的商品花色品种的多少。一般来说,顾客喜欢较多的花色品种,因为这使得顾客满足需要的机会增多了。

(5) 被称为服务后盾的因素。服务后盾是指渠道提供的附加的服务(信贷、交货、安装、修理)。服务后盾越强,渠道提供的服务工作越多。

营销渠道的设计者必须了解目标顾客的服务产出需要,才能较好地设计出适合的渠道。当然,这并不是说,提高了服务产出的水平就吸引顾客。因为,高的服务产出水平,也意味着较高的渠道成本增加和为了保持一定利润而制定的相对较高的价格。折扣商店的成功表明了在商品降低价格时,消费者将愿意接受较低的服务产出。

(二) 设置和协调渠道目标

无论是创建渠道,还是对原有渠道进行变更,设计者都必须将公司的渠道设计目标明确地列示出来。这是因为公司设置的渠道目标很可能因为环境的变化而发生变化,只有明确列示出来,才能保证设计的渠道不偏离公司的目标。在这种情况下,明确地列示出渠道目标比言传意会更有效。

渠道目标因产品特性不同而不同。体积庞大的产品要求采用运输距离最短、在产品从生产者向消费者移动的过程中搬运次数最少的渠道布局。非标准化产品则由公司销售代表直接销售,因为中间商缺乏必要的知识。单位价值高的产品一般由公司推销员销售,很少通过中间商。

渠道策略作为公司整体策略的一部分,还必须注意与渠道的目标和其他营销组合策略的目标(价格、促销和产品)之间的协调,注意与公司其他方面的目标(如财务、生产等)的协调,避免产生不必要的矛盾。

(三) 明确渠道的任务

在渠道的目标设置完成之后,渠道设计者还必须将达到目标所需执行的各项任务(一般包括购买、销售、沟通、运输、储存、承担风险等等)明确列示出来。

渠道任务的设计中应反映不同类型中介机构的差异,及其在执行任务时的优势和劣势。如使用营销中介机构能使得制造厂商的风险降低,但中介机构的业务代表对每个顾客的销售努力则低于公司销售代表所能达到的水平。两者各有优势,因此要多加斟酌。除此之外,在进行渠道任务的设计时,还需要根据不同产品或服务的特性进行一定的调整,以最大限度地适应渠道目标。

(四) 确立渠道结构方案

在确立了渠道任务后,设计者就需要将这些任务合理地分配到不同的营销中介机构中去使其能够最大限度地发挥作用。由于不同的设计有不同的优劣之处,因此我们可以产生若干个渠道结构的可行性方案以供最高层进行选择。

一个渠道选择方案包括三方面的要素确定：渠道的长度策略、渠道的宽度策略以及商业中介机构的类型。

1. 渠道的长度策略

渠道的长度策略也即是指渠道的级数的数目是多少。一般而言，渠道的级数至少有零级，也就是我们所说的直接销售。最多可以达到五级甚至五级以上。

一般而言，渠道选择会产生 2～3 种方案，这些方案也受到诸如制造商的活动、市场的性质和规模、中间商的选择和其他因素的限制。有时，对于所有的制造商而言，渠道结构中级数的选择是一致的，但在某些短时期内会呈现一定的灵活性。

2. 渠道的宽度策略

渠道的设计者除了要对渠道总的级数的数目做出决定，还必须对每个渠道级上使用多少个中间商做出决定，这就是渠道的宽度策略。渠道的设计者有 3 种基本的策略可供选择：广泛分销、独家分销和选择性分销。

制造商们在不断地诱导着从独家分销或选择性分销走向更密集的广泛性分销，以增加他们的市场覆盖面和销量。

3. 中介机构的类型

第三个需要渠道设计者加以考虑的是如何对渠道内的中介机构进行具体的选择。公司应该弄清楚能够承担其渠道工作的中介机构的类型。比如，生产测试设备的公司可以在公司直接推销、制造代理商和工业分销商中间选择它的渠道。

公司也可以寻找更新的营销渠道。如 TIMEX 在推出其新式手表时，就放弃了传统的珠宝店这样一个渠道，而采用了大众化商店这一个行业的新渠道，结果取得了意想不到的效果。究其原因，主要是由于在进入新渠道时，公司遭遇的竞争程度不是很激烈。

（五）选择"最佳"的渠道结构

从理论上讲，我们可以在所有的备选方案中找出最优化的方案，得到最好的效果。即要求用最少的成本来确定各渠道任务在中间商之间的分配是最有效的。但在实际上，寻求最优的方案是不可能的。因为这意味着设计者将考虑所有的可能因素，列示出所有可能的方案，这样成本就太高了。因此，我们在此所说的最佳方案实际是指在已经列示出的方案中的最好的选择，它将对渠道的任务做出相对比较合理的分配。

评估方案的方法有许多，诸如：财务信息分析法、储运成本法、管理科学方法和加权计分法等。在此，我们只介绍加权计分法。

加权计分法是由菲利浦·科特勒首先提出的。这种方法强调在方案筛选过程中的定量化分析。该方法包括以下 4 个步骤（表 9-1）：

表 9-1 加权计分法

评价标准及其细则	权数(W)	计分(s) 0	1	2	3	4	加权计分(w*s)
销售业绩：							
a 销售总额	0.20						0.6
b 销售增长率	0.15						0.3
c ××××××	0.10			√	√		0.4
d ××××××	0.05		√			√	0.05
							小计:1.35
存货状况：							
a ××××××	Xx						Xx
b ××××××	Xx						xx
							小计:xx
……							……
	=1						合计:xxx

(1) 对策略的影响因素加以明确列示：在第一步中，我们应该尽可能将所有我们认为对营销渠道策略产生影响的因素分类加以列示。具体的各种可能影响因素我们在前面已有论述，在此不再重复。

(2) 对每一个影响因素都根据它们的相对重要性尽可能精确地给出一定的权数：每个企业都有自己的特点，每个企业的策略制定者都应该根据企业的特点对所有的影响因素作一个评价。根据其影响程度的大小，给每一项影响因素一个权数，所有的权数累计应为1。权数越大说明对企业越重要。

(3) 对每一个可能方案的每一项影响因素都进行评分：下一步是对每一项因素打分，分数越高表明企业在该方面做得越好或者该项因素对企业越有利。

(4) 对所有方案进行加权分的计算，得到最终的评分。对评分进行加权计算是为了更为精确地反映各项影响因素对企业的影响程度。比如说，企业的品牌知名度很高，可以打到4分，销售增长率一项只能打到2分；但品牌知名度的权数很小，只有0.02，那么其加权分只有0.08分，而销售增长率的权数却有0.15，其加权分有0.30分。在这种情况下，我们发现销售增长率的因素对企业策略的实际影响更大。

(5) 得到最后的分数后，从中选出分数最高者，即可以认为该方案是在考虑了已列示的因素后得到的最佳方案。

三、分销渠道管理

(一) 选择渠道成员

在选择中间商时，生产企业必须明确该中间商的优劣特性。一般来讲，生产者要评估中间商经营时间的长短及其成长记录、清偿能力、合作态度和声望等。当中间商是销售代理商时,生产者还须评估其经销的其他产品大类的数量与性质、推销人员的素质与数量。当中间商打算授予某家百货公司独家分销时,则生产者尚须评估商店的位置、未来发展潜力和经常光顾的顾客类型。

(二) 激励渠道成员

生产者不仅要选择中间商,而且还要经常激励中间商使之尽职。促使中间商进入渠道的因素和条件已构成部分激励因素,但仍需生产者不断地监督、指导与鼓励。生产者不仅利用中间商销售商品,而且把商品销售给中间商,这就使得激励中间商这一工作不仅十分必要而且非常复杂。

激励渠道成员,使其具有良好的表现,必须从了解各个中间商的心理状态与行为特征入手。许多中间商常受到如下批评:①不能重视某些特定品牌的销售;②缺乏产品知识;③不认真使用供应商的广告资料;④忽略了某些顾客;⑤不能准确地保存销售记录,甚至有时遗漏品牌名称。

了解了中间商的心理状态后,在采取激励措施时,生产者尽量避免激励过分和激励不足两种情况。当生产者给予中间商的优惠条件超过他取得合作与努力水平所需条件时,就会出现激励过分的情况,其结果是销售量提高,而利润下降;当生产者给予中间商的条件过于苛刻,以致不能激励中间商的努力时,则会出现激励不足的情况,其结果是销售量下降,利润减少。所以,生产者必须确定应花费多少力量以及花费何种力量来鼓励中间商。生产者在处理与经销商的关系时,常依不同情况而采取三种方法:合作、合伙和分销规划。

(1) 合作。激励的目的是设法取得中间商的合作。生产者多利用高利润、奖赏、津贴、销售比等积极手段激励中间商。如果这些不能奏效,他们就采取一些消极的惩罚手段,例如,威胁减少中间商的利润、减少为他们所提供的服务,甚至终止双方关系等。这些方法的根本问题,是生产者从未认真研究过经销商的需要、困难及优缺点。

(2) 合伙。一些老于世故的企业往往试图与经销商建立长期合伙关系,这就要求制造商必须深入了解他能从经销商那里得到些什么,以及经销商可从制造商那里获得些什么,这些都可用市场涵盖程度、产品可得性、市场开发、寻找顾客、技术方法与服务、市场信息等各种因素来衡量。制造商希望经销商能同意上述有关政策,并根据其遵守程度的具体情况确定付酬办法。例如,某企业不直接付给经销商25%的销售佣金,而是按下列标准支付:①如保持适当的存货,则付5%;②如能达到销售配额,则再付5%;③如能有效地为顾客服务,则再付5%;④如能及时报告最终顾客的购买水平,则再付5%;⑤如能对应收账款进行适当管理,则再付5%。

(3) 分销规划。分销规划是制造商与经销商可能进一步发展的一种更密切的关系。所谓分销规划,是指建立一个有计划的、实行专业化管理的垂直市场营销系统,把制造商的需要与经销商的需要结合起来。制造商可在市场营销部门下专设一个分销关系规划处,负责确认经销商的需要,制订交易计划及其他各种方案,以帮助经销商以最佳方式经营。该部门和经销商合作确定交易目标、存货水平、商品陈列计划、销售训练要求、广告与销售促进计划。借助该部门的上述活动,可以转变经销商对制造商的某些不利看法。如:过去经销商可能认为他之所以能赚钱,是与他与购买者站在一起共同对抗制造商的结果。现在,他可能转变这种看法,认为他之所以赚钱,是由于他与销售商站在一起,成为销售商精密规划的垂直市场营销系统的一个组成部分的缘故。

小资料

"洽洽"对渠道的精耕细作,确定的首要重点不是终端突破,而是放在了经销商上。因为只有让经销商主动要求卖货,产品才能在终端有突出的表现。

为了使经销商积极配合公司的推广,"洽洽"给经销商预留了足够的利润空间,并定下原则:一定要让经销商赚钱!"洽洽"特意做了一种新的纸箱包,在箱子的封口处印着"慰劳金"几个字,每箱里面都有2元现金,表达"进我们的产品就有赚""这是感谢您对我们的支持"等意思;并且向经销商保证"每箱都设奖,箱箱不落空",奖项大小不限,完全满足了经销商的获利要求,这些方法大大满足了经销商"快速赚钱"的心理。

经销商乐意配合企业,纷纷吃进"洽洽"的产品,将"洽洽"瓜子铺满了各种各样的小铺,让消费者能以最快的速度接近它。这样,竞争对手的产品就被无形之间阻击于渠道之外了。

(三)评估渠道成员

生产者除了选择和激励渠道成员外,还必须定期评估他们的绩效。如果某一渠道成员的绩效过分低于既定标准,则须找出主要原因,同时还应考虑可能的补救方法。

1. 绩效评估的具体方法

(1)将每一中间商的销售绩效与上期的绩效进行比较,并以整个群体的升降百分比作为评价标准。对低于该群体平均水平以下的中间商,必须加强评估与激励措施。但对后进中间商中因当地经济衰退、主力推销员的丧失或退休等因素造成绩效降低的,制造商就不应对其采取任何惩罚措施。

(2)将各中间商的绩效与该地区的销售潜量分析所设立的配额相比较。即在销售期过后,根据中间商的实际销售额与其潜在销售额的比率,将各中间商按先后名次进行排列。这样,企业的调查与激励措施可以集中于那些未达既定比率的中间商。

2. 绩效评估的注意事项

(1)生产者与中间商就签订的有关绩效标准与奖惩条件的契约,在契约中应明确经销商的责任,如销售强度、绩效与覆盖率、平均存货水平、送货时间、次品与遗失品的处理方法、对企业促销与训练方案的合作程度、中间商对顾客须提供的服务等。

(2)除针对中间商绩效责任签订契约外,生产者还须定期发布销售配额,以确定目前的预期绩效。生产者可以在一定时期内列出各中间商的销售额,并依据销售额大小排出先后名次。这样可促使后进中间商为了自己的荣誉而奋力上进,也可促进先进中间商努力保持已有的荣誉。

需要注意的是,在排名次时,不仅要看各中间商销售水平的绝对值,而且还须考虑到他们各自面临的各种不同的可控制程度的变化环境,考虑到生产者的产品大类在各中间商全部产品组合中的相对重要程度。

小资料

宝洁公司在对经销商的选择过程中,有意选择一些其他行业的经销商,这类选择方式受到不少企业的重视,甚至五粮液、茅台等名酒也开始把跨行业选择作为重点。跨行业经销商没有本行业的经验,但他们在其他领域是一个成功者,拥有雄厚的实力,而本行业的成功经验往往会局限本行业经营者的思维,跨行业经营者由于脑子里没有行业经验的框框,反而更易成功。

(四) 渠道冲突管理

1. 渠道冲突类型

(1) 横向渠道冲突。横向渠道冲突是指渠道中同一层次的渠道成员之间发生的冲突,如同级批发商或者同级零售商之间的冲突。表现为窜货、压价销售等。

(2) 纵向渠道冲突。纵向渠道冲突是指经销商与渠道上游的厂家或与下游的客户(二级批发商或终端零售商等)的冲突,具体表现为:与厂家在代理区域划分、经销权限和销售政策等重大问题上的冲突;平时市场运作中问题处理不当引起的冲突,如在市场秩序维护和市场推广执行中,双方的责任与利益失衡;与下游客户在应收账款、配送服务和库存处理上的冲突。

(3) 多渠道冲突。多渠道冲突是指厂家建立了两条或两条以上的渠道,向同一市场销售产品而发生的不同渠道之间的冲突。现实中,这种冲突主要表现为新兴渠道对传统分销渠道的冲击,如互联网渠道与传统分销渠道之间的冲突。

2. 化解渠道冲突的对策

低水平的渠道冲突对分销效率没有影响,但高水平的渠道冲突可能导致渠道崩溃,所以应尽可能坚决化解高水平的渠道冲突。

积极的对策有以下 4 种:

(1) 做好渠道成员的沟通工作。如何促成渠道成员之间的相互理解、相互信赖乃至紧密合作,是渠道冲突管理工作的一个重要方面。

(2) 激励分销商。激励分销商的措施有:开展促销活动、资金资助、协助分销商搞好经营管理、提供情报、与分销商结成长期的伙伴关系等。

(3) 建立长期合作关系。精明的企业常会与分销商建立长期的合作关系,既可以激励分销商,又可以有效化解渠道冲突,把分销商的利益与企业的利益有机地捆绑在一起。

(4) 建立产销战略联盟。所谓产销战略联盟,是指从企业的长远角度考虑,制造商与分销商之间通过签订协议的方式,形成风险利益联盟体。管理渠道冲突最有效的方法就是设法让渠道成员建立产销战略联盟。

除了以上谈到的积极对策以外,要解决渠道冲突,还有以下消极的方法:

(1) 谈判。谈判的目的在于停止成员间的冲突。谈判是渠道成员讨价还价的一个方法。在谈判过程中,成员之间互相让步,从而避免冲突发生。

(2) 调解。有效的调解可以消除误解,澄清事实,保持双方的接触,寻求达成共识的可能基础,促使双方同意某些提议,监督协议的实施。

(3) 仲裁。仲裁可以是强制的或自愿的。强制性的程序是:双方必须按照法律规定服从于第三方,由他做出最终和综合性的决定。而自愿仲裁的程序是:双方自愿服从于第三方,由他做出最终和综合的决定。

(4) 法律手段。当冲突通过谈判、劝说等途径无效时,为了保证渠道畅通,就要通过诉诸法律的手段来强制解决。

(5) 清除渠道成员。对于不遵守游戏规则、屡教不改的渠道成员,就必须采用渠道成员清除的办法了。

3. 窜货管理

(1) 窜货的种类

窜货,又称为倒货、冲货,也就是产品跨区销售,是渠道冲突的典型表现形式。根据窜货的表现形式及其影响的危害程度,可以把窜货分为以下几类:

① 自然性窜货。自然性窜货是指经销商在获取正常利润的同时,无意识地向辖区以外的市场倾销产品的行为。这种窜货在市场上是不可避免的,同种商品只要存在市场分割从而导致价格存在地区差异,或者只要在不同市场的畅销程度不同,就必然产生地区间的流动。它主要表现为相邻辖区的边界附近互相窜货,或是在流通型市场上,产品随物流走向而倾销到其他地区。

② 良性窜货。良性窜货是指企业在市场开发初期,有意或无意地选择了流通性较强的市场中的经销商,使其产品流向非重要经营区域或空白市场的现象。在市场开发初期,良性窜货对企业是有好处的。一方面,在空白市场上企业无须投入就提高了知名度;另一方面,企业不但可以增加销售量,还可以节省运输成本。

③ 恶性窜货。恶性窜货是指为获取非正常利润,经销商蓄意向辖区以外的市场倾销产品的行为。经销商向辖区以外倾销产品通常是以价格为手段,主要是以低价向非辖区销货,以加大自己的出货量从而取得厂家所规定的销售奖励或达到其他目的。恶性窜货给企业造成的危害是巨大的,它扰乱了企业整个营销的价格体系,引发了经销商之间的价格战,降低了产品的通路利润,使得经销商对产品失去信心,丧失经营产品的积极性甚至最终放弃经销此种产品;混乱的价格将导致企业的产品、品牌、信誉失去消费者的信任

和支持,从而导致企业的衰败和破产。

经销商销售假冒伪劣产品是一种更为恶劣的窜货类型。假冒伪劣产品以其超低的价格、巨大的利润空间诱惑着经销商铤而走险。经销商往往将假冒伪劣产品与正规渠道的产品混合在一起销售,挤占正规产品的市场份额,或者直接低于市场价进行低价倾销,打击了其他经销商对此种产品的信心。

综上所述可以看到,不是所有的窜货现象都具有危害性,也不是所有的窜货现象都应该加以制止。根据以往的销售经验表明:没有窜货的销售是不红火的销售,大量窜货的销售是很危险的销售。适量的窜货会形成一种红红火火的热烈销售局面,这样有利于提高产品的市场占有率和品牌知名度,需要严加防范和制止打击的是恶性窜货。

(2) 治理窜货现象的对策

① 加强自身销售队伍和外部中间商队伍的建设与管理。企业自身销售队伍建设一方面要严格招聘、培训制度;另一方面还要设计合理的考核、激励制度。经销商队伍的建设也要在选择上下大工夫,绝不能让不合格的经销商或代理商滥竽充数。

② 堵住制度上的漏洞。既要防止制度缺失,更要防止制度不合理。例如,要严格窜货的处罚规定、销售目标要在调查的基础上做到切实可行、建立合理的差价体系等。

③ 签订不窜货乱价协议。协议是一种合同,一旦签订就等于双方达成契约,如有违反就可以追究责任,为加大窜货处罚力度提供法律依据。例如,奥普浴霸为防止窜货,与经销商签订了《防窜货市场保护协议》和《控价协议》,明确双方的责权利,较好地维护了市场秩序。

④ 归口管理,权责分明。企业分销渠道管理应该由一个部门负责。多头负责、令出多门容易导致市场混乱。

⑤ 加强销售通路监控与管理。第一,要时刻观察销售终端,及时发现问题;第二,信息渠道要畅通,充分利用受窜货危害中间商的反馈信息;第三,出了问题,及时严肃处理。

⑥ 包装区域差异化。即厂家对销往不同地区相同的产品采取不同的包装,可以在一定程度上控制窜货。主要措施有给予不同的编码、外包装印刷条码、文字识别、采用不同颜色的商标或不同颜色的外包装等。

课后案例

迪普科技的渠道策略

杭州迪普科技有限公司(以下简称"迪普科技"),成立于2008年,主要是在网络、安全以及应用交付领域集研发、生产、销售于一体的高科技企业,它专注于网络内容及网络安全,为用户提供深度的安全检测与防御以及深度的内容识别与加速的整体解决方案。

公司总部位于杭州,具有一支业界领先的开发团队,基于多年的研究与积累,拥有自主开发的高性能的内容识别与加速芯片以及核心软件平台,目前已推出具有自主知识产

市场营销

权的应用防火墙、UTM、IPS、UAG、DPX深度业务交换网关、ADX应用交付平台及工业交换机等系列化产品。通过强有力的服务支撑体系，可为用户提供完善的技术支持与信息咨询服务。迪普科技将以满足用户需求为企业发展的根本动力，通过持续的技术创新，为用户创造更大价值。

2016年5月26日，杭州迪普科技有限公司召开了2016年合作伙伴暨产品技术春季巡展大会，本次春季巡展北京站吸引了迪普科技合作伙伴及北京地区渠道客户200余人参加。

在发布会现场，迪普科技市场部总裁李强称2016年迪普科技的重点是全面发力渠道。在产品方面，迪普科技已经储备好了力量，回顾2015年迪普科技取得的成绩，2015年迪普科技在中移动安全产品采集中，共入围IPS、抗DDoS、CGN三大类共10款产品；在能源行业，迪普科技网络设备入围中石油，成为五家甲级供应商之一；在电力行业，迪普科技网络设备中标国家电网信息化批次采购；在金融行业，迪普科技安全产品首次规模应用于四大银行生产系统；在海关总署，迪普科技80G机框式防火墙全面应用于金关二期工程；此外，在第二届世界互联网大会上，拥有代表国内最高服务水平的《信息安全服务二级资质》的迪普科技安全产品为大会提供信息安全保障服务。

那么，2016年作为迪普科技渠道年，发展渠道、建设渠道是今年市场拓展的重点。迪普科技渠道管理及商业市场部部长李树兵向与会嘉宾分享：迪普科技2016年将加强与各渠道伙伴的合作，将推出以工程实施、基础维保、培训认证为核心的基础服务，来达成业务的快速部署、信息安全的有效提升和客户满意度优化的目的。

据介绍，迪普科技将倡导全员渠道营销策略，在全国每个办事处均设立渠道经理，以加快分销业务的快速发展，同时设立分销大区经理指导全国分销业务。迪普科技将一如既往地秉承"开放、坦诚、公正"的核心价值观，与合作伙伴一起，重筑安全网络新格局，共赢市场。

迪普科技产品部副部长孙晓明在产品及解决方案分享时，重点介绍了全新的DPX17000深度业务核心交换机，以及"云安全硬实力"云数据中心解决方案。DPX17000基于APP-X硬件架构、ConPlat操作系统和APP-ID应用与威胁特征库三大核心技术，并采用控制平面和转发平面分离的弹性交换构架。同时，基于100G平台设计，满足高密40G、100G接口扩展要求，支持多种数据中心特性，并实现网络与业务的深度融合，为企业提供高速、智能、可靠的新一代网络基础平台。

而作为业内首个通过高性能硬件设备解决云数据中心安全问题的"云安全硬实力"解决方案全面地实现了云环境下的安全防护，通过将安全网关与VXLAN技术的结合实现了虚机感知和安全隔离的目标。通过多虚一和一虚多技术，可以实现安全网关的快速扩展和细粒度的多租户安全资源分配能力。同时，独立的专业安全设备也提供了一体化的集中式管理，用户只需登录一个管理界面即可对云计算中所有的安全功能进行配置，大大简化了管理难度。

在会议期间,迪普科技技术专家向嘉宾进行了现场"云安全硬实力"解决方案Demo演示,引起了客户及合作伙伴的浓厚兴趣,不少嘉宾就相关技术实现提出问题,并与技术专家进行深度交流探讨。

(资料来源:魏慧.通信世界网,2016)

案例思考:
1. 可供企业选择的分销渠道策略有哪几种?
2. 就习惯而言,电子行业经营者通常采取的是哪种分销渠道策略?
3. 迪普科技的全员渠道策略有什么优势?

营销实训

一、实训目的、要求

通过实训,要求学生能够为背景企业产品制定分销渠道策略,选择与评估渠道成员。

二、实训主要内容

(1) 设计背景企业产品渠道方案。
(2) 评估与确定背景企业渠道方案。
(3) 选择与评估背景企业渠道成员。

三、实训准备

学生收集背景企业现有产品销售渠道,即在哪些地方可以买到背景企业的产品。

四、实训资料

背景企业现有产品销售渠道资料。

五、实训操作步骤

第一步:分析渠道设计的影响因素。

第二步:确立渠道设计的目标。

第三步:为背景企业选定中间商类型。

第四步:为背景企业确定中间商数目。

第五步:评估渠道方案。

第六步:决定渠道方案。

第七步:为背景企业设计渠道选择标准。

第八步:寻找备选渠道成员。

第九步:评价渠道成员。

第十步:确定分销渠道成员。

第十一步:按照标准评估渠道成员。

六、实训成果

渠道策划方案。

第十章 促销策略

学习目标

1. 了解促销的实质与作用；
2. 明确促销组合方式及其决策内容；
3. 理解人员推销策略；
4. 理解广告促销策略；
5. 理解营业推广策略；
6. 理解公关促销策略；
7. 掌握促销策略实践运用的技能。

引导案例

奥迪A6L浸泡事件的危机公关

2015年6月24日，一汽大众奥迪营销事业部官方发出公告，因5月18日罕见暴雨袭击导致一汽大众奥迪物流临时停车场283辆奥迪A6L不同程度浸泡受损一事，目前一汽大众奥迪已按照公司"质损车流程"，与保险公司等相关机构共同完成了处理方案。现已进入对每一辆受损车进行严格质量评估阶段。

一汽大众奥迪本着最大限度保障用户利益的原则，避免受损车流向销售渠道。待评估流程结束后，将于8月1日启动员工购车流程，并将公布每辆车的详细信息和评估结果。欢迎社会各界进行监督。

事件回顾：

5月18日，一场突如其来的暴雨夹杂着冰雹袭击了长春，这场暴雨造成了长春城区多处发生了严重积水，而一汽大众奥迪停放在长春物流临时停车场的283辆奥迪A6L也遭到了不同程度浸泡。

5月19—20日，网上开始爆发了流言蜚语，奥迪公关部门觉察到负面信息，并迅速开始做出处理。

5月21日，一汽大众奥迪营销事业部针对一汽大众奥迪部分商品车浸泡受损情况进行了说明。

2015年5月17日17时至5月18日5时,长春市遭遇罕见的暴雨袭击。暴雨导致一汽大众奥迪物流临时停车场瞬间严重积水,致使283辆奥迪A6L不同程度浸泡受损。

一汽大众奥迪第一时间启动了不可抗拒自然灾害所造成损失的处理流程,所有受损车辆已按照相关制度进入"质损车流程"妥善处理。郑重承诺,浸泡受损车辆不会进入销售渠道。

5月22日,一汽大众奥迪公布浸泡受损车辆底盘编号。

到6月24日,一汽大众奥迪正式说明了受损车辆的去处,完全打消了消费者心中的顾虑,同时也给消费者和媒体一个合理的答案。

本次事件虽然说是防不胜防的天灾,但在这次事件中一汽大众奥迪及时的反应,从发出公告声明受损车辆不会进入销售渠道,再到公布车辆底盘编号以打消消费者心中的顾虑,最终解决问题,这些都彰显出了一个作为顶尖汽车品牌应有的责任感,同时也是对消费者负责任的表现,这可以说是一次奥迪最成功的危机处理。

——资料来源于搜狐网

第一节 促销组合

促销是市场营销组合的一个重要因素,是四大营销策略之一。现代市场营销不仅要求企业开发适销对路的产品,制定吸引人的价格,使顾客容易取得其所需产品的渠道,还要通过促销活动,传播企业产品的特色、性能、购买条件及产品能给消费者带来的利益等方面的信息,树立企业和产品在市场上的形象,以此扩大企业及其产品的影响,促进企业产品的销售。促销方式主要包括人员推销、广告、营业推广和公共关系四个方面。由于它们具有不同的特点,需要在实际促销活动中组合运用。各种不同的促销方式组合形成不同的促销策略,作用也各不相同。明确促销组合各种促销形式的意义和特点,掌握运用各种促销手段和技巧,对于优化营销效果具有重要意义。

一、促销的含义

促销(Promotion),是促进销售的简称,指企业通过人员推销和非人员推销的方式把产品和服务的有关信息传递给顾客,以激起顾客的购买欲望,影响和促成顾客购买行为的全部活动的总称。

促销从本质上讲是一种信息的传播和沟通活动,具有以下几层含义:

(1)促销的核心是沟通信息。没有信息的沟通,企业不把产品和购买途径等信息传递给目标客户,也就谈不上购买行为的发生。因此促销的一切活动都以信息传递为起点,完成销售,最后又以信息反馈为终点。

（2）促销的目的是引发、刺激消费者产生购买行为。在消费者可支配收入既定的条件下,消费者是否产生购买行为主要取决于消费者的购买欲望,而消费者购买欲望又与外界的刺激、诱导密不可分。促销就是利用这一特点,激发用户的购买兴趣,强化购买欲望,甚至创造需求来实现最终目的。

（3）促销的方式有人员促销和非人员促销两类。人员促销亦称直接促销或人员推销,是企业运用推销人员向消费者推销商品或劳务的一种促销活动。它主要适用于消费者数量少、比较集中的情况。非人员促销又称间接促销或非人员推销,是企业通过一定的媒体传递产品或劳务等有关信息,以促使消费者产生购买欲望、发生购买行为的一系列促销活动,包括广告、公关和营业推广等。它适合于消费者数量多、比较分散的情况。通常,企业在促销活动中将人员促销和非人员促销结合运用。

二、促销的作用

促销在现代企业营销活动中是不可缺少的重要组成部分,这是因为促销具有很重要的作用：

（1）传递信息,提供情报。信息传递有单向和双向之分。单向信息传递是指卖方发出信息,买方接收,它是间接促销的主要功能。双向信息传递是买卖双方互通信息,双方都是信息的发出者和接收者,直接促销有此功效。销售产品是现代企业市场营销活动的中心任务,信息传递是产品顺利销售的保证。

（2）突出特点,诱导需求。现代企业通过促销活动,宣传、说明本企业产品有别于其他同类竞争产品之处,便于消费者了解本企业产品在哪些方面优于同类产品,使消费者认识到购买、消费本企业产品所带来的利益较大,乐于认购本企业产品。

（3）指导消费,扩大销售。在促销活动中,营销者循循善诱地介绍产品知识,在一定程度上对消费者起到了教育指导作用,从而有利于激发消费者的需求欲望,实现扩大销售之功效。

（4）形成偏爱,稳定销售。现代企业运用适当的促销方式,开展促销活动,可使较多的消费者对本企业的产品产生偏爱,进而稳住已占领的市场,达到稳定销售的目的。对于消费者偏爱的品牌,即使该类产品需求下降,也可以通过一定形式的促销活动,促使对该品牌的需求得到一定程度的恢复和提高。

三、促销组合策略

促销组合策略是根据产品特点和经营目标的要求,有计划地综合运用各种有效的促销手段所形成的一种整体的促销措施。企业的促销组合,实际上就是对上述促销方式的具体运用。

促销组合策略包括推式策略和拉式策略,在实践中,如果促销组合所形成的促销组合策略是以人员推销为主,配合公关等其他促销方式,这样形成的促销组合策略叫推式策略。推式策略主要适合于生产资料的促销,即生产者市场的促销活动。

另外一种方式,就是在促销组合的过程中所形成的促销组合策略是以广告为主,配合其他促销方式,这样形成的促销组合策略叫拉式策略。也就是说用广告拉动最终用户和激发消费者的购买欲望。

实践中通常是推拉结合,有推有拉。也就是说,一方面要用广告来拉动最终用户,刺激最终用户产生购买欲望;另一方面要用人员推销的方式向中间商推荐,以使中间商乐于经销或代理自己的商品,形成有效的分销链。当然,在进行促销组合的过程中,还要考虑产品的性质,并参照促销预算等有关因素进行组合。

四、影响促销组合的因素

促销组合策略的制定,其影响因素主要有以下几个方面:

(一) 产品种类和市场类型

不同产品、不同市场类型往往具备不同的消费偏好,从而导致不同促销方式促销效果不同。例如:在商用车市场上,重型汽车因使用上的相对集中,市场也比较集中,因而人员推销对促进重型汽车的销售效果较好;而轻型汽车、微型汽车由于市场分散,所以广告对促进这类汽车销售的效果就更好。在乘用车市场上,小型客车的用户相对集中,便于人员推销。总之,市场比较集中的汽车产品,人员推销的效果较好,营业推广和广告次之。反之,市场需求越分散,广告的效果较好,营业推广和人员推销则次之。

(二) 促销目标

企业的产品营销可以分为营销初期、营销中期和营销后期。不同阶段,要求有不同的促销目标。产品营销初期,企业促销目标往往是以增加产品的知名度、开辟市场为目标;营销中期,产品进入市场成长阶段,往往是以扩大销售、提高市场占有率为目标;在营销的后期,往往是以维持市场和转移市场为目标。因此,促销组合和促销策略的制定,要符合企业的促销目标,根据不同的促销目标,采用不同的促销组合和促销策略。

(三) 产品生命周期的阶段

当产品处于导入期时,需要进行广泛的宣传,以提高知名度,因而广告的效果最佳,营业推广也有相当作用。当产品处于成长期时,广告和公共关系仍需加强,营业推广则可相对减少。当产品进入成熟期时,应增加营业推广,削弱广告,因为此时大多数用户已经了解这一产品,在此阶段应大力进行人员推销,以便与竞争对手争夺客户。产品进入衰退期时,某些营业推广措施仍可适当保持,广告则可以停止。

（四）促销预算

任何企业用于促销的费用总是有限的,这有限的费用自然会影响营销组合的选择。因此企业在选择促销组合时,首先要根据企业的财力及其他情况进行促销预算；其次要对各种促销方式进行比较,以尽可能低的费用取得尽可能好的促销效果；最后还要考虑到促销费用的分摊。

（五）企业自身因素

企业的规模与资金状况不同,应该运用不同的促销组合。一般情况下,小型企业资金力量弱,支付大量的广告费用比较困难,更多地运用费用较低的促销方式,如一些小零售常用的宣传单、POP 广告等方式；而大型企业有规模效应,产品数量多,资金雄厚,有能力使用更多促销手段来对消费者施加影响。

第二节 人员推销

一、人员推销的概念

人员推销是一种古老的推销方式,也是一种非常有效的推销方式。根据美国市场营销协会的定义,人员推销是指企业通过派出销售人员与一个或一个以上的潜在消费者通过交谈,作口头陈述,以推销商品、促进和扩大销售的活动。人员推销是销售人员帮助和说服购买者购买某种商品或劳务的过程。在这一过程中,销售人员要确认购买者的需求,并通过自己的努力去吸引和满足购买者的各种需求,使双方能从公平交易中获取各自的利益。推销主体、推销客体和推销对象构成推销活动的三个基本要素。商品的推销过程,实质上就是推销员运用各种推销术说服推销对象接受推销客体的过程。一般而言,人员推销有以下几种基本形式:

1. 上门推销

上门推销是最常见的人员推销形式。它是由推销人员携带产品样品、说明书和订单等走访顾客,推销产品。这种推销形式可以针对顾客的需要提供有效的服务,方便顾客,故为顾客广泛认可和接受。

2. 柜台推销

又称门市,是指企业在适当地点设置固定门市,由营业员接待进入门市的顾客,推销产品。门市的营业员是广义的推销员。柜台推销与上门推销正好相反,它是等客上门式的推销方式。由于门市里的产品种类齐全,能满足顾客多方面的购买要求,为顾客提供较多的购买方便,并且可以保证产品完好无损,故顾客比较乐于接受这种方式。

3. 会议推销

会议推销是指利用各种会议向与会人员宣传和介绍产品,开展推销活动。譬如,在订货会、交易会、展览会、物资交流会等会议上推销产品。这种推销形式接触面广,推销集中,可以同时向多个推销对象推销产品,成交额较大,推销效果较好。

小资料

一位推销员欲向一工厂企业推销某种沙子,首先暗地里调查了该企业使用的沙子来源和使用情况,并从工地现场取了一些样品。当他出现在企业领导面前时,并不说明来意,而是突然将沙子倾倒在事先准备好的白纸上,顿时尘土飞扬,企业领导大为不满正欲发火,推销员却不慌不忙地说道:"这是贵工地正在使用的沙子。"接着将另一袋沙子倒出,却是干净无尘。推销员介绍道:"这是我们的产品。"这一举动立即引起企业领导的兴趣,最终签约成交。

二、人员推销的步骤

人员推销一般经过7个步骤:

(1) 寻找潜在顾客。即寻找有可能成为潜在购买者的顾客。潜在顾客是一个"MAN",即具有购买力(Money)、购买决策权(Authority)和购买欲望(Need)的人。寻找潜在顾客的方法主要有:

① 向现有顾客打听潜在顾客的信息。
② 培养其他能提供潜在顾客线索的来源,如供应商、经销商等。
③ 加入潜在顾客所在的组织。
④ 从事能引起人们注意的演讲与写作活动。
⑤ 查找各种资料来源(工商企业名录、电话号码黄页等)。
⑥ 用电话或信件追踪线索等等。

(2) 访问准备。在拜访潜在顾客之前,推销员必须做好必要的准备。具体包括了解顾客、了解和熟悉推销品、了解竞争者及其产品、确定推销目标、制定推销的具体方案等。不打无准备之仗,充分的准备是推销成功的必要前提。

(3) 接近顾客。接近顾客是推销员征求顾客同意接见洽谈的过程。接近顾客能否成功是推销成功的先决条件。推销接近要达到3个目标:给潜在顾客一个良好的印象、验证在准备阶段所得到的信息、为推销洽谈打下基础。

(4) 洽谈沟通。这是推销过程的中心。推销员向准客户介绍商品,不能仅限于让客户了解你的商品,最重要的是要激起客户的需求,产生购买行为。养成"JEB"的商品说明习惯,能使推销事半功倍。

"JEB",简而言之,就是首先说明商品的事实状况(Just Fact),然后将这些状况中具有的性质加以解释说明(Explanation),最后再阐述它的利益(Benefit)及带给客户的利益。熟练掌握商品推销的三段论法,能让推销变得非常有说服力。

营销人员在向潜在顾客展示介绍商品时可采用以下 5 种策略:

① 正统法。主要强调企业的声望和经验。

② 专门知识。主要表明对产品和对方情况有深刻了解。

③ 影响力。可逐步扩大自己与对方共有的特性、利益和心得体会。

④ 迎合。可向对方提供个人的善意表示,以加强感情。

⑤ 树立印象。在对方心目中建立良好的形象。

(5) 应付异议。推销员应随时准备应付不同意见。顾客异议表现在多方面,如价格异议、功能异议、服务异议、购买时机异议等。有效地排除顾客异议是达成交易的必要条件。一个有经验的推销员面对顾客争议,既要采取不蔑视、不回避、注意倾听的态度,又要灵活运用有利于排除顾客异议的各种技巧。

(6) 达成交易。达成交易是推销过程的成果和目的。在推销过程中,推销员要注意观察潜在顾客的各种变化。当发现对方有购买的意思表示时,要及时抓住时机,促成交易。为了达成交易,推销员可提供一些优惠条件。

(7) 事后跟踪。现代推销认为,成交是推销过程的开始。推销员必须做好售后的跟踪工作,如安装、退换、维修、培训及顾客访问等。对于 VIP 客户,推销员特别要注意与之建立长期的合作关系,实行关系营销。

三、人员推销的技巧

(一) 上门推销技巧

(1) 找好上门对象。可以通过商业性资料手册或公共广告媒体寻找重要线索,也可以到商场、门市部等商业网点寻找客户名称、地址、电话等资料。

(2) 做好上门推销前的准备工作。尤其要对本公司的发展状况和产品、服务的内容材料要十分熟悉,充分了解并牢记,以便推销时有问必答;同时对客户的基本情况和要求应有一定的了解。

(3) 掌握"开门"的方法,即要选好上门时间,以免吃"闭门羹",可以采用电话、传真、电子邮件等手段事先交谈或传送文字资料给对方,并预约面谈的时间、地点。也可以采用请熟人引见、名片开道、与对方有关人员交朋友等策略,赢得客户的欢迎。

(4) 把握适当的成交时机。应善于体察顾客的情绪,在给客户留下好感和信任时,抓住时机发起"进攻",争取签约成交。

(二) 洽谈技巧

首先注意自己的仪表和服饰打扮,给客户一个良好的印象;同时,言行举止要文明、懂礼貌、有修养,做到稳重而不呆板、活泼而不轻浮、谦逊而不自卑、直率而不鲁莽、敏捷而不冒失。在开始洽谈时,推销人员应巧妙地把谈话转入正题,做到自然、轻松、适时。可采取以关心、赞誉、请教、探讨等方式入题,顺利地提出洽谈的内容,以引起客户的注意和兴趣。在洽谈过程中,推销人员应谦虚谨言,注意让客户多说话,认真倾听,表示对对方谈话的关注与感兴趣,并做出积极的反应。遇到障碍时,要细心分析,耐心说服,排除疑虑,争取推销成功。在交谈中,语言要客观、全面,既要说明优点所在,也要如实反映缺点,切忌高谈阔论、"王婆卖瓜",让客户反感或不信任。洽谈成功后,推销人员切忌匆忙离去,这样做,会让对方误以为上当受骗了,从而使客户反悔违约。应该用友好的态度和巧妙的方法祝贺客户做了笔好生意,并指导对方做好合约中的重要细节和其他一些注意事项。

(三)排除推销障碍的技巧

(1)排除客户异议障碍。若发现客户欲言又止,应主动少说话,直截了当地请对方充分发表意见,以自由问答的方式真诚地与客户交换意见。对于一时难以纠正的偏见,可将话题转移。对恶意的反对意见,可以"装聋扮哑"。

(2)排除价格障碍。当客户认为价格偏高时,应充分介绍和展示产品、服务的特色和价值,使客户感到"一分钱一分货";对低价的看法,应介绍定价低的原因,让客户感到物美价廉。

(3)排除习惯势力障碍。实事求是地介绍客户不熟悉的产品或服务,并将其与他们已熟悉的产品或服务相比较,让客户乐于接受新的消费观念。

小资料

一位客户选定一条领带准备付款时,推销员问:"您打算穿什么样的西服来配这条领带?"

"我想,穿我那件藏青色西服应该很合适吧?"客户回答说。

"先生,我这儿有一种漂亮的领带正好配您的藏青色西服。"说着,推销员就抽出了两条标价为25美元的领带。

"是的,我懂你的意思,它们确实很漂亮。"客户点着头说,并且把领带收了起来。

"再看一看与这些领带相配的衬衣怎么样?"

"我想买一些白色衬衣,可我刚才在哪儿都没有找到。"

"那是因为您没找对地方,您穿多大号的衬衣?"

还没等客户反应过来,推销员已经拿出了四件白色衬衣,单价为50美元。"先生,感觉一下这种质地,难道不是很棒吗?"

"是的,我想买一些衬衣的,但我只想买三件。"

评析:1. 这位推销员采取的是渐进型促成的技巧。他从20美元的小额生意一步一步变成了190美元的生意,这可是客户最初购买金额的9.5倍!并心满意足地离开了商场。

2. 这位推销员还运用了连带推销法。由于消费需求在很多商品上具有连带性,只要我们善加运用,及时提醒,既给顾客带来了方便,又能扩大销售,一举两得,何乐而不为!

四、推销人员的管理

(一) 构建推销队伍

人员推销活动并非是个体销售活动,而是由群体构成的团队活动,因此,企业必须从组织上要构建推销队伍的合理结构。企业推销队伍结构的设计可以参考以下几种模式:

(1) 按地区划分的结构。即按地理区域配备推销人员,设置销售机构,推销人员在规定的区域负责销售企业的各种产品。这种结构具有若干优点:① 责任明确,能鼓励推销人员努力工作;② 推销人员相对较长期在某一地区工作,有助于与顾客建立牢固的关系;③ 可以节省推销费用(主要是差旅费)。但这种结构比较适用于产品品种简单的企业。

(2) 按产品划分的结构。即按产品线配备推销人员,设置销售机构,每组推销人员负责一条产品线,在所属地区市场的销售。使用这种结构的条件是:① 产品的技术性强,需要拥有专业知识的推销人员向顾客推销产品或提供服务;② 产品品种多且其相关性不强,否则会出现同一企业要在一天中接待来自同一销售单位的几位销售人员。

(3) 按顾客类别划分的结构。即按某种标准(如行业、客户规模)对顾客分类,再据此配备推销人员,设置销售结构。如制造计算机的企业把客户分为工业用户、金融业用户、机关团体用户等。推销员按用户的类别分组,不同的小组分别负责特定的顾客。此方式的优点在于推销员有条件深入了解不同用户的需求,以便更好地满足需求,提高推销的成功率。缺点是推销费用增加和难以覆盖更广阔的市场区域。

(4) 复合式的结构。即将上述三种结构结合起来,或按区域——产品,或按区域——顾客,或按区域——产品——顾客来组建销售机构或分配推销人员。通常当大企业拥有多种产品且销售区域相当广阔时适宜采取这种结构。

(二) 销售人员的激励

为了提高销售人员的积极性,如期完成企业的销售任务,必须对企业的销售人员采取激励措施,制定合理的报酬。销售人员工作远离企业,在一线工作责任重大,具有挑战性和创造性。同时,在外独立完成销售工作精神压力大,所以,他们的报酬一般高于企业其他人员。销售人员的激励措施可以考虑我国企业目前用得较多的几种形式。

(1) 固定工资加奖金。这种报酬形式强调的是固定工资,一般适用于不直接推销的一线销售人员,适用于需要集体协作完成的销售工作或主要从事技术服务的销售工程师。但是,这种报酬形式刺激性不强,不利于调动销售人员的积极性。

(2) 提成制工资。提成制是以销售人员完成的销售量为基础,依据货款回笼量按一定比例提成支付报酬。这种方式突出变动报酬,强调业绩与报酬紧密挂钩,方法简单,容易计算,对销售人员的激励作用大,有利于调动销售人员的积极性。但是,销售人员所承担任务压力大,盈亏自负风险也大,易造成销售人员急功近利追求销量,而忽视了对市场的培育工作。

(3) 固定工资加提成。固定工资加提成是上述固定工资加奖金和提成制两种形式的结合,一般的做法是销售人员有一个基本的固定工资,这部分可以满足销售人员收入稳定,保证无后顾之忧;提成部分用于激励销售人员为企业销售工作做出更大贡献,也体现了多劳多得的分配原则。这种形式较好地综合了固定工资加奖金和提成制的优点,同时也克服了它们的缺陷,实行这种报酬形式,固定工资和提成比例是灵活的,一般根据企业目标市场特点、产品寿命周期状况来自行制定和调整。企业对销售人员的报酬形式无论采取哪种形式,都应考虑销售人员的福利待遇,包括休假工资、医疗保险、养老保险等,特别应该根据销售人员工作特点,必要时还可以给予意外保险,这样可以让销售人员有安全感和对企业的依附感,从而愿意为企业奉献自己的干劲、热情和才智。

(三) 销售人员的考核

企业必须加强对销售人员的管理,通过监督考核,促进销售任务的完成,提升销售人员的工作业绩。销售人员考核设计的基本内容有:

(1) 销售人员的考核途径。考核销售人员要有客观的依据,这些依据来自于对销售人员进行监督管理的四条途径的有关资料,包括:

① 销售人员的记事卡。记事卡是销售部门管理销售人员的永久性卡片。要求销售人员每天填写的日志,记载着销售有关的情况,包括送货、拜访客户、货款回笼、上门服务等资料。

② 销售人员销售工作报告。销售工作报告分年报、季报和月报。报告展示了销售人员负责的区域市场和产品销售的绩效,根据报告可以了解区域市场的产品销售、费用开支、货款回收、新客户拓展的情况,反映了销售人员的工作实绩。

③ 顾客的评价。企业销售监督人员通过走访顾客了解他们对销售人员的评价,还可以根据顾客的投诉状况来考核销售人员的服务态度和服务水平。

④ 企业内部员工的评价。企业内部员工对销售人员的评价主要是销售主管部门和企业其他职能部门对销售人员的评价意见。这里主要是从质的方面进行考核,如个人能力的评价、思想品德的评价、工作态度、服务是否热情等方面。

(2) 销售人员的考核标准。制定合理公平的考核标准,不仅是作为销售人员考核的依据,而且具有一定的激励作用。考核标准的确立要有一致性、客观性,同时,又要根据销售人员的工作环境、区域市场的实际情况和所经营产品寿命周期阶段状况灵活掌握,

科学地考评。对销售人员考核的指标通常有:
① 销售计划完成率:衡量销售人员或销售区域的销售业绩的指标。
② 销售毛利率:衡量销售人员或销售利润完成的指标。
③ 销售费用率:衡量销售人员或销售区域完成销售额所花的费用状况。
④ 货款回收率:衡量销售人员或销售区域回笼货款的状况指标。
⑤ 客户访问率:衡量销售人员工作努力程度。
⑥ 访问成功率:衡量销售人员的工作效率。
⑦ 顾客投诉次数:衡量销售人员服务水平、服务质量状况。
⑧ 培育新客户数量:衡量销售人员开拓市场能力的指标。

第三节 广告

"商品如果不做广告,就好像一个少女在黑暗中向你暗送秋波。"西方流行的这句名言充分表现了广告在营销中的独特地位。

广告在现代市场中已经成为企业促销活动的先导。"广告"一词源于拉丁文,原意是"我大喊大叫"。随着社会经济的发展,广告的内容与外延不断地丰富和延伸。广义的广告,是指与外界接触的一种手段,它包括政治广告、商业广告、文艺广告、社会广告、影讯广告、剧情广告、新书广告、征婚广告等一切公告、声明、通知和启示。

促销组合中研究的广告是狭义的广告,它是指以盈利为目的,通过支付一定费用,以各种说服的方式,公开地向目标市场和社会公众传递产品或劳务信息的传播行为。营销角度的广告概念强调了这些含义:①广告要支付费用;②"说服"与"公开"是广告的重要特征;③"传递信息""追求盈利"是广告的重要目的;④"产品或劳务"是广告宣传的具体内容;⑤"目标市场"和"社会公众"是广告的受众对象;⑥"电视、广播、报纸、杂志"等是广告的传播媒体。

小 资 料

"恒源祥绒线羊毛衫,羊羊羊"

"恒—源—祥—绒线羊毛衫,羊、羊、羊",简单的一句话挽救了一个企业,成就了一个品牌。连续三遍地重复也开创了广告的一种新方式,被称为"恒源祥模式"。可爱的童音"羊、羊、羊"成了恒源祥广告的记忆点。

"农夫山泉有点甜"

或许正是人们因为对"甜"的怀疑使得该广告深入人心。这句简单得不能再简单的广告语成了农夫山泉的第一记忆点。暗示品质的"甜"字则成了其品牌价值的集中体现。

雀巢咖啡:"味道好极了"

这是人们最熟悉的一句广告语,也是人们最喜欢的广告语。简单而又意味深远,朗朗上口。

M&M 巧克力:"只溶在口,不溶在手"

这是著名广告大师伯恩巴克的灵感之作,堪称经典,流传至今。它既反映了 M&M 巧克力糖衣包装的独特 USP,又暗示 M&M 巧克力口味好,以至于我们不愿意使巧克力在手上停留片刻。

百事可乐:"新一代的选择"

在与可口可乐的竞争中,百事可乐终于找到突破口,他们从年轻人身上发现市场,把自己定位为新生代的可乐,邀请新生代喜欢的超级歌星作为自己的品牌代言人,终于赢得年轻人的青睐。

一、广告分类

(一) 按广告的内容分类:产品广告、企业广告和服务广告

(1) 产品广告。这是企业为了推销产品而做的广告。它的内容主要是介绍产品,属于告知性的宣传方式。它并不是直接宣传企业的形象,而是通过产品的宣传介绍间接地使人感知生产该产品的企业。从这个意义上说,做好产品广告,不但可以推销产品,而且还可以帮助企业树立良好的形象。

(2) 企业广告。企业形象就是企业的招牌,它构成了企业生存的基石。企业形象树立起来了,企业的产品自然也就不愁销路。企业广告是直接为树立企业形象服务的,有关公共关系和公共利益的广告都属于这类广告。

(3) 服务广告。服务广告是以各种服务为内容的广告,如产品维修、人员培训以及其他各种服务活动等。

(二) 按广告的目标分类:开拓性广告、劝导性广告和提醒性广告

(1) 开拓性广告。这是一种以介绍、说服为目标的广告,其目的在于诱导消费者产生初次需求,向消费者宣传新产品的质量、性能、花色品种、用途、价格以及服务等情况,以解除消费者对企业生产和销售的产品的顾虑,加深消费者对这些商品的认识,促使消费者建立起购买这些产品的信心,使产品迅速占领目标市场。

(2) 劝导性广告。这是一种竞争性广告,其目的是促使消费者建立起特定的需求,对本企业的产品产生偏好。劝导性广告应着重宣传产品的用途,说明产品的特色,除突出

比其他牌号的同类产品的优越之处,努力介绍产品的厂牌与商标,使消费者对某种品牌的产品产生偏好,以稳定产品的销售。

(3)提醒性广告。这是一种加强消费者对商品的认识和理解的强化性广告。提醒性广告着重宣传商品的市场定位,以引导消费者产生"回忆性"需求,使企业某一品牌产品在市场衰退期退出市场之前,仍能满足一部分老顾客(客户)的需求。

(三)按广告的媒体分类:印刷广告、视听广告、邮寄广告和户外广告

(1)印刷广告。报纸、杂志是有效、普遍的传播媒体。报纸广告是现代传播广告信息的重要手段。报纸具有新闻性、可读性、指导性、知识性和记录性等显著特点,报纸广告最大的优点是读者比较稳定,宣传覆盖率高;传播迅速,反映及时;可自由选择刊登日期;能对产品进行较详细的介绍;制作简单,费用较低。但也有一定的局限性:它的保存性较差;报纸内容庞杂,易分散注意力。由于各类报纸的读者对象不同、发行数量和范围不同,其广告效果也不同。因此,企业必须有选择地登载广告。杂志的优点是促销对象明确,收效率高;保存率和阅读率也较报纸高;广告画面鲜明,易引人注意。最大的缺点是传递信息延迟期较长,读者面具有较大的局限性。不同杂志有不同的读者和不同的发行范围,因此,企业在选择杂志做广告时必须研究目标读者。

(2)视听广告。电台、电视是视听广告媒体。电台主要是用语言表达来吸引听众,由于它不受文化水平的限制,传播对象较为广泛。电台广告的主要优点是传播及时,灵活性强,不受场所的限制,听众可以选择,成本较低。它的局限性是速度快,不便记忆,且无处查阅;广播节目较多,很难使人听清楚。电视广告是当前最有效的传播媒体。它的优点是宣传作用较大,涉及范围广泛;生动、灵活、形式多样;可以在几天内连续重复播出一个广告,观众记忆深刻。缺点是费用高、竞争者多,且对象缺乏可选性。

(3)邮寄广告。广告主将印刷的广告物,诸如产品样本、产品目录、产品说明书、产品通告函等,直接寄给顾客、中间商或代理人。邮寄广告最大的优点是广告对象明确、选择性强、传递较好、较为灵活,提供信息全面、准确,说服力强,效果显著。局限性是生动性较差,传播面也较窄。

(4)户外广告。户外广告通常有招贴、广告牌、交通广告以及霓虹广告等。户外广告经常作为辅助性推广媒体,也有助于开拓营销渠道,地点多选择在闹市、交通要道或公共场所,一般比较醒目。它的主要优点是利用灯光色彩、美术造型等艺术手段,显得鲜明、醒目、美观;内容简明易记,使人印象深刻,既宣传产品,又美化环境。局限性是受空间的限制,不易表达复杂内容,不能动态化。

二、广告设计

广告设计要注重广告效果,只有高质量的广告,才能对促销起到宣传、激励的作用。

（一）广告设计原则

1. 真实性

广告的生命在于真实，只有广告内容是真实的，才能获得消费者的信任，达到扩大企业产品销售的目的。如果广告内容失真，欺骗了消费者，这不仅损害了消费者的利益，同时也会使企业名声扫地，甚至会使企业受到法律的制裁。

2. 社会性

广告不仅是促进商品销售的手段，而且也是传播社会意识形态的一种重要的工具，内容健康的广告会引导人们奋发向上。因此，要求广告制作必须符合社会文化、思想道德的客观要求，要有利于社会主义精神文明，要有利于培养人们的高尚情操。

3. 针对性

针对不同产品、不同目标市场要有不同的广告内容，采取不同的表现方式。由于各个消费群体都有自己的喜好、风俗习惯，所以要为适应目标顾客的不同要求来制作广告内容，采用与之相适应的形式。

4. 艺术性

广告的艺术性要求做到：

（1）广告的语言必须忠于事实，不能夸大其词，更不应弄虚作假，不使用"最大""最佳""最好"之类的形容词。广告语言应刻意求精，言简意赅，切忌繁杂。广告应鲜明、生动，赋予个性，使人看后或听后能抓住中心，诱发需求，促进购买欲望。

（2）广告画面的主题鲜明，简洁明快，色彩柔和，新颖奇特，和谐统一，健康脱俗，能使读者一目了然，促其产生购买欲望。

（3）广告音乐的优美动人，协调和谐，使人感到亲切舒服，百听不厌。

（二）广告设计内容

1. 确定广告目标

就是根据促销的总体目标，依据现实需要，明确广告宣传要解决的具体问题，以指导广告促销活动的施行。广告促销的具体目标，可以使消费者了解企业的新产品，促进购买，增进销售，或提高产品与企业的知名度以便形成品牌偏好群等。

2. 确定广告主题

任何广告设计，离不开选择一定的主题进行表现，一则广告必须鲜明地、突出地表现广告主题，使人们很清楚广告告知他们做什么，要求他们做什么，因而广告主题在设计策划中有着重要的意义和作用，它是广告表现形式的核心。

3. 广告创意

广告创意是依据广告策略，实现广告目的，具有艺术性质的创造性思维运动。这种思维运动通常要使广告达到完成其对企业、商品、服务宣传促销的目的。

三、广告媒体

广告媒体是用于向公众发布广告的传播载体,是指传播商品或劳务信息所运用的物质与技术手段。传统的"四大广告媒体"为电视、广播、报纸、杂志。在广告行业把电视媒体和电台媒体称为电波媒体;把报纸和杂志媒体称为平面媒体,以此区分。

(一)广告媒体分类和特性

随着经济的发展和科技的进步,广告媒体日趋复杂。按媒体的物质自然属性可分为:印刷品媒体(报纸、杂志、书籍、传单等)、电子媒体(电视、广播、国际互联网等)、邮政媒体(通过邮寄方式送达消费者的产品目录、价目表、说明书等)、销售现场媒体(店头广告、实物演示、店内灯箱等)、纪念品媒体(年历、手册、小工艺品等)。按接受者感受角度分为:视觉广告媒体、听觉广告媒体、视听觉媒体。这里仅说明几种主要媒体的特性。

1. 报纸

报纸是应用最广泛也是最早发布广告的媒体。它有很多优点:传播面广,覆盖率高;传播速度快、及时;信息量大,读者不受时间限制;制作方便,费用低廉,刊出日程选择自由度大;在一定程度上可以借助报纸本身的威信。它的局限性是:时效短;印刷不够精美,表现力有限;接触时间相对较短,需多次刊登。

2. 杂志

杂志是仅次于报纸而较早出现的广告媒体,它分类明确,作为媒体的优点有:读者稳定,可以存留翻阅,反复接触机会多;信息量大,印刷精美;可利用专业刊物声望,尤其对行业内广告针对性强。它的局限性是:发行周期长,时效性差,专业杂志广告接触不广泛。

3. 广播

广播作为广告媒体,优点是传播速度快,听众广泛,内容易变更,可多次播出;制作简单,费用低廉。它的局限性是:有声无形,只刺激听觉,遗忘率高,难以记忆,无法存查,难以把握收听率。

4. 电视

电视是广告信息传播的理想工具,它的优点是:集声、形、色于一体,形象生动,有极强的吸引力;能综合利用各种艺术形式,表现力强;覆盖面广,注目率高。它的局限性是:制作复杂,费用高;时效短,难以记忆。

5. 户外媒体

户外媒体是指在露天或针对户外行动中的人传播广告信息的工具。包括销售现场广告媒体(如橱窗、灯箱、现场演示)和非销售现场广告媒体(如路牌、电脑显示牌、气球、招贴画等)。这种媒体的优点是:长期固定在一定场所,反复诉求效果好;可以做到色彩鲜艳,图文醒目,媒体费用弹性大;可根据传播对象的特点和风俗习惯设置。局限性是:宣传区域小,变更成本高。

6. 网络媒体

现代科技发展日新月异,不断涌现的技术渐渐地在改变着我们的生活方式,如互联网的普及,使我们的购物方式、人与人的交流方式等都发生了很大的变化,而这些变化也必将影响企业的营销方式。

(1) 网络广告。店铺可通过两种主要方式做广告:一是建立公司自己的网址;二是向某个网上的出版商购买一个广告空间。

随着时代的发展,网络广告的优势越来越明显,主要表现在以下几个方面:

① 网络广告可以根据更细微的个人差别将顾客进行分类,分别传递不同的广告信息。

② 网络广告是互动的。网上的消费者有反馈的能力,广大消费者渴望及时得到信息,一旦某一消费者对此失去兴趣,略施小计,便会使这些对别人非常有用的信息消失得无影无踪。因此,互动式广告要求广告把要说的信息作为与受众"对话"的一部分层层传递,一旦个人开始对起初的信息感兴趣,广告商就转向下一步骤,传递专门针对此人的信息。

③ 网络广告利用最先进的虚拟现实界面设计来达到身临其境的感觉。网络广告所提供的虚拟现实世界,会给受众带来全新的体验。

④ 网络广告的用户构成是广告商们愿意投资的因素。这些用户多是学生和受过良好教育的人,平均收入较高。最成功的网址有办法留住回头客,同时又不显得过于商业化,为了使自己的网址更具有吸引力,一些公司自己成了网上出版商。

(2) 自媒体。美国新闻学会媒体中心于 2003 年 7 月出版了由谢因·波曼与克里斯·威理斯联合提出的"We Media(自媒体)"研究报告,里面对"We Media(自媒体)"的定义:"We Media 是普通大众经由数字科技强化与全球知识体系相连之后,一种开始理解普通大众如何提供与分享他们本身的事实、他们本身的新闻的途径。"

自媒体一般包括电子邮件(E-mail)、手机短信(Short message)、即时通讯(Instant Messenger)、博客(Blog)、微博(Microblog)、论坛(BBS)、微电影(Microfilm)及播客(Podcasting)、微信、飞信、SNS 等,全民参与化、自有自主化、数字网络化、即时迅速化是其最为显著的特征。

自媒体的特点,主要包括以下几个方面:

① 平民化、个性化。自媒体的草根性使它成为平民大众张扬个性、表现自我的最佳场所。

② 门槛低、运作简单。自媒体时代用户只需要通过简单的注册申请,根据服务商提供的网络空间和可选的模板,就可以利用版面管理工具,在网络上发布文字、音乐、图片、视频等信息,创建属于自己的"媒体"。拥有自媒体,不需要投入任何成本,也不要求有任何的专业技术知识。其进入门槛低,操作运作简单,让自媒体大受欢迎,发展迅速。

③ 交互性强、传播迅速。自媒体能够迅速地将信息传播到受众中,受众也可以迅速地对信息传播的效果进行反馈。

④ 良莠不齐。由于网民的素质参差不齐,以至于发布的信息质量有很大的差异。

由于自媒体的兴起,使其成为具备了传播并对多人施加影响的能力,从而成为广告的一种新媒体。

(二)广告媒体的选择

一般来讲,选择广告媒体要从企业或商品特点和促销目标出发,选择覆盖面广,传播速度快,直接接触目标市场,节省广告成本,能获得最佳促销效益的广告媒体。不同的广告媒体有不同特点,运用时要考虑以下几点:

(1)目标市场。广告的目的就是对目标市场的潜在顾客发生影响,从而促进购买。因而,选择广告媒体要考虑消费者易于接触并乐于接受的媒体,并且要根据目标市场范围,选择覆盖面与之相适应的媒体。如,开拓区域市场,可选择地方报纸、广播、电视台,如果要提高在全国的知名度,则宜选择全国性的媒体。

(2)广告商品的特性。由于商品的性质、性能、用途不同,宜选择不同的广告媒体。例如,对于生活用品,可用电视、广播或进行家庭走访等形式;对于专业技术性强的机械设备等,则宜利用专业性报纸杂志,或邮寄广告等形式,以便更直接的接触广告对象。

(3)媒体性质。主要是考虑媒体本身的流通性、时间性、覆盖面和表现力等。

(4)媒体的成本。不同媒体费用不同,同一媒体不同时间、不同位置费用也会不同,企业在选择时要根据自身的经济状况和对广告效果预期选择适宜的媒体。

小资料

《大宅门》中白景琦一把火烧了儿子做的不合格产品,把同仁堂"炮制虽繁必不敢省人工,品味虽贵必不敢减物力"的古训宣扬得淋漓尽致。

《疯狂的石头》中,道哥吃着康师傅方便面,给黑皮和小军讲解作战计划;包头拿着谢小盟的相机镜头盖,说:"耐克?耐克也出相机?"而后,镜头迅速摇向尼康相机镜头盖……

在《爱情呼叫转移》整部影片中,除了徐朗的那只艳遇手机外,所有的手机清一色的由诺基亚独家提供。而在电影《手机》中,所有演员使用的则全是摩托罗拉手机。

"植入式广告"是随着电影、电视、游戏等的发展而兴起的一种广告形式,它是指在影视剧情、游戏中刻意插入商家的产品或表示,以达到潜移默化的宣传效果。由于受众对广告有天生的抵触心理,把商品融入这些娱乐方式的做法往往比硬性推销的效果好得多。

四、广告费用预算

为了实现企业的销售目标,企业必须花费必要的广告费用,广告费用的开支是一个关键问题。如果开支过少,达不到广告效果;反之,会造成浪费,降低效益。为此,在广告预算设计中要充分认识广告支出与广告收益的关系。广告宣传的目的是为了吸引消费者,扩大产品的销售,提高企业的经济效益。因此,企业在选择广告形式时,必须注意广告宣传所取得的经济效益要大于广告费用的支出。电视是很好的广告媒体,它形象生动,信息传递范围大,速度快,但广告费用很高。因此,对形象性不强、市场消费有限的产品就没有必要去选用电视广告。通常可供企业选择的确定广告预算的方法有以下几种:

(1) 承受能力法。即根据企业的资金实力来决定广告预算。生产企业广告预算的计算方法是:先从企业产品的市场售价,减去批发商与零售商所得的价差及本企业的生产成本,再确定企业可用于广告的费用比例。

(2) 销售额百分比法。即根据销售额的一定百分比确定广告预算。这种方法使广告费用与销售收入挂起钩来,简便易行。但它忽视了广告促销作用,颠倒了二者的关系,忽视了未来市场的环境变化,并且二者比例系数很难确定。

(3) 竞争平衡法。即参考竞争对手的广告费用而定出自己的广告费用,广告预算与竞争者大体相同。这种方法有助于避免广告战的白热化,但它忽视了竞争者广告费用不一定合理;再则,竞争者与本企业情况是存在差异的。

(4) 目标任务法。即根据企业营销的目标和任务确定广告预算。这是一种较科学的方法,但它也会有主观性,因此,也需要采用上述某些方法对其加以修正。

(5) 投资收益法。即预测广告投资与所能产生的收益确定广告预算。但关键的是难以确定广告的收益。因此,广告预算必须综合考虑各种因素,综合运用各种方法以校正某种方法的缺陷。

广告预算总额确定以后,必须在不同广告媒体之间、广告管理的各个程序之间,不同目标市场和不同地区之间,依据不同媒体的传播时间和传播次数进行合理分配,才能收到预期的效果。

五、广告效果评估

广告的效果主要体现在三方面,即广告的传播效果、广告的促销效果和广告的社会效果。广告的传播效果是前提和基础,广告的销售效果是广告效果的核心和关键,企业的广告活动也不能忽视对社会风气和价值观念的影响。

(一) 广告传播效果的评估

主要评估广告是否将信息有效地传递给目标受众,这种评估传播前和传播后都应进行。传播前,既可采用专家意见综合法,由专家对广告作品进行评定;也可以采用消费者评判法,聘请消费者对广告作品从吸引力、易读性、好感度、认知力、感染力和号召力等方面进行评分。传播后,可再邀请一些目标消费者,向他们了解对广告的阅读率或视听率,对广告的回忆状况等。

(二) 广告促销效果的评估

促销效果是广告的核心效果。广告的促销效果,主要测定广告所引起的产品销售额及利润的变化状况。测定广告的促销效果,一般可以采用比较的方法。在其他影响销售的因素一定的情况下,比较广告后和广告前销售额的变化;或者其他条件基本相同的甲和乙两个地区,在甲地做广告而在乙地不做广告,然后比较销售额的差别,以此判断广告的促销效果。

(三)广告社会效果的评估

主要评定广告的合法性以及广告对社会文化价值观念的影响。一般可以通过专家意见法和消费者评判法进行。

第四节 营业推广

一、营业推广的含义

营业推广又称销售促进,是指除人员推销、广告宣传、公共关系以外的,能有效激发消费者购买和提高促销效率的一切促销活动。它包括的范围较广,界限也不如广告、人员推销和公共关系清楚,是一种行之有效的辅助性促销措施。

营业推广是不同于广告及人员推销的一种促销手段,是在一个比较大的市场中,为了刺激早期需求而采取的能够迅速产生鼓动作用的活动。营业推广一般很少单独使用,常常作为广告或人员推销的一种辅助手段。营业推广的主要作用是吸引顾客,为不适时令的商品打开销路,也可以鼓励推销员或中间商的积极性,扩大企业的影响。特别是在推出一种新的品牌或新的商品时,为争取中间商合作,鼓励他们进货时及需要强化广告宣传效果时,采取营业推广的方式可以达到事半功倍的效果。

小资料

派发"积点卡"促销妙招

日本零售商,近年来又推出新的促销妙招,即为顾客派发"积点卡"。商店派发的"积点卡"跟一般预先缴费的电话卡无异,但它们印有发出该卡的"购物街"的名称。顾客购物时,只需要把积点卡递给售货员,售货员会利用计算机网络,将点数加到卡里。当点数累积到一定数量时,顾客就可凭卡获取礼券或其他赠品。日本中小型企业厅透露,引进积点卡系统的购物街和商业机构数目已超百家。小型商店非常愿意采用这种方法促销,因为积点卡已成为他们在商战中求生存的主要武器,以巩固邻近的定期顾客基础。同时,这种做法还有助于建立顾客的资料库,可以清楚地掌握顾客的居住地址和购物类型,从而制定更有效的促销策略。

二、营业推广的方式

根据目标市场的不同,企业的营业推广方式可分为面向消费者、面向中间商、面向企业内部员工的推广,三种推广方式有着不同的促销方式。

(一)面向消费者的营业推广方式

面向消费者的营业推广主要作用包括:鼓励老顾客继续使用、促进新顾客使用、培养竞争对手顾客对本企业的偏爱等。其方式可以采用:

(1)赠送促销。向消费者赠送样品或试用品,赠送样品是介绍新产品最有效的方法,缺点是费用高。样品可以选择在商店或闹市区散发,或在其他产品中附送,也可以公开广告赠送,或入户派送。

(2)折价券。在购买某种商品时,持券可以免付一定金额的钱。折价券可以通过广告或直邮的方式发送。

(3)包装促销。以较优惠的价格提供组合包装和搭配包装的产品。

(4)抽奖促销。顾客购买一定的产品之后可获得抽奖券,凭券进行抽奖获得奖品或奖金,抽奖可以有各种形式。

(5)现场演示。企业派促销员在销售现场演示本企业的产品,向消费者介绍产品的特点、用途和使用方法等。

(6)联合推广。企业与零售商联合促销,将一些能显示企业优势和特征的产品在商场集中陈列,边展销,边销售。

(7)参与促销。通过消费者参与各种促销活动,如技能竞赛、知识比赛等活动,能获取企业的奖励。

(8)会议促销。各类展销会、博览会、业务洽谈会期间的各种现场产品介绍、推广和销售活动。

小资料

航空界的"积累里程"赛

将积点优惠方式运用到竞争越来越激烈的航空界,就是里程累积赠礼方式,这是国外航空公司最常用也是吸引乘客的有效策略之一。累积里程方式,就是乘客以个人名义搭乘同一家航空公司的飞机,在一定时间内(或无限期)所累积的飞行里程数达到某一标准,便可获得航空公司的赠礼。各个航空公司规定的累积里程数的标准是不一样的,赠礼内容也不尽相同,这是航空公司吸引客人的关键所在。一般来说,大部分的计划都是以3.2万公里作为赠送来回机票的最低限数,超过3.2万公里,则视航空公司的能力与航线范围,给予更丰厚而花样繁多的赠礼,如客舱升等级、租车及旅馆优惠、优先订位及补位服务等。也就是说,对于里程累积越多的乘客,所给予的优待赠礼越是呈倍数增加,对于乘客来说,花钱搭飞机还有后续好处,何乐而不为。而站在航空公司的立场上,这样做也有很多好处,除了能够吸引更多的新乘客外,最重要的是维系了老顾客的"忠诚度",使他不想换搭其他航空公司的飞机,以避免丧失正累积的里程数。

(二)面向中间商的营业推广方式

主要目的是鼓励中间商积极进货和推销,引导零售商扩大经营。常用的方式有:

(1) 批发回扣。企业为争取批发商或零售商多购进自己的产品,在某一时期内给经销本企业产品的批发商或零售商加大回扣比例。

(2) 推广津贴。企业为促使中间商购进企业产品并帮助企业推销产品,可以支付给中间商一定的推广津贴。

(3) 销售竞赛。根据各个中间商销售本企业产品的实绩,分别给优胜者以不同的奖励,如现金奖、实物奖、免费旅游、度假奖等,以起到激励的作用。

(4) 扶持零售商。生产商对零售商专柜的装潢予以资助,提供 POP 广告,以强化零售网络,促使销售额增加;可派遣厂方信息员帮助销售或代培销售人员。生产商这样做的目的是提高中间商推销本企业产品的积极性和能力。

(三)面向内部员工的营业推广方式

主要是针对企业内部的销售人员,鼓励他们积极推销产品或处理某些老产品,或促使他们积极开拓新市场。一般可采用的方法有销售竞赛、免费提供人员培训、技术指导等形式。

三、制定营业推广方案

在企业促销活动中,一个有效的营业推广方案一般要考虑以下 6 个因素。

(1) 确定推广目标。营业推广目标的确定,就是要明确推广的对象是谁,要达到的目的是什么。只有知道了推广的对象,才能有针对性地制定具体的推广方案。例如:是为达到培育忠诚度的目的,还是鼓励大批量购买为目的?

(2) 选择推广工具。营业推广的方式方法很多,但如果使用不当,则适得其反。因此,选择合适的推广工具是取得营业推广效果的关键因素。企业一般要根据目标对象的接受习惯和产品特点、目标市场状况等来综合分析选择推广工具。

(3) 推广的配合安排。营业推广要与营销沟通其他方式如广告、人员销售等整合起来,相互配合,共同使用,从而形成营销推广期间的更大声势,取得单项推广活动达不到的效果。

(4) 确定推广时机。营业推广的市场时机选择很重要,如季节性产品,节日、礼仪产品,必须在季前节前做营业推广,否则就会错过了时机。

(5) 确定推广期限。即营业推广活动持续时间的长短。推广期限要恰当,过长,消费者新鲜感丧失,产生不信任感;过短,一些消费者还来不及接受营业推广的实惠。

第五节 公共关系

一、公共关系的含义与特征

(一) 公共关系的含义

现代公共关系起源于美国,是一个很大的范畴。市场营销学上的公共关系是指企业为了使社会广大公众对本企业的商品产生好感,在社会上树立企业声誉,选用各种手段,与其相关的各种内部、外部公众建立良好的关系的促销方式。公共关系是现代企业的一项十分重要的管理职能,任何企业都有公共关系状态存在。当企业有意识、自觉地采取措施按照一定的标准去改善自己与公众的关系时,就是在从事公共关系的活动。企业公共关系的好坏,直接影响着企业在公众心目中的形象,影响着企业市场营销目标的实现。

公共关系是企业通过公关传播和对特殊事件的处理,使自己与公众保持良好关系的活动。企业的公共关系分为内部公共关系和外部公共关系。运用公共关系促进销售也是企业促销的主要策略之一,但公关促销并不是要推销某个具体的产品,而是企业利用公共关系,可以把企业的经营目标、经营理念、政策措施等传递给社会公众,使公众对企业有充分的了解;对内协调各部门的关系,对外建立广泛的社会联系,密切企业与公众的关系,树立企业的良好形象,扩大企业的知名度、信誉度与美誉度。目的是为企业的营销活动创造一个和谐、亲善、友好的营销环境,从而间接地促进产品的销售。为此,企业促销必须研究公共关系。

(二) 公共关系的特征

作为一种促销手段,公共关系与前述其他手段相比,具有自己的特点:

(1) 注重长期效应。公共关系是企业通过公关活动树立良好的社会形象,从而创造良好的社会环境。这是一个长期的过程。良好的企业形象也能为企业的经营和发展带来长期的促进效应。

(2) 注重双向沟通。在公关活动中,企业一方面要把本身的信息向公众进行传播和解释,同时也要把公众的信息向企业进行传播和解释,使企业和公众在双向传播中形成和谐的关系。

(3) 可信度较高。相对而言,大多数人认为公关报道比较客观,比企业的广告更加可信。

（4）具有戏剧性。经过特别策划的公关事件，容易成为公众关注的焦点，可使企业和产品戏剧化，引人入胜。

二、公共关系的职能

（一）建立和维护企业的良好信誉和形象

企业信誉是其市场竞争力的重要表现。企业信誉不单纯是企业文明经商、职业道德的反映，也是企业经营管理水平、技术水平、工艺设备、人才资源等企业素质的综合反映。企业的信誉和企业形象是密切相关的。企业形象就是社会公众和企业职工对企业整体的印象和评价。企业信誉高，企业形象自然就会好；企业形象好，企业信誉也高。良好的企业形象是企业无形的资产和财富。公共关系的主要任务就是使公众在对企业了解的基础之上，通过采取一系列社会活动来沟通与公众的关系，如提供可靠的产品、维持良好的售后服务、保持良好的社会关系、维护社会公众利益等等，树立企业的良好形象。

（二）收集各种信息

收集各种信息是公共关系工作的重要职责之一。信息主要有以下两大类：①产品形象信息，即要收集公众对企业产品在价格、质量、性能、用途、服务等方面的反应，对该产品优点、缺点的评价及如何改进等方面的建议。②企业组织形象信息，即要收集公众对企业组织机构的评价。主要包括公众对企业组织机构是否健全、企业人员素质如何、企业经营管理水平的高低、企业服务质量好坏的评价。

（三）提供咨询建议

公共关系部门要把收集到的各方面信息经过整理分析，向管理部门提供有关的咨询建议，使领导决策者能及时了解企业在社会公众中的状况，以便做出正确的决策。公共关系部门向有关的管理部门提供的咨询建议包括：公众对本企业知名度和可信度的评价、公众心理的分析预测和咨询、公众对本企业政策和行为的评议。

（四）建立企业与顾客的信息双向沟通

信息对现代企业来说是至关重要的。没有信息，企业就寸步难行。企业必须有计划地、长期地向公众传递企业的信息。为了使传播取得预期的效果，还必须讲究传播技巧。企业通过良好的公关活动，利用一切媒介与社会公众进行信息双向沟通，一方面及时向社会公众传播企业有关生产经营状况、发展进度与前景、新产品开发等信息；另一方面又把社会公众对企业反映的信息反馈回来，作为改善和提高企业形象以及改良产品的决策依据，生产或销售确实能够满足消费者需求的产品，并借此进一步密切企业与社会公众的关系。

（五）开展社会交往,协调与外界的关系

企业还要与外界公众进行各种交往、沟通,使企业与外部各界达到相互协调,为企业创造良好的外部环境。只有这样,企业才能顺利发展。而良好的公共关系有利于企业取得外界公众的理解与协作,与外界环境平衡。公共关系部门要通过各种社会交往活动,为企业广结善缘,建立企业广泛的横向联系,争取得到社会各界对企业的了解和支持。

（六）教育引导员工,协调内部关系,增强企业内在的凝聚力

公共关系肩负着"内求团结,外求发展"的任务,它包括企业与内部的关系、企业与外部的关系两个方面。一个企业要顺利发展,企业内部必须充满生机和活力。而企业活力的源泉,在于企业全体员工的积极性、智慧和创造性。良好的公共关系有利于企业人员积极性、智慧和创造性的发挥。因此,公共关系部门要教育引导企业的每一个员工重视本企业的形象,在员工中开展公共关系的教育培训工作,使企业内部形成和谐统一、向上奋进的气氛,以利于企业开展市场营销活动。公共关系部门还要努力协调好企业内部的关系,使企业中所有部门的活动能同步化、和谐化,使企业内部环境和外部环境相适应,以利于企业实现营销目标。

三、公共关系的活动形式

企业开展公共关系的活动形式有很多种,这与企业的规模、活动范围、产品类别、市场性质等密切相关。常见的公共关系的活动形式主要有以下几种。

（一）利用新闻媒介

新闻媒介一般指以报纸、杂志、广播和电视为主的新闻传播工具。新闻媒介面向社会,涉及范围广、影响大,能够支配社会舆论,引导公众意见,因而具有很强的说服力。因此,企业应当争取一切机会和新闻界建立联系,及时将具有新闻价值的信息提供给这些新闻媒介,以形成有利的社会舆论,扩大企业在消费者中的影响,加深顾客印象。这种方式传播面广,推广企业形象效果较好。

（二）赞助和支持各项公益活动

作为社会的一员,企业有义务支持各项公益活动,如通过赞助文化、教育、体育、卫生等事业,支持社区福利事业,参与国家、社区重大社会活动等形式来塑造企业的社会形象。赞助节日庆典、基金捐献等,这些活动往往为万众瞩目,各种新闻媒介会进行广泛的报道,企业能从中得到特殊的利益,建立一心为大众服务的形象。但在实践中,企业应注意自己的能力限度以及活动的互惠性。

（三）参加各种社会活动

企业通过举办新闻发布会、展销会、看样订货会、博览会等各种社会活动，向公众进行市场宣传，推荐产品，介绍知识，以获得公众的了解和支持，提高他们对企业产品的兴趣和信心。

（四）公关广告

公关广告即企业为形成具有积极意义的社会风气或宣传某种新观念而做的广告。如企业对过度吸烟、饮酒危害健康以及勤俭节约、遵守交通秩序等社会风尚的宣传均属此列。公关广告在客观效果上，能够有效地扩大企业的知名度和美誉度，树立企业关心社会公益事业的良好形象。

（五）印制宣传品

编辑介绍企业发展历史，宣传企业宗旨，介绍企业产品以及员工教育、企业经营现状及动态等内容的宣传品，也是企业传播信息、树立形象的重要途径。它们以免费赠送为主，印刷精美，以增加公众兴趣和提高其保留价值，同时注明本企业的地址和电话号码、邮政编码等信息，以方便随时联系。

（六）提供特种服务

企业的经营目的是在满足社会需要的基础上获得利润，因此，就应积极满足顾客的各种特殊需要，争取更大的长期利益。通过各种实惠性服务，以行动去获取公众的了解、信任和好评，以实现既有利于促销又有利于树立和维护企业形象与声誉的活动。企业可以以各种方式为公众提供服务，如消费指导、消费培训、免费修理等。

（七）建立健全企业内部的公共关系制度

企业应当关心职工的福利，鼓励他们的工作积极性和创造性。要开展针对职工家属等的公共关系活动，密切与社会各界的联系。

课后案例

共享单车广告营销战一触即发

最近越来越多的共享单车被投放到城市里的人流密集地，各大商圈、写字楼、地铁口、公交站和大型小区附近。与其他交通方式相比较，单车作为最后1公里的出行方式，在方便快捷和保护城市环境的过程中有着无可比拟的作用。

1. 补贴营销

如果说广告大战是正常商战策略,那么"补贴大战"则是专属于互联网尤其是O2O的营销大战。在ofo和摩拜单车均宣传"一元骑车"时,已有共享单车平台采取了"0.1元骑车",打价格战的目的不言而喻,这可能是共享单车补贴大战的形式之一。接下来会不会有跟滴滴当初一样的红包补贴大战?可能性很大,滴滴投资了ofo,投资了摩拜单车,大家都是老手,ofo就已经开展了12月每周一"免费骑车"的活动,此外还有优惠券等方式,通过这些手段去吸引用户,培养习惯。

2. 占领制高点

CBD中央商务区是共享单车的兵家必争之地。一般在中央商务区地铁口外,停放着各个品牌的共享单车,最显眼的就是橙色的摩拜单车、黄色的ofo单车。并且摩拜和ofo等单车摆放整齐,因为这些品牌在中央商务区这类核心投放点,派了专门的秩序维护员。

几乎每一个新入场的共享单车品牌,都会选择先把单车投放到CBD地区。除了人流量大、潜在用户多的因素,CBD还是一个没有资金门槛的广告场所。考虑到线上的流量成本越来越贵,很多共享单车选择在线下做推广,把车尽可能多地投放到中央商务区上去,充当免费活体广告。小鸣单车联合创始人邓永豪说过,在好的地段每投放一辆小鸣单车,至少能带来10个新增用户。

3. 促销不断

摩拜单车的宣传力度十分强劲,并且很注重社交媒体的营运,主要是利用微博微信的主要公众号进行宣传,通过邀请好友的方式增加信用值、关注发红包、整数骑行用户赠送十万使用额度等等方式扩大摩拜单车的使用人数。

4. 抢占市场

摩拜单车CEO表示现在不去想怎样盈利,每个城市先投10万辆。ofo在1月16日晚间宣布了其智能锁正式投入使用(仅为北京地区)。近日,ofo还宣布了1月26日至2月2日春节黄金周期间免费。这些动作给外界传递了一个信号:覆盖面比友商广,有实力免费。所以,快速地攻城略地是其目前主要战略。小鸣单车目前运营的城市为上海、广州与深圳三地。同期出现的优拜单车计划于今年年初在上海投放。骑呗单车目前仅投放于杭州;而由滴滴前员工创业的DDBIKE目前已经在福州投放。

5. 广告大战初现

近期,生活在北上广三地的朋友,可能会在地铁、公交站亭、楼宇电梯中惊讶地发现,自己经常骑行的小黄车开始广告宣传了。不论什么互联网市场,到一定阶段,都会采纳线下广告这种方式。

一方面是线上流量饱和,互联网营销终会遇到天花板,到线下找客就成必然,模仿OPPO们邀请吴秀波等明星代言,与当初的"互联网思维"反其道而行之,就是出于这样的目的;另一方面是传播品牌的需要,广告不只是为了营销,还可以为了品牌,曾是网络流量入口的在上市当年将广告铺到了西湖的公交站,其实想要提高在广告主中的认知度。现在，ofo又在共享单车行业掀起了广告大战，目测摩拜、小鸣们很快会跟进。

共享单车火爆的背后，是共享经济的升级。以前单车只是最后1公里的交通工具。这些年共享单车增加了时尚和广告流量属性。未来在共享单车行业一定有惊世骇俗的广告营销大战，我们拭目以待。

（资料来源：肖国强.共享单车广告营销战一触即发.搜狐公众平台，2017）

思考题：
1. 分析各共享单车企业都采用了哪些营销策略。
2. 请分析各共享单车企业应如何根据自身特点来开展营销活动。

营销实训

一、实训目的、要求

通过实训，要求学生能够为背景企业制订销售促进计划，选择促销方法。

二、实训主要内容

（1）背景企业销售促进选择。
（2）制定销售促进方案。

三、实训准备

学生先收集各背景企业针对消费者、中间商、推销人员等现有的销售促进做法。

四、实训资料

背景企业销售促进情况资料。

五、实训操作步骤

第一步：针对消费者、中间商、推销人员，确定背景企业销售促进的目标。
第二步：选择销售促进方法。
第三步：制订背景企业的销售促进计划。
第四步：模拟实施销售促进计划。
第五步：根据活动前、活动中和活动后销售额的变化评价销售促进效果。

六、实训成果

销售促进方案。

参考文献

[1] 菲利普·科特勒. 市场营销:原理与实践[M]. 16版. 北京:中国人民大学出版社,2015

[2] 吴健安,聂元昆. 市场营销学[M]. 5版. 北京:高等教育出版社,2016

[3] 朱雪芹,成爱武. 国际市场营销学[M]. 北京:机械工业出版社,2017

[4] 宫春艳. 市场营销学[M]. 成都:西南财经大学出版社,2016

[5] 肖涧松. 现代市场营销学[M]. 2版. 北京:高等教育出版社,2017

[6] 熊国钺,元明顺,吴泗宗. 市场营销学[M]. 5版. 北京:清华大学出版社,2017

[7] 黎开莉,徐大佑. 市场营销学[M]. 3版. 大连:东北财经大学出版社,2017

[8] 张静,孟艳辉,刘文君. 市场营销理论与实务——项目教程[M]. 北京:现代教育出版社,2015

[9] 宁德煌. 市场营销学[M]. 北京:高等教育出版社,2016

[10] 孙亚洲,兰秀建,李留法,等. 市场营销理论与实务[M]. 北京:中国人民大学出版社,2017

[11] 王枝茂,赵爱威. 市场营销基础[M]. 2版. 北京:中国人民大学出版社,2017

[12] 金若沙. 市场营销岗位综合实训[M]. 北京:中国人民大学出版社,2016

[13] 杨群祥. 市场营销概论——理论、实务、实例、实训[M]. 2版. 北京:高等教育出版社,2015

[14] 王旭,吴健安. 市场营销学:学习指南与练习[M]. 5版. 北京:高等教育出版社,2015

[15] 肖涌,徐红梅,饶国霞. 市场营销实务[M]. 武汉:武汉大学出版社,2015

[16] 冯银虎. 市场营销教程[M]. 北京:机械工业出版社,2017

[17] 陈守则. 市场营销学[M]. 2版. 北京:机械工业出版社,2017

[18] 李威,王大超. 国际市场营销学[M]. 3版. 北京:机械工业出版社,2017

[19] (爱)约翰·费伊,(英)戴维·乔布尔. 市场营销学[M]. 大连:东北财经大学出版社,2017

[20] 刘苍劲,罗国民. 国际市场营销[M]. 4版. 大连:东北财经大学出版社,2016

[21] 陈阳. 市场营销学[M]. 3版. 北京:北京大学出版社,2016

[22] 张言彩. 国际市场营销理论与实践[M]. 北京：北京大学出版社，2016
[23] 王纪忠. 市场营销[M]. 2版. 北京：北京大学出版社，2016
[24] 康淑娟. 市场营销学[M]. 北京：电子工业出版社，2016
[25] 张卫东. 市场营销理论与实训[M]. 3版. 北京：电子工业出版社，2015
[26] 中国市场营销管理网，http://www.vmc.com.cn
[27] 中国营销传播网，http://lib.emkt.com.cn
[28] 第一营销网，http://www.cmmo.cn/